AuthorHouse™
1663 Liberty Drive
Bloomington, IN 47403
www.authorhouse.com
Phone: 1-800-839-8640

Published by AuthorHouse   10/10/2014

ISBN: 978-1-4969-4197-8 (sc)
ISBN: 978-1-4969-4195-4 (e)

Library of Congress Control Number: 2014917975

La dimension temporelle

by

Nadia-Irina Chelaru

À ma soeur, Cornelia, qui nous a quitté en 2013, et

à mon mari Bogdan, qui m`a soutenu moralement

pour réaliser ce livre

iv

RÉSUMÉ

*E*n étudiant quatre aspects du temps (le temps historique, le temps mythique, le temps existentiel, et le temps eternel) chez l'essayiste et le philosophe roumain d'expression française, Emil Cioran (1911-1995) en m'appuyant sur les théories de Nietzsche, Bergson et Eliade, nous arrivons à la conclusion que la construction et la déconstruction des temps historique, mythique, existentiel et éternel traversent toutes les œuvres de mon corpus. Le je-cioranien ne s'intéresse ni à la durée, ni au temps, ni à l'éternité, ni à la vie. La vie en soi est détruite et méprisée et sa durée est déconstruite ; l'essayiste préfère au contraire la durée pure de l'instant, qui vaut « plus qu'une éternité » ; c'est dans l'instant qu'il trouve la temporalité bergsonienne et une éternité plus « positive ». L'histoire est également déconstruite et considérée comme un spectacle qui n'a ni but, ni sens. La seule dimension utilisée de manière positive et admirée par Cioran reste le mythe, dont les héros (Jésus, Bouddha, Prométhée) et les personnages mythologiques (Phénix, Sisyphe, Atlas, Ulysse) représentent les modèles à suivre dans la vie quotidienne. Le mythe sauve d'ailleurs l'humanité et son histoire. Le retour aux origines, même avant la naissance, est le grand but cioranien, le trajet à rebours de ce « héros négatif » (David, 2006 B : 253) par le biais duquel il voudrait rejoindre l'éternité mythique.

La conscience du je-personnage est poussée (par le biais de la mémoire) dans le passé, en évoquant l'enfance (donc la vie) et ce retour suppose la décomposition de l'être, « un être éparpillé » (EC) dont le moi se décompose « en mille souvenirs », état d'âme qui caractérise la plupart de ses aphorismes. Ainsi, en ayant plutôt situé le passé dans le futur, l'être cioranien vacille, décomposé, malade avec de rares étincelles de lucidité.

Ce livre montre dans ses sept chapitres l'attachement cioranien au temps et en même temps son drame personnel, le fait que l'essayiste se situe « en dehors du temps », bien qu'il ne puisse vivre que « *par* le temps ». Cette existence « par le temps » suppose un double aspect : d'abord, c'est le temps qui représente le je-narrateur et il ne peut ni ne veut s'en débarrasser (comme la mère de ses enfants), et d'autre part il ne peut vivre que dans des parcelles de temporalité, comme si le temps était le labyrinthe où le narrateur se cacherait toujours.

Cioran joue ainsi un rôle médiatique entre la conception du temps dans le monde ancien et le monde moderne, comme un acteur qui entre sur scène et répète sans cesse des fragments anciens de la pièce (sur son enfance et sur son passé) et qui regrette d'être obligé de sortir de la scène si vite et donc de ne pas rester jusqu'à la fin de la pièce. L'aphorisme, cette forme d'écriture fragmentaire, est aussi une manière formelle et philosophique par laquelle Cioran répond aux exigences du temps et sa décomposition de la vie : d'une manière facile (par la forme) mais philosophique et ironique (par son contenu).

Avant-Propos

J'aimerai remercier chaleureusement François Paré (le directeur de ma thèse de doctorat intitulée *La dimension temporelle chez Emil Cioran,* transformée en livre), qui m'a aidé avec soin, autant pour ses bons encouragements que ses bons conseils tout au long de ces derniers années. Ses commentaires éclairants, son savoir et son expérience ont su orienter et faire progresser ce travail. C'est aussi son contact chaleureux et son enthousiasme communicatif qui m'ont motivée à persévérer jusqu'au bout. J'aimerai aussi dire un merci spécial à Dr. Joseph d'Aquisto, lecteur externe (des États-Unis) pour ma thèse. Toutefois, je remercie Dr. Tara Collington, Dr. Svetlana Kaminskaia, Dr Custniak de l'université de Waterloo, dont le travail minutieux m'a également été fort utile et m'a permis de faire des mises au point importantes.

TABLE DES MATIÈRES

CODE DES LIVRES CITÉS

Cioran

Sur les cimes du désespoir - CD

Le livre des leurres - LL

Le Crépuscule des pensées - CP

Des larmes et des saints - LS

Syllogisme de l'amertume - SL

La tentation d'exister- TE

Le Mauvais démiurge - MD

Ecartèlement - E

Aveux et Anathèmes - AA

Exercices d'admiration - EA

Précis de décomposition - PD

La chute dans le temps - CT

De l'inconvénient d'être né - IE

Histoire et utopie - HU

« La tragédie des petites cultures » - TC

Bergson

Essai sur les données immédiates de la conscience - DI

Matière et Mémoire - MM

L'évolution créatrice - EC

Durée et simultanéité - à propos de la théorie d'Einstein - DS

Nietzsche

Ainsi parlait Zarathoustra - AZ

Humain, trop humain - HH

CHAPITRE 1

Introduction générale

Le temps dans la littérature et dans la philosophie

Née après la littérature, la philosophie offre une ouverture sur la littérature par son rapport à la recherche de la vérité (Kersaudy). Entre littérature et philosophie s'est donc établie une relation très serrée, car la littérature tire ses exemples de la philosophie, et la philosophie explique, à son tour, la littérature. Commençons donc cette étude par une pensée du Roumain Constantin Noica, citée dans un manuel de philosophie :

> La philosophie [...] n'est pas une science et elle n'a pas non plus de définition. Tu aimes Descartes ? Commence par Descartes. Le problème du devenir te passionne ? Commence avec celui-ci. Mais tu dois savoir commencer. Qu'est-ce que la philosophie, tu apprendras cela tout au long de la route. Une fois parti, tu partiras vers un monde que tu pourras retrouver partout où tu vas (Miroiu, 1994 : 6, ma traduction du roumain).

Emil Cioran, un bon ami de Noica, rejette pourtant les philosophes dans *Des larmes et des saints* : « La philosophie ne dispose d'aucune vérité ».

Dans *Le Mythe de Sisyphe*, Camus explique, lui aussi, la différence entre littérature et philosophie. Il affirme que dans l'œuvre littéraire on a affaire à un destin personnalisé et fermé, la voie de l'homme dans la vie, où une de ses parties représentatives est close, tandis qu'en philosophie, les idées paraissent séparées de ce qui peut leur donner la force vitale, et plus précisément le rapport avec un destin personnel. Cette différence ainsi posée montre l'interdépendance pour Camus entre ces deux domaines :

> L'homme absurde dit oui et son effort n'aura plus de cesse. S'il y a un destin personnel, il n'y a point de destinée supérieure ou du moins il n'en est qu'une dont il juge qu'elle est fatale et méprisable. Pour le reste, il se sait le maître de ses jours. À cet instant subtil

où l'homme se retourne sur sa vie, Sisyphe, revenant vers son rocher, contemple cette suite d'actions sans lien qui devient son destin, créé par lui, uni sous le regard de sa mémoire et bientôt scellé par sa mort. Ainsi, persuadé de l'origine tout humaine de tout ce qui est humain, aveugle qui désire voir et qui sait que la nuit n'a pas de fin, il est toujours en marche. Le rocher roule encore (Camus : paragr. 5).

Ainsi, on se rend compte que la littérature est vitale, tandis que la philosophie est aride. La littérature tire ses exemples de la philosophie ; la philosophie naît à partir du comportement, des actions des personnages. Les sujets et les thèmes des romans, des poèmes, des aphorismes se croisent ainsi dans la variété des thèmes philosophiques. Par exemple, la liberté dans *Don Juan* de Molière, la fatalité dans *Jacques le fataliste* de Diderot, l'allégorie du mythe de la caverne de Platon sont des sujets mis en pratique au XX ͤ siècle par Michel Tournier dans *Vendredi ou les Limbes du Pacifique*, l'absurde dans *L'étranger* d'Albert Camus, le temps dans *À la recherche du temps perdu*, Marcel Proust. La relation entre la littérature et la philosophie se voit de plus en plus chez les auteurs de notre siècle, car celle-ci devient de plus en plus philosophique. Le genre le plus philosophique paraît d'ailleurs l'aphorisme (rencontré chez Pascal, Montaigne, Nietzsche), car il montre, comme Cioran le dit, le « résultat », et il revient au lecteur de chercher dans sa pensée la morale : « Les aphorismes sont des généralités instantanées. C'est de la pensée discontinue. [...] C'est une pensée qui ne contient pas beaucoup de vérité, mais qui contient un peu d'avenir » (*Entretiens*, 78). Cioran n'écrit pas seulement des aphorismes, il écrit aussi des fragments. Parfois, les aphorismes se cachent dans les fragments, à d'autres moments, ils représentent des formes littéraires individuelles.

Cioran précise d'ailleurs que

la philosophie n'est plus possible qu'en tant que *fragment*. Sous forme d'explosion. Il n'est plus possible, désormais, de se mettre à élaborer un chapitre après l'autre, sous forme de traité. En ce sens, Nietzsche a été éminemment libérateur. C'est lui qui a saboté le style de la philosophie académique, qui a *attenté* à l'idée du système. Il a été libérateur, parce après lui, on peut tout dire...Maintenant, nous sommes tous

3

fragmentistes, même lorsque nous écrivons des livres en apparence coordonnés. Ce qui va avec notre style de civilisation (*Entretiens*, 22).

C'est donc Nietzsche qui, aux yeux de Cioran, a rompu avec la tradition, en inaugurant l'aphorisme d'expression libre permettant une exploration philosophique. Plus loin Cioran rajoute : « Une pensée fragmentaire reflète tous les aspects de votre expérience ; une pensée systématique n'en reflète qu'un seul aspect, l'aspect *contrôlé*, et par là-même, appauvri. En Nietzsche, en Dostoïevski, s'expriment tous les types d'humanité possibles, toutes les expériences. Dans le système, seul parle le contrôleur, le chef. Le système est toujours la voix du chef : c'est pour cela que tout système est totalitaire, alors que la pensée fragmentaire demeure libre » (*Entretiens*, 23). Michael Finkenthal et William Kluback dans leur livre *The temptations of Emile Cioran* montrent cette relation entre l'aphorisme et la philosophie :

> We see in the aphorism an escape from what is called systematic philosophy, a continuous and definite order of attitudes and concepts yielding a harmonized and balanced arrangement of assumptions and consequences. The aphorism is the vehicle of escape, the spontaneous and unexpected emergence of ideas (Finkenthal and Kluback : 10-11).

D'après ces deux auteurs, l'aphorisme est un « fuite de ce qui est appelé systématiquement philosophie », un « ordre d'attitudes et de concepts », un « arrangement de suppositions et de conséquences », un « véhicule d'évasion ». L'aphorisme suppose des idées équilibrées, spontanées et inattendues. Il tire ses origines de la philosophie, est *l'enfant* de la philosophie. Par conséquent, l'aphorisme est un instrument de la philosophie, il est l'application pratique (avec des exemples réels, concrets, dans la vie) des propositions philosophiques. Or, un des sujets les plus controversés de la philosophie est le temps, le sujet central de cette étude.

Arrêtons-nous sur le temps comme concept philosophique, sa signification roumaine et son emploi dans la littérature universelle. Les Roumains, peuple en majorité d'allégeance orthodoxe (85 %), vit dans la peur de Dieu et avec une attitude de réservation, d'immobilité et d'impassibilité devant le passage du temps ; ils attendent que le passage du temps résolve leurs problèmes et ne se révoltent pas: « timpul le rezolva pe toate » (« le temps résout toutes les choses ») diront-ils. Le temps est ainsi caractérisé dans la conception roumaine comme une fatalité à laquelle l'homme se soumet, tout comme le montre la balade Miorița (« l'Agnelle »), recueillie par le poète roumain Vasile Alecsandri (1821-1820). Cette ballade raconte dans des vers épiques l'histoire de trois jeunes bergers représentant les trois pays roumains (Moldavie, Transylvanie et Valachie). Les bergers transylvain et valaque ont comploté la mort du moldave, car il avait les plus nombreux et les plus beaux moutons (« C-are oi mai multe/ Mandre si cornute »). Même si une agnelle a attiré l'attention du berger (par son comportement anormal : elle ne mangeait pas, et elle parlait tout le temps) sur l'intention de meurtre de ses amis, le berger moldave se résigne devant la vie et accepte la mort comme une fatalité en transformant sa mort en un mariage cosmique (« où une étoile est tombée ») que l'agnelle devrait transmettre à la mère du jeune berger.

Une autre ballade populaire roumaine est celle de Maître Manoël où il s'agit du mythe de la création et où on suppose le sacrifice d'une vie humaine. Maître Manoël, un jeune maçon avec son équipe, neuf au total, peinent à construire un monastère dans la région des Argeş, au sud de la Roumanie (« Pe Argeş in gios »), car ce qu'ils construisaient le jour s'écroulait la nuit venue, et leur travail était en vain. Manoli a rêvé une nuit que cela allait continuer à l'infini jusqu'à ce qu'une vie humaine soit enterrée dans les murs du monastère. Pour cela, les maçons décidèrent de sacrifier une de leurs femmes, et donc d'encastrer dans les murs du monastère la première de leurs femmes qui viendrait leur apporter de la nourriture. Malheureusement, la roue s'est arrêtée sur leur maître, Manoël. Sa femme, Ana a fait ce jour-là tout l'effort d'arriver chez eux, malgré les prières de son mari désespéré qui avait demandé une pluie torrentielle pour qu'elle revienne. Par conséquent, le Maître a dû lui expliquer qu'il s'agissait d'une plaisanterie ; mais finalement elle a été enterrée dans les murs du monastère. Le rêve de Manoli leur a donné de bons résultats, car il n'y avait autre monastère plus beau. Negru-Voda, le Voïévode qui avait planifié la construction du monastère est venu et a demandé aux maçons s'ils pouvaient construire un autre monastère plus beau que celui-là. Comme leur réponse a été affirmative, ils ont tous trouvé la mort, car le Voïévode leur avait enlevé les échelles. Quand Manoli tomba, il a entendu les cris de sa femme ; la place où il était tombé s'est transformée en une fontaine avec de l'eau salée. Ainsi, selon cette histoire, la création n'est pas possible sans le sacrifice humain et elle exige un sacrifice total de toute l'équipe de maçons. Un tel sentiment de résignation apparaît dans la littérature roumaine et nous verrons que Cioran n'échappe jamais à cet héritage de la tradition populaire, dans laquelle toute sa pensée s'enracine même après l'émigration.

Le temps est un sentiment lié à notre propre existence. Il a aussi une dimension culturelle. On sent de quelle manière nous changeons nous-mêmes, et nous voyons aussi de quelle manière tout ce qui nous entoure naît, se transforme et disparaît. Quelque durable que paraisse une chose, elle a sa limite dans le temps : chaque homme, les maisons des hommes, les galaxies et un jour l'humanité s'éteindront. Par ce changement continu, ce qui sera devient présent, ce qui est devient passé. En formulant cette idée, Héraclite d'Ephèse disait qu' « on ne peut pas se baigner deux fois dans la même eau », parce que, entre les deux moments la rivière a changé, et elle n'est plus identique à celle du premier moment. Tous les événements s'inscrivent dans le temps. On dit parfois « qu'on ne s'est pas vu depuis longtemps ». Par cela, on affirme que la période entre les deux événements est, ou elle nous a paru longue.

6

D'autre part, si on voit le temps comme un milieu où se passent les événements (et non comme une période), le temps devient alors synonyme de l'espace. Comme on considère l'espace un milieu où on peut localiser un objet ou un événement, ainsi on peut localiser tel ou tel objet dans le temps. On a le sentiment que le temps coule de façon régulière et continue, mais quand on travaille trop et avec difficulté, le temps s'écoule lentement. Quand quelqu'un s'ennuie, le temps passe lentement, mais quand il est dans une compagnie agréable, le temps passe vite. Ainsi, on observe que la notion de temps est subjective. Par conséquent, on peut parler de plusieurs sens du temps : comme intervalle entre deux événements, comme milieu où surviennent les événements, comme donnée physique ou comme expérience subjective. Saint Augustin précise sa conception du temps dans ses *Confessions* :

> Le temps ne se passe pas inutilement. Il n'est pas stérile dans son cours. Il fait de fortes impressions sur nos sens, et produit de merveilleux effets dans nos esprits. À mesure qu'il continuait ses révolutions, il jetait d'autres espèces, dans ma fantaisie et d'autres images dans ma mémoire, et me faisait rentrer peu à peu dans mes plaisirs accoutumés, ma douleur cédant de jour en jour à mes divertissements ordinaires (Augustin : 127).

Le temps a ainsi une fonction créatrice, car « il fait de fortes impressions sur nos sens ».

À l'égard du temps, Augustin rajoute encore : « Il n'y a rien toutefois qui soit plus connu que le temps, et dont il nous soit plus ordinaire de nous entretenir dans nos discours » (Augustin : 422). Et plus loin il s'interroge sur l'impossibilité de définir le temps :

> Qu'est-ce que donc que le temps ? Si personne ne me le demande, je le sais bien ; mais si on me le demande, et que j'entreprenne de l'expliquer, je trouve que je l'ignore. Je puis néanmoins dire hardiment que je sais, que si rien ne se passait, il n'y aurait point de temps présent (Augustin : 422).

Pour sa part, Leibnitz, philosophe allemand du XVIIIe siècle, explique que « le temps n'est que l'ordre des choses successives, et que cependant il ne laisse pas d'être une véritable quantité, parce qu'il est non seulement l'ordre des choses successives, mais aussi la quantité de la durée qui intervient entre chacune des choses particulières qui se succèdent dans cette œuvre » (Leibnitz : 488).

Dans la *Critique de la raison pure* (1835) de Kant, le temps « n'est pas un concept empirique qui ait été retiré d'une quelconque expérience », il est « une représentation nécessaire qui joue le rôle de fondement pour toutes les intuitions » (Kant : 126) ; toutefois, Kant rajoute que le temps « n'est pas un concept discursif, ou, comme l'on dit universel, mais une forme pure de l'intuition sensible. Différents temps ne sont que des parties du même temps » (Kant : 126-127). Donc, d'après Kant, le temps joue un rôle très important pour l'intuition, pour la pensée, il est la « forme pure de l'intuition sensible ».

Par ailleurs le temps intéresse les auteurs subséquents. Proust y consacre *À la recherche du temps perdu*. La mémoire volontaire et involontaire est provoquée par la gorgée de tisane ou la petite madeleine qui lui rappelle des souvenirs du passé. George Sand décrit dans *L'histoire de ma vie* les souvenirs de son enfance. Plus tard, Michel Tournier invoque le temps mythique (l'androgyne) dans *Vendredi ou les Limbes du Pacifique*, en montrant toutefois la relation entre espace (les limbes, l'île-mère, l'île-femme, la grotte alvéole-crypte), le temps mythique et le temps éternel. Une fois le temps arrêté, Robinson est devenu espace, car il se confond à partir de ce moment-là avec l'île : « À la fin le monde entier se résorbe dans mon âme qui est l'âme même de Speranza » (Tournier : 98). Robinson est tombé du temps linéaire dans un temps mythique, dans un présent éternel, où le présent et la veille coïncident : la cité solaire où la communion avec les météores, les oiseaux, le vent et les plantes est parfaite, où la métamorphose, la re-naissance du personnage s'accomplit. Robinson représente d'ailleurs Cioran qui tombera lui aussi dans le temps mythique.

Issue de cette tradition littéraire, ma thèse portera sur la dimension du temps chez l'essayiste et philosophe roumain d'expression française, Emil Cioran (1911-1995). Mon corpus se limitera à sept œuvres : *Le livre des leurres* (1936), *Le crépuscule des pensées* (1940), *Précis de décomposition* (1949), *La tentation d'exister* -1956, *Histoire et utopie* (1960), *La chute dans le temps* (1964), et *De l'inconvénient d'être né* (1973). Dans ces œuvres quatre aspects du temps feront l'objet d'une étude : le temps historique, le temps mythique, le temps existentiel, le temps éternel, à partir des textes de trois philosophes importants pour la lecture de Cioran : Nietzsche, Bergson, et Eliade. Chez Nietzsche, je ferai référence à *Ainsi parlait Zarathoustra* (1885) et *Humain, trop humain* I et II (1877), tandis que, chez Bergson, il s'agira de l'*Essai sur les données immédiates de la conscience* (1889), de *Matière et Mémoire* (1896), et de *L'évolution créatrice* (1907). Chez Eliade, je m'appuierai sur *Aspects du mythe, Le mythe de l'éternel retour* et *Images et symboles*. À partir du cadre théorique de ces textes fondamentaux qui ont inspiré la vision de Cioran et dont le choix des volumes dans l'analyse sera aléatoire, j'évaluerai ce que signifie le temps pour lui, quelle est sa vision de l'histoire, du mythe, de la vie et de l'éternité et quelles sont les formes stylistiques que Cioran adopte pour exprimer la dimension temporelle. Je ferai voir aussi la construction et la déconstruction de ces quatre éléments temporels (d'après les règles classiques) et l'intensité de l'aphorisme cioranien. Plus précisément, les questions auxquelles je répondrai dans mon livre sont les suivantes : 1) Ayant en vue la construction et la déconstruction du temps, quelle est la vision temporelle de Cioran (du mythe, de l'histoire, de la vie et de l'éternité) et dans quelle mesure les théories de Bergson, de Nietzsche et d'Eliade l'aident à exprimer sa propre conception ; 2) Sur quelle dimension temporelle insiste-t-il le plus et pourquoi ?

Essayons d'analyser brièvement ces deux questions qui circuleront comme un fil d'Ariane tout au long du présent travail. Cioran accorde une valeur primordiale au mythe et à la vie au détriment de deux autres, l'histoire et l'éternité, ayant deux paires opposées : mythe/ histoire, vie/éternité. Le mythe de la Création, la naissance de l'homme constitue le point de repère auquel il compare l'homme actuel, l'homme moderne. Tout comme l'homme moderne de Mircea Eliade (dans *Aspects du mythe*), Cioran nie l'histoire, car elle est source des malheurs, il se rabat sur l'instant, le seul qui puisse lui apporter du bonheur. C'est alors le présent qui le rend heureux, et non le passé. Phénix incarne ainsi l'homme moderne qui doit naître et renaître des cendres, se composer et se décomposer pour se maintenir dans un état d'éternel présent : oublier son passé, ne rien espérer du futur, vivre l'instant et donner tout au présent. Il s'agit ainsi chez Cioran d'un retour au mythe, au temps mythique comme garantie d'avancement dans le futur.

L'éternel retour nietzschéen n'est pas un concept aimé par Cioran, car la vie change toujours, et l'homme ne revient jamais au même dans la vie. Le temps revient, mais il est de plus en plus décomposé, comme le montrent la perte de la mémoire, la disparition d'amis, la vieillesse, la maladie et finalement la destruction de l'être. Tout est périssable, dirait Cioran, et la vie et les êtres ; pour lui, tout est mensonge, et les seuls concepts qui ont de la valeur sont l'amour et l'instant.

D'autre part, l'éternité représente pour Nietzsche la fiancée, la femme, l'être humain; elle se confond ainsi avec la vie. Chez Cioran, l'éternité sera seulement mise en corrélation avec la vie, le temps présent, pour l'opposer à l'instant, et Cioran parlera ainsi d'un *présent éternel*. L'éternité est un concept vide de sens, pris dans la conception chrétienne, dans la mesure où il promet une vie après la mort. Cioran s'intéressera plutôt à la vie d'avant la

10

naissance, car pour lui il n'y aura pas de fin dans la vie ; la mort succède à la vie, et elle est plus importante que celle-ci. On observera donc le couple éternité-vie chez Nietzsche et l'anti-couple éternité-vie chez Cioran.

Ce qu'on voit et chez Nietzsche et chez Cioran, ce sont certaines perspectives convergentes sur la vie, le mythe, l'histoire et l'éternité ; mais celles-ci ne définissent pas la personnalité cioranienne, car Cioran possède un style unique et une vision personnelle de la vie. La vie et le mythe s'entremêlent et prennent une dimension profonde, ils sont des temps affirmés, vraisemblables, constructifs, tandis que l'histoire et l'éternité sont des temps niés, invraisemblables, déconstructifs. Cioran s'inspire de la théorie nietzschéenne de l'histoire ; tout comme Marta Petreu l'affirme, Cioran a une « vision pessimiste, schopenhauerienne et spenglerienne sur l'histoire et l'homme, l'individu n'a pas besoin de liberté » (Petreu, 2003 : 247). Mais elle affirme avant que « Nietzsche a été l'héritier de la philosophie schopenhauerienne et l'un des philosophes qui a influencé Spengler » (Petreu, 2003 : 148). Donc, finalement, cette conception vient indirectement de Nietzsche.

Cioran insiste le plus sur la dimension existentielle ; c'est un fait paradoxal qu'il aime la vie, mais en même temps il la déteste. Il regrette ainsi l'épisode de la naissance (IE, 1380) ; la naissance se confond avec la prison : « Naissance et chaîne sont synonymes. Voir le jour, voir des menottes... » (IE, 1400) ; et son amour pour la vie lui apporte le plus grand regret : « Nul plus que moi n'a aimé ce monde, et cependant me l'aurait-on offert sur un plateau, même enfant je me serais écrié : '' Trop tard, trop tard''» (IE, 1400). Dans *Précis de décomposition*, Cioran s'interrogera encore sur les erreurs commises dans la vie : « [...] Existe-t-il une seule vie qui ne soit imprégnée des erreurs qui font vivre? existe-t-il une seule vie claire, transparente, sans racines humiliantes, sans motifs inventés, sans les mythes surgis des désirs ? [...] » (PD, 617).

Par contre, dans *Le crépuscule des pensées*, on retrouve certaines références à la mort (CP, 395). Cet horizon de la mort sera central dans la conception cioranienne du temps.

Dans ses *Œuvres*, des chapitres entiers sont consacrés à la vie. Même si Cioran parle de l'histoire, du mythe ou de l'éternité, la vie est au centre de ses interrogations, car toutes les autres dimensions tournent autour des problèmes existentiels : solitude, ennui, souffrance, mal d'être, joie, disparition de l'humanité. Ces éléments apparaissent seuls, comme la mort dans l'exemple suivant : « Et, au vrai, la séparation de la mort ne nous rend pas tristes, mais nous met dans une situation de supériorité sans mépris, devant tout, et surtout devant nous-même » [sic] (LL, 225) ou en rapport avec d'autres dimensions : ici, mort / éternité : « *Je* veux mourir seulement parce que je ne suis pas éternel » (LL, 245). Ces ambiguïtés rendent l'étude de la dimension temporelle chez Cioran extrêmement intéressante.

Esprit contradictoire et paradoxal qui combine l'humour avec le sarcasme, Cioran attire le lecteur et le laisse sans mots. L'aphorisme se présente comme expression du temps fragmenté ; cette écriture est caractéristique de la pensée actuelle, dans un siècle de vitesse, là où il n'y a plus de temps pour raconter/décrire, mais juste pour conclure, tout comme l'aphorisme le montre dans sa forme même. On aime le style cioranien fragmenté, plein d'allusions et les situations pratiques de la vie ; on apprécie la vérité des aphorismes.

Mon grand objectif dans cette étude sera de faire une synthèse partielle de la critique roumaine et française sur la dimension temporelle chez Cioran, de montrer et analyser le point de départ de la perspective cioranienne, la relation et la distinction entre Cioran et les œuvres de Nietzsche et de Bergson, et de démontrer la valeur, la singularité et l'originalité de l'écriture cioranienne. Mon livre propose un nouveau regard sur la relation entre l'espace et le temps, la mémoire, l'histoire, la vie et le mythe. Je voudrais démontrer l'importance de la fragmentation temporelle chez Cioran, de même que la composition et la décomposition du temps cioranien qui y apparaît. Nous parlerons de l'inexistence de la liberté et de l'éternité, au détriment de l'instant, du mythe et de la vie, qui occupe le rôle primordial dans la pensée cioranienne. La mémoire cioranienne n'adopte pas un ordre chronologique, que « chaque souvenir a sa place dans les tréfonds de notre âme », comme le bouddhisme le dit, car ces souvenirs suivront plutôt un ordre aléatoire. La façon paradoxale de sa pensée réside dans le fait que l'éternité n'existe pas en tant que durée infinie, elle s'intègre dans la vie et forme un « éternel présent ». L'aphorisme sera ce qui rompt la forme circulaire du mythe et, en même temps, ce qui la relance vers autre chose. Je m'interrogerai sur la manière par laquelle se combinent les quatre formes aphoristiques de la mort : la forme itérative, l'anecdote, la citation, et l'opposition des pronoms tu/ vous. L'aphorisme deviendra alors l'élément circulaire central dans la méthode de Cioran.

Ces considérations faites, nous devons revenir aux œuvres d'Emil Cioran et aux objectifs généraux de ce livre. Dans le prochain chapitre, il s'agira de présenter la vie et l'œuvre de Cioran. L'analyse du corpus principal permettra de relever les passages les plus importants et les métaphores circulaires sur le temps chez Cioran et Nietzsche (le serpent, l'araignée, la roue qui tourne) et les thèmes récurrents : la fatigue de la vie, la souffrance, le renoncement, la mort, la décadence, l'instant comme éternité, le mythe d'Adam et Ève, de Sisyphe et du Phénix. L'examen de la critique cioranienne révélera un certain portrait moral ou psychique de Cioran et caractérisera la dimension temporelle chez celui-ci ; Cioran y sera un descendant de Spengler, un « émigré de l'histoire et de l'éternité » (Jaudeau, 1990 A : 26) ; pour qui le temps sera maléfique, « principe du mal, exclusion de l'être » (Jaudeau : 1990 A : 33), ou sans substance, « la dévalorisation du temps » (Grigore-Mureşan : 233), cyclique (« le temps cyclique » David : 87), ou circulaire (David : 87), « le temps gouffre » (Grigoruț : 49) , « le temps destructeur » (Grigoruț : 49), le mysticisme cioranien (Jaudeau : 49). Le côté tragique de l'histoire, « la terreur », « la peur », le scepticisme marqueront toute l'œuvre cioranienne alors que l'auteur en arrivera à nier la vie, l'histoire et le progrès de l'homme dans l'histoire. Le caractère « autobiographique », « aphoristique », « personnel » (Grigore-Mureşan : 250) de l'écriture cioranienne aidera à établir le lien texte/contexte dans la conception du temps. La voix oraculaire de Cioran qui annonce une « apocalypse » (Grigore-Mureşan), « l'après », la « post-historicité » (David : 233) et l'association du « Paradis comme éternel présent » (Grigore-Mureşan), « l'éternité-instant » (Nepveu : 12) annoncera un « je » vacillant, qui aura « une passion virulente et maladive pour l'éternité » (Nepveu : 19).

Le caractère contradictoire du je cioranien et de son œuvre résultera de sa pensée paradoxale, extrémiste, tout comme l'observe Jean-Claude Guerrini : « Je ne peux vivre qu'au commencement ou à la fin du monde (CD : 81 ; Guerrini : 2). L'attachement au fascisme est relevé par Guerrini qui verra dans son œuvre « la doxa progressiste et révolutionnaire », « un prolongement de la dénonciation du fanatisme », tandis que l'histoire sera un « déploiement passif d'un dérisoire cortège d'impostures » (Guerrini : 3). Le concept d'éternité, qui sera élaboré d'ailleurs dans mon dernier chapitre, est critiqué ici par Michael Finkenthal et William Kluback qui présentent les deux formes de l'éternité (positive et négative) : « positive eternity, situated beyond time ; there is another one, negative and false, located within it » (Finkenthal and Kluback : 108). On verra d'ailleurs que « l'éternité vraie », l'instant, trouvera sa place dans la vie justement dans « la *mauvaise éternité* de l'ennui » (Nepveu : 17), dans la vie.

Cioran a été certainement « un mythe en soi » (Simion : 69) et un « Iov postmoderne » et plus précisément un mythe à rebours, un mythe ressuscité. L'adamisme cioranien et la culture roumaine, vue comme mineure, représenteront son originalité face à la théorie spenglerienne de la décadence des peuples pour démontrer l'éternel retour, le retour au mythe d'Adam (Simion, TC : 52). La liquidation du passé constituera un des thèmes nécessaire au je-cioranien pour oublier le passé et « l'élimination de toute forme d'idéologie » (Simion : 108). L'œuvre cioranienne se montrera comme un « palimpseste […]. Un discours *baroque* couvert de neuf couches » (Simion : 98), ce qui m'amènera à relever dans quelle mesure Cioran se sert de trois de ces couches intertextuelles : Nietzsche, Bergson, Eliade. La mort sera l'apogée de la vie et le thème principal des aphorismes, car elle constitue le miroir dans lequel la conscience se reflète, tout comme Nicole Parfait le précisera : « toute conscience est en fait conscience de la mort, puisque la mort constitue l'horizon à partir duquel se détermine la conscience » (Parfait : 54). L'attachement de Cioran au taôisme, au bouddhisme et au stoïcisme (Parfait : 54), qui sera développé dans ce chapitre, montreront encore une fois le double visage cioranien qui, en voulant s'éloigner du fascisme, finit par le retrouver. « La nostalgie du paradis perdu », « la haine du soi », et « l'orgueil » seront les caractéristiques de la personnalité de Cioran et la cause de son esprit du joueur sceptique.

Les biographies de Cioran montreront « la nostalgie du Paradis terrestre » (Mateoc : 4), l'enfance de Cioran représentant un espace paradisiaque, loin du quotidien. Toutefois, elles feront voir « la rupture identitaire et culturelle » que Cioran subit en 1937 (Mateoc : 4). La libération du passé ne supposera pas une coupure totale et définitive de celui-ci, ce que prouvent l'éternel retour du même cioranien et la mémoire régressive bergsonienne, par le désordre des images et des souvenirs qui reviennent sans cesse dans le présent.

Dans la partie « Études sur l'aphorisme cioranien » Valérie St. Martin mettra l'accent sur la « préciosité », l'« humour », l'« ironie » (St. Martin : 160) de l'œuvre cioranienne,

15

caractéristiques qui toucheront mon analyse aphoristique. Simona Modreanu (*Le Dieu paradoxal de Cioran*) s'intéressera à d'autres procédés rhétoriques cioraniens : la « polyphonie », le « dialogisme », « l'ambigüité », l' « incongruité », et au « paradoxe ».

La critique s'attaquera au lien entre l'aphorisme (la littérature) et la philosophie, lien saisi par la critique Elena Prus, pour qui « la pensée aphoristique est une évasion de la philosophie systématique » (Prus : 2) et au style cioranien, car Moret parlera de « l'anti-poétique » (Moret : 226), de la « non-réflexivité, de l'expression brute, virulente, organique » (Moret : 231) chez Cioran.

Enfin, les études de Yann Porte constitueront le point de départ de mon livre, par c'est son article « Cioran et la filiation nietzschéenne ». Ce critique important annoncera les grands thèmes que je développerai tous au long de mon analyse : « le goût prononcé du paradoxe » (Porte : 2), et « la figure charismatique de Nietzsche qui hantait Cioran depuis son adolescence ». Les thèmes « antithétiques » identifiés par Porte seront développés d'ailleurs dans ce travail : « force-faiblesse, santé-maladie, l'ironie grinçante, l'ambivalence […] l'attrait de la conscience religieuse, l'hostilité envers l'Histoire et les formes diverses de la modernité » (Porte : 6).

Le chapitre 3 est consacré aux conceptions du temps chez Nietzsche, Bergson, Eliade. Ainsi, la première partie sur l'histoire fera voir l'influence de Nietzsche sur Cioran en ce qui concerne la régression dans le passé, la réversibilité du temps, l'identité entre temps et histoire et la non-répétition de l'histoire. De plus, la différence entre les deux essayistes consistera en leur vision de fin du monde et de l'existence de Dieu. Si pour Nietzsche l'histoire a un sens thérapeutique, pour Cioran le remède ne sera pas l'histoire, mais le mythe de la création, celui-là même d'avant la naissance. L'histoire sera essentielle pour Nietzsche, pour qui est le miroir où nous nous regardons chaque instant : « nous avons besoin de l'histoire, car le courant aux cent vagues du passé nous traverse » (HH vol. 2, 113).

La deuxième partie du chapitre 3 concernera le mythe de *l'éternel retour* et annoncera d'autres métaphores circulaires nietzschéennes de la vie. Pour Nietzsche, l'éternel retour « met en œuvre la volonté de la Puissance » (Ledure : 207) et est donc une répétition *de la diversité* tandis que pour Cioran il ne s'agit que d'un éternel retour du même, de la répétition *du même*, de la vie fatiguée.

L'existence sera pour Bergson une évolution créatrice, donc une transformation et une progression. La *durée pure* prendra la forme de l'instant chez Bergson. Cette possibilité d'existence « dans l'immédiat » (MM, 152,153) permettra d'ailleurs à Cioran de penser son écriture en termes d'instants aphoristiques. La composition du présent (deux fois temps et une fois espace) aidera à suivre le double trajet cioranien dans le temps (passé et futur) et ensuite dans l'espace (mélancolie et nostalgie).

L'éternité comme instant, donc le présent parfait atemporel auquel adhère Cioran est tout à fait différente de l'éternité chrétienne, jamais acceptée par la pensée cioranienne qui dénonce sa banalité. La distinction entre temps/ éternité comme instant est primordiale pour comprendre la pensée de Cioran, pour qui l'instant, l'éternité comme instant n'aura rien à voir avec la durée. Cioran est ici du côté de Bergson, qui distingue la durée (le temps) de la durée pure (l'instant) et pour qui l'éternité est un « *présent continuum* », tandis que Nietzsche voyait le temps et l'éternité dans un tout unitaire. Pour Nietzsche, l'éternité comprendra la quintessence des choses dans la vie : la joie, le temps, la femme comme « terre-mère », donc l'éternel retour (Fink : 143). Si Gaudin démontre l'inexistence de l'éternité chez Nietzsche (Gaudin : 111), Fink, d'autre part, précise la superposition du temps et de l'éternité chez celui-ci : « en tant qu'éternel retour *le temps est l'éternel* » (Fink : 113), et la constance dans l'inconstance   (Fink : 76). Cioran s'inspirera de Nietzsche pour cette joie extrême qu'il trouvera dans l'instant et dont les traces seront à la base de sa souffrance.

Le chapitre 4 développera l'ordre et le désordre temporel de l'histoire, la destruction de l'histoire et la venue de l'homme futur. Dans la première partie de ce chapitre, nous verrons les définitions et caractéristiques dysphoriques de l'histoire qui démontreront son non-sens, et ensuite le mouvement (la répétition) de l'histoire et plus précisément l'illusion de la répétition: « ce sont les illusions qui reviennent toujours sous un autre déguisement » (IE, 1356). Le rôle positif de la répétition se manifestera grâce à l'oubli. Vivre l'instant supposera une position d'admirateur, de spectateur passif. La position ambiguë de l'homme parfois acteur dans la Révolution, parfois spectateur de l'histoire confirmera l'instabilité du je cioranien et le désordre de sa pensée.   Ces spectacles transformeront le sujet par leur dualité paradoxale, leur jeu de masques baroque, la *coïncidentia oppositorum* venant renforcer son caractère. La critique des nations permettra de souligner la différence entre les pays (avec « leur âme originelle » Spengler), la culture roumaine vue comme mineure (une des intuitions cioraniennes d'ailleurs) et le rôle primordial de la langue pour le développement du pays et de son identité, selon Cioran. La déconstruction de l'histoire et implicitement du temps contribue indirectement à la destruction de l'être humain.

Dans le chapitre 5, les définitions et les caractéristiques du mythe chez Mircea Eliade apporteront un remède à la déconstruction du monde, mais ce retour au monde mythologique est, chez Cioran, une idée fasciste (car Hitler avait demandé à Werther de transposer les mythes en musique, Simion, 60). Le temps cyclique évoquera ainsi la nostalgie de la Création et l'éternel retour du même, la Résurrection (le mythe de Jésus Christ). Le temps apocalyptique ou la déconstruction du passé sera illustré par le mythe du Déluge, le mythe d'Atlas et l'Apocalypse ou la déconstruction du monde.

Dans le chapitre 6, nous verrons que la mort est le thème central des aphorismes, c'est la clef qui pousse l'essayiste à juger si négativement la vie. Dans ce contexte, Cioran sera plus proche de Nietzsche (la vie comme affirmation et reniement) que de Bergson (création); chez Cioran, on parlera de la vie comme affirmation (de transgression du passé) et reniement (de la vie et de l'homme). Bouddha représentera un autre modèle de beauté morale de l'existence que Cioran appréciera beaucoup.

Dans le dernier chapitre, *L'éternité et l'instant*, les définitions de l'éternité chez Cioran révèleront son détachement envers celle-ci et mettront en évidence l'opposition des deux extrêmes de la vie : l'éternité et l'instant. Cioran y réussira à souder l'éternité et l'instant en une éternelle instantanéité.

CHAPITRE 2

Ayant maintenant présenté brièvement le temps dans la littérature, puis l'aphorisme comme nucleus de la pensée philosophique dont Nietzsche est le premier avoir changé la forme, il est temps d'analyser la vie et l'œuvre de Cioran, et de construire le corpus principal et secondaire de cette étude. Commençons donc par un tableau général de l'œuvre d'Emil Cioran.

1. La vie et l'œuvre d'Emil Cioran. Présentation du corpus.

Pour mieux connaître Cioran, son œuvre et sa pensée, on doit saisir les événements les plus importants de l'époque où il a vécu, en particulier le contexte roumain.

En 1940, la Roumanie est forcée par la Russie à renoncer à sa neutralité et à se retirer de la Bessarabie et de la Bucovine ; au cas contraire, elle aurait été envahie. Par la suite, Dobroudja a été cédée à la Bulgarie, tandis que la Transylvanie du Nord à la Hongrie. Après le renoncement au trône du roi Carol II en 1940, le pouvoir de la Roumanie se partageait entre Ion Antonescu et la Garde de Fer. Le régime Antonescu arrive à vaincre finalement et il joue un rôle important dans le massacre de 325 000 juifs en Roumanie. Toutefois, les territoires comme la Bessarabie et la Bucovine du Nord ont été récupérés grâce à Ion Antonescu. Le roi Michel I prend le pouvoir en 1944. Forcé par le pouvoir et la fraude soviétique, les Roumains sont manipulés aux élections et font place au communisme sans vraiment le vouloir. Entre les années 1940 et 1960, le gouvernement communiste impose une la terreur sous le nom de « Securitate ». Plusieurs citoyens sont tués par des raisons économiques, politiques ou autres. En 1965, Nicolae Ceausescu arrive au pouvoir jusqu'au 1989.

Cioran est né en 1911 à une époque où la Roumanie n'est pas un État. Pendant sa jeunesse, ses parents ont été déportés dans des villes différentes. En ce qui concerne son village natal, Raşinari, c'est l'un des plus anciens de Transylvanie, comme Liiceanu l'observe :

> Un document de 1488, puis des chroniques de provenance saxonne, en font remonter l'origine au règne du roi Huns, Attila, à une époque bien antérieure à l'implantation des Saxons en Transylvanie qui fondèrent, au cours de la seconde moitié du XIIIe siècle, la principale cité de la région, [...] *Hermannstadt*, Sibiu en roumain. D'après la tradition historiographique locale, le premier document attestant de l'existence du village daterait de 1204. Jusqu'à la fin du XIVe siècle, Raşinari, village de frontière situé à quelques kilomètres de Sibiu, passe à plusieurs reprises de la domination des rois hongrois à des voïvodes roumains. Il est ensuite soumis à l'autorité hongroise jusqu'en 1920, date à laquelle le traité de Trianon entérine le rattachement de la Transylvanie au Vieux royaume de Roumanie (Liiceanu, 10-11).

Emil Cioran, le deuxième enfant (derrière Gica, l'aînée et Aurel, son frère cadet) d'Emilian Cioran et d'Elvira Comaniciu, naît le 8 avril à Raşinari, un village transylvain de bergers, situé à quelques kilomètres de Sibiu ou Hermanstadt. Ce village « primitif, un monde archaïque, clos » (comme il le déclare dans l'interview avec Liiceanu, - Liiceanu : 110) représentera pour lui le paradis jamais retrouvé : « Pas un seul instant où je n'aie été conscient de me trouver hors du paradis » (IE, 1288). Son père est le prêtre orthodoxe de ce village, tandis que sa mère est la présidente de l'association des femmes. Tout l'itinéraire de Cioran, observe Liiceanu, « va être marqué par cette grande *fatigue* de vivre » (Liiceanu 13). En 1921, à l'âge de 13 ans, l'enfant Cioran est chassé du paradis et amené en carriole par son père à Sibiu où il fréquente le lycée Gheorghe Lazar. En 1924, toute la famille déménage à Sibiu, sur la rue Tribuna, car son père est devenu protopope de la ville. Gabriel Liiceanu explique d'ailleurs qu'« à l'âge de quinze ans Cioran commence à lire les philosophes et écrivains. On trouve, méticuleusement recopiées dans un de ses cahiers de l'époque [...] des citations en français ou en roumain de Diderot, d'Eminescu, [...] de Dostoïevski, de Flaubert, de Schopenhauer, de Nietzsche » (Liiceanu, 19). « Dans les années 1930, à Bucarest, Cioran rencontre Mircea Eliade, Eugen

Ionescu, Benjamin Fondane, Victor Brauner (Liiceanu, 31), ses futurs amis d'ailleurs. Dans sa jeunesse, Cioran avait des insomnies (« Il m'arrivait de ne pas fermer l'œil pendant des semaines ») et des obsessions pour la mort (Liiceanu, 23). À l'université, à Bucarest, il accorde une importance particulière aux philosophes comme Schopenhauer, Nietzsche, Wölfflin, Kant, Fichte, Hegel, Husserl, mais aussi Bergson et Chestov (Liiceanu, 25-26) et au philosophe roumain, son professeur Nae-Ionescu. Ayant obtenu une bourse d'étude de la fondation Humboldt, Cioran part pour étudier en Allemagne.

Liiceanu relate le discours de Cioran sur le fascisme, appelé par celui-ci la « forêt fanatique »: « Cioran avouera plus tard avoir été bouleversé par l'hitlérisme, par « son caractère de fatalité, par sa dimension inexorablement collective, comme si tous, fanatisés jusqu'à l'imbécillité, se faisaient les instruments d'un devenir démoniaque. On *tombe* dans l'hitlérisme comme on tombe dans n'importe quel mouvement de masse à tendance dictatoriale » (Liiceanu, 32). Cioran explique toutefois sa fuite de fascisme : « je me suis mis à étudier le bouddhisme afin de ne pas me laisser intoxiquer par ou contaminer par l'hitlérisme » (Liiceanu, 32). De retour en Roumanie en 1935, Cioran est l'adepte de l'idée selon laquelle « l'histoire est l'œuvre des peuples sachant s'arracher à leur torpeur et celle des visionnaires capables « ''d'introduire l'absolu dans leur respiration quotidienne'' » (Liiceanu, 35). Cioran adopte donc le fascisme, comme il l'avouera plus tard, après « avoir traversé une phase pathologique, dominée par une fascination pour les extrêmes » (Liiceanu 35). Ayant lutté pour transformer « le prolétariat roumain avec la nation », pour une « volonté messianique », il rêve à une « Roumanie qui aurait le destin de la France et la population de la Chine ». Cioran adhère ainsi aux idées de la Garde de Fer, dont le chef, Corneliu Zelea Codreanu, le confirme dans la réalisation de son projet, la transfiguration de la Roumanie. La Garde de Fer ou la Légion (qui connaît une

23

floraison dans les années 1930) « emprunte de nombreux traits aux fascismes européens – culte de l'élite, projet d'une nation ''épurée'' de ses éléments allogènes, haine du parlementarisme – mais elle s'en distingue aussi par une forte imprégnation religieuse et ascétique, qui en fait une des formes les plus singulières de l'Europe de l'entre les deux guerres » (Liiceanu, 36-37). Plus tard, Cioran arrivera à abandonner la Garde de Fer et se demander comment il aurait pu adhérer à une telle idéologie : « Comment ai-je pu être celui que j'étais ? » (*Écartèlement*). En 1946, il avouera à son frère le changement de sa pensée. Dans l'interview avec François Bondy, Cioran caractérise d'ailleurs les Roumains et la Garde de Fer :

> La Garde de fer, dont je n'ai du reste jamais fait partie, a été un phénomène très bizarre. Son chef, Codreanu, était en fait un Slave, qui faisait plutôt songer à un général d'armée ukrainien. La plupart des commandos de la Garde de Fer étaient faits de Macédoniens en exil ; d'une façon générale elle portait surtout la marque des populations entourant la Roumanie. Comme on dit du cancer qu'il n'est pas *une* maladie mais un complexe de maladies, la Garde de Fer était un complexe de mouvements et plutôt une secte délirante d'un parti. […] (*Entretiens*, 12).

En 1940, Cioran adopte la langue française, et renonce ainsi et à son passe, une « libération du passe » (Liiceanu, 42). En 1937 Cioran s'installe à Paris, et désire faire une thèse sur Nietzsche, travail qu'il n'a jamais commencé. Cioran a d'ailleurs assisté à l'entrée des Allemands dans Paris, sur le boulevard Saint-Michel, et il a eu la malchance d'être presque tué par ceux-ci à cause d'un geste humanitaire, comme il l'explique (*Ich bin Ausslländer* !, Liiceanu, 112), ayant jeté des cigarettes aux prisonniers français.

L'œuvre de Cioran comprend dans sa totalité des livres rédigés en roumain et en français. Les livres écrits en roumain sont : *Sur les cimes du désespoir* (1934), *Le livre des leurres* (1936), *La transfiguration de la Roumanie* (1936), *Des larmes et des saints* (1937), *Le Crépuscule des pensées* (1940) et *Bréviaire des Vaincus* (1991). La période française est plus vaste. Elle inclut non seulement une œuvre fragmentaire : (*Précis de décomposition* -1949,

Syllogismes de l'amertume -1952, *La tentation d'exister* -1956, *Histoire et utopie* -1960, *La chute dans le temps* - 1964, *Le Mauvais démiurge* - 1969, *De l'inconvénient d'être né* - 1973, *Écartèlement* - 1979, *Exercices d'admiration* - 1986, *Aveux et Anathèmes* - 1987, et les *Cahiers* 1997-1999-2000), mais aussi pamphlétaire et épistolaire : *Solitude et destin*, 1992, *Correspondances*- 1993, *Lettres envers mes amis* - 1995, et *Mon pays* - 1996.

Décrivons d'abord chacun des livres qui appartiennent à notre corpus primaire et qui serviront à compléter, renforcer ou dévoiler par le biais de métaphores les idées de Cioran sur le temps. Nous retiendrons donc les aspects les plus importants portant sur la dimension temporelle (la vie, le mythe, l'histoire et l'éternité) et les allusions aux textes de Nietzsche et Bergson, et Eliade (si tel est le cas).

2. Le corpus primaire

Tournons-nous maintenant vers le corpus primaire qui se limitera à sept livres au total : *Le livre des leurres* (1936r/- 1992fr.), *Le crépuscule des pensées* (1937r.-1991fr.), *Précis de décomposition* (1949), *La tentation d'exister* (1956), *Histoire et utopie* (1960), *La chute dans le temps* (1964), *De l'inconvénient d'être né* (1973). Ces œuvres appartiennent à des périodes différentes de l'écriture cioranienne, fait montré par l'écart entre les années de parution. Les deux premières consacrent la période roumaine. Dans la classification faite par Sylvain David dans son livre *Cioran. Un héroïsme à rebours* (classification faite seulement pour la période française), les deux prochains volumes (*Précis de décomposition* – 1949 et *La tentation d'exister* – 1956) s'intègrent à la première période de l'activité littéraire de Cioran (où est inclus aussi le *Syllogisme de l'amertume*), période qui montre une vision « du déclin et de la décadence » (David, 2006 A: 24) ; *La chute dans le temps* (1964) et *Histoire et utopie* (1960) font partie de la deuxième période (où on trouve aussi *Le Mauvais Démiurge*, 1969) où se révèle « la dynamique première de la démarche de Cioran et qui fait en sorte qu'une négation est une négation plus grande encore » (David, 2006 A : 25) ; *De l'inconvénient d'être né* (1973) s'insère dans la troisième période à laquelle Sylvain David attribue aussi *Aveux et Anathèmes* - 1987, *Ecartèlement* - 1979, *Exercices d'admiration*, 1986), période qui montre un « réinvestissement du temps présent » par « l'observation attentive des petits faits du quotidien » (David, 2006 A : 25). Selon la langue d'écriture, les deux premières œuvres de mon corpus appartiennent par ailleurs à la période roumaine, tandis que les cinq autres correspondent à la période française.

Dans *Le livre des leurres* (1936), volume écrit en roumain, les fragments gravitent autour de thèmes comme la musique (LL, 114), la relation vie-mort (LL, 116), ou le temps. Pour Cioran, l'homme devient ainsi une balançoire qui descend et monte, au dehors du monde, sans avoir la chance de vivre réellement, d'y être inclus. Ce mouvement ascendant et descendant fait perdre la ligne droite, le but de la vie, segmente l'homme et le décompose. Ce dernier vit ainsi séparé de lui-même au milieu de fragments temporels. La vie est ensuite définie comme « une maladie durable » (LL, 141) dont le sens est dérisoire (LL, 142). Par conséquent, le conseil fourni par l'essayiste est le renoncement à l'amour, à la vie et à l'histoire : « Vis comme un mythe ; oublie l'histoire » (LL, 151).

C'est dans ce volume que la relation homme/temps/espace, thème important pour mon livre, est bien décrite (LL, 200). Le temps est plus puissant que l'espace, il nous transgresse, même s'il y a une distance entre lui et nous.

Plus loin dans *Le livre des leurres*, Cioran, rappelant sa lecture de Bergson, explique la relation entre temps et éternité (LL, 201). On observe cette fois le primat du temps sur l'éternité « vue comme une perte », et l'amour étonnant du narrateur pour une seule chose qui, fait paradoxal, est méprisée en même temps : la vie. Ainsi, l'amour et la haine vont de pair chez Cioran, ils se conditionnent réciproquement. Même si l'éternité lui avait été offerte, l'essayiste l'aurait refusée (LL, 245-246). Donc, l'éternité sur la terre, la vie vaut beaucoup plus que celle de l'au-delà. L'homme est défini ainsi comme « un dieu qui souffre et se réjouit *humainement* » (LL, 263), et dont la « condition divine est la tragédie humaine même » (LL, 263). Il « ne peut vivre qu'avec des fractions d'éternité » (LL, 262), car la vie est « *in*-éternelle » (LL, 262). Ces fractions d'éternité ne s'identifient-elles pas justement aux instants ? Non moins intéressante est la désapprobation de Cioran envers Nietzsche en ce qui concerne le primat de la volonté de puissance comme problème central de l'être (LL, 201).

Il semble que la volonté de puissance ne soit pas primordiale pour Cioran, car il y a d'autres facteurs (la chance ? la conscience ? l'affirmation ? la mémoire ?) qui influencent l'être humain dans ses actions. Nietzsche aurait raison de dire que la volonté de puissance est le problème principal de l'être, mais seulement si l'homme était une machine ou un animal ; Cioran, comme Bergson, apporte des contre-arguments, en disant que si l'on a la volonté de puissance, et seulement cela, ce n'est pas suffisant comme modalité de l'être : « Notre vie psychologique passée, tout entière, conditionne notre état présent, sans le déterminer d'une manière nécessaire ; [...] » (MM, 164). Importent aussi les six agrégats bouddhistes : solidité, fluidité, chaleur, mouvement, espace, conscience. La volonté de puissance semble donc être seulement une caractéristique de la pensée. Ce livre de Cioran nous révèle ainsi la tragédie de l'homme qui ne peut vivre qu'au dehors du temps et son existence fragmentée, décomposée ; toutefois, on y saisit aussi la puissance du temps au détriment de l'espace. Le temps présent détient enfin la priorité devant l'éternité.

Le crépuscule des pensées (1937) est une œuvre fragmentaire écrite par Cioran pendant sa jeunesse et parue en Roumanie en 1937. Cette œuvre, très peu analysée, reflète le style et l'expression de la pensée roumaine. Elle brille par la beauté des métaphores temporelles. Cioran y définit non seulement le temps, mais aussi l'absence du temps, l'inexistence du temps comme lieu palpable, visible (CP, 424). Le rapport existence/temporalité servira d'ailleurs à mon analyse de la dimension existentielle du temps (CP, 433). Ce rapport existentiel implique une omniprésence de la mort (CP, 392-393). La décomposition du je-personnage apparaît clairement dans ce volume (CP, 402).

La conception roumaine de la vie comme soumission, passivité et fatalité rejaillit aussi du *Crépuscule des pensées*. Ainsi, la vie est « indigne d'être vécue », elle est un « *temps éternel* » (CP, 380), un « surplus d'intensité » (CP, 388), « une Apocalypse de la bêtise et de la vulgarité » (CP, 406), « une catégorie du possible, une chute dans le futur » (CP, 387). On observe toutefois une interaction plus positive entre vie et joie : « la joie est le réflexe psychique de l'existence pure – d'une existence qui n'est capable que d'elle-même » (CP, 416), puis entre vie et éternité : « vivre lorsque chaque jour pèse plus qu'une éternité » (CP, 443).

Les définitions du *devenir* dans ce livre de Cioran nous permettront de mieux comprendre « un désir immanent de l'être, une dimension ontologique de la nostalgie. Il nous rend intelligible le sens d'une ''âme'' du monde » (CP, 430). Cioran explique ensuite que le destin « consiste à lutter au-dessus ou à côté de la vie, à la concurrencer en passion, révolte et souffrance » (CP, 441). Par ailleurs, l'histoire est vue comme un « moyen d'auto-interprétation » (CP, 388-389) ; elle est « menée par des hommes qui prennent sans cesse leur pouls » (CP, 427). Ses dimensions cycliques rappellent la lecture de *Zarathoustra* (CP, 433).

L'histoire a commencé une fois avec la chute d'Adam : « *La* première larme d'Adam a mis l'histoire en branle. Cette goutte salée, transparente et infiniment concrète, est le premier moment historique, et le vide laissé dans le cœur de notre sinistre aïeul, le premier idéal » (CP, 501).

Les références substantielles au mythe apparaissent aussi ici sous de nombreuses formes. C'est le seul livre du corpus, d'ailleurs, qui évoque la figure de *Jésus Christ*, sujet important pour l'identification exacte des rapports entre Cioran et le texte de *Zarathoustra* dont le personnage peut représenter le double de Jésus Christ. La dernière dimension qui nous intéresse, l'éternité, se présente comme espace : « [...] semble trop petite pour une âme immense et folle, désaccordée, par son infinité, à l'existence » (CP, 424). Il y a ainsi une séparation entre éternité et existence. L'éternité ressemble à un point sur la ligne de la vie, elle paraît trop petite, même insignifiante. On retiendra essentiellement de ce livre les métaphores sur l'éternité, l'éternité comme durée, la conception roumaine de la vie, la relation entre la vie et la joie, la vie et l'éternité ; ensuite, les figures mythiques, les définitions du destin, le propos sur l'histoire et la relation homme-histoire.

Précis de décomposition, œuvre fragmentaire écrite en 1947, est le premier livre de Cioran écrit en français. Si, dans le volume antérieur les aphorismes ne sont pas titrés, dans *Précis de décomposition* le groupement des fragments autour de thèmes précis : « L'avènement de la conscience », « Tribulations d'un métèque », « Menace de sainteté », « Dualité », « Tournant le dos au temps », « Visages de la décadence », etc. Ce livre est important pour les définitions qu'il offre de l'éternité, vue comme une « funèbre immortalité » (PD, 637), un « lieu commun » (PD, 620), une « banalité » (PD, 621). Il souligne l'importance du concept de négation de Dieu : « [...] Dieu ne pouvait être que le fruit de notre anémie : une image branlante et rachitique » (PD, 598). Le rapport au divin devient ainsi un produit de notre état déséquilibré ; la caractérisation dysphorique binaire « branlante et rachitique » montre que Dieu n'est pas du tout une figure parfaite, car, selon Cioran, il n'est ni stable ni sain. Ailleurs dans ce volume, la vie paraît refléter une existence illégitime (PD, 627).

L'essayiste rajoute dans ce volume d'autres formes d'existence, comme « l'attente » (PD, 607). Cette existence suggère l'attente de bonnes occasions et un fort mécontentement envers le temps présent. Le personnage en attente requiert un esprit agile, ingénieux, ayant des buts précis dans la vie, prenant en charge les risques et résolvant les problèmes et les situations difficiles. Toutefois, cet état d'attente implique également une fuite du moment présent et une position d'inaction et de faiblesse.

Dans *Précis de décomposition*, le discours sur la mort la présente comme un phénomène qui nous renforce avant de nous détruire (PD, 656). Or la destruction implique la transformation et cette transformation mène à la décomposition de l'être (PD, 656). Cette vision de la fin s'oppose au devenir et rappelle l'importance de l'horizon eschatologique de Nietzsche à Cioran : « Un peuple se meurt lorsqu'il n'a plus de force pour inventer d'autres dieux, d'autres mythes, d'autres absurdités ; ses idoles blêmissent et disparaissent ; [...] » (PD, 680).

Ce qui m'intéresse ici en particulier, ce sont les expressions de « décadence », de « déclin », de « monde finissant », notions développées tout au long du volume : « L'Histoire entière est en putréfaction ; ses relents se déplacent vers le futur : nous y courons, ne fût-ce que pour la fièvre inhérente à toute décomposition » (PD, 620). La langue est expressive : métaphores, comparaisons, personnifications y abondent. Ce livre est captivant aussi pour le recours au mythe de l'éternel retour, donc au temps cyclique ou circulaire. Toutefois, le *Précis de décomposition* explique la logique à rebours/paradoxale de Cioran, à la loi du « qui perd gagne » (David, 2006 A : 93) et sa démarche qui consiste à : « s'engager sans adhérer » (David, 2006 A : 93). Le livre montre (par son titre d'abord qui est un *paradoxe*) la décomposition du temps existentiel (l'insignifiance de la vie), du temps historique (l'histoire sans but, en déclin), la valorisation du mythe (par l'admiration des ancêtres), la déconstruction de l'éternité (en instants). Mais, paradoxalement, malgré l'abstention du spectateur cette décomposition est exacte, précise. On retiendra ainsi de ce livre très riche les idées et les métaphores sur l'histoire, la fin de l'homme et d'un peuple, la mort comme phénomène positif, la vision de la vie, les possibilités d'existence et l'athéisme cioranien.

La tentation d'exister, volume publié en 1956, développe la méditation cioranienne sur la vie, le temps et l'histoire et sur la liberté. Celui-ci montre l'oscillation entre vie et mort, le côté double, irrésolu, de l'essayiste dans la vie, sujet primordial dans cette étude. Dans cet ouvrage, le temps devient un élément dysphorique, négatif, la source du mal : « Notre mal ? Des siècles d'attention au temps, d'idolâtrie du devenir » (TE, 823). Donc, l'admiration pour le temps et surtout la logique du devenir nous mène à la chute ; le temps devient un objet magique à la vue duquel on est rempli de négativité. Par conséquent, le narrateur médite : « […] je ne suis qu'un acolyte du temps, qu'un agent d'univers caducs » (TE, 825). Ces métaphores montrent la position inferieure de l'homme par rapport au temps et à l'espace.

L'homme produit du temps : « Deviner encore l'intemporel et savoir néanmoins que nous *sommes* temps, que nous produisons du temps, concevoir l'idée d'éternité et chérir notre rien ; […] » (TE, 831). L'homme devient ainsi l'agent du temps ; le temps dépend de lui et ainsi il se crée la liaison homme-temps. Même si le temps est son produit, on verra finalement que le temps est plus fort que l'homme. On observe ensuite le rapport entre homme et temps pluriels

: « "Ce n'est pas l'homme qui commande aux temps, mais les temps qui commandent à l'homme" » (TE, 853). À l'égard de la place de l'homme dans l'univers, Cioran explique que le temps est d'abord une dimension étroite car il nous faut de la « souplesse » et ensuite il est vide : « désir d'inconsistance » (TE, 892).

Plus loin, en définissant l'histoire (TE, 829), Cioran explique qu'elle est ainsi un produit négatif, elle incarne le mal que les hommes se font entre eux. Suivre l'histoire signifie suivre le Diable, être révolté, et donc faire de mauvaises choses. L'homme est le plus le double du diable quand, d'une manière involontaire (« au dépens de notre être ») il produit du temps (« nous émettons du temps »), le rend visible extérieurement (« projetons au-dehors ») et le transforme en actions, « événements ». La fin du temps a comme conséquence la fin de l'histoire, donc du Diable. L'histoire finit d'ailleurs une fois avec l'humanité.

Ensuite, l'histoire se définit comme « […] nostalgie de l'espace et horreur du chez soi, rêve vagabond et besoin de mourir au loin…, mais l'histoire est précisément ce que nous ne voyons plus alentour » (TE, 841). Dans *La tentation d'exister*, la mort est la clé de la dimension temporelle (TE, 962-963). La souffrance devient l'élément à l'aide duquel on perçoit le sentiment concret de l'existence (TE, 831). D'ailleurs, il n'y a pas de comparaison entre l'instant et l'éternité. Même si l'éternité se comprend comme une belle promesse encore à venir, elle n'a aucune valeur, car elle est invisible et peut-être inexistentielle. Ce qui est palpable, ce qui est visible, c'est le moment présent, avec les instants qui s'écoulent l'un après l'autre.

Dans ce recueil, Cioran s'attaque aussi à Nietzsche (TE, 914). Cette « somme d'attitudes » peut signifier la « volonté de puissance » et la circularité de l'homme et de l'histoire. Ce que le moraliste roumain conseille, c'est de ne pas chercher un fil conducteur,

« une volonté d'ordre », « un souci d'unité », car sa personnalité et sa philosophie, une « méditation sur ses caprices », est le produit de son déterminisme : « captif de ses humeurs » ; la critique juge sa philosophie au-delà de sa valeur, en lui donnant « des constantes qu'elle refuse ». Il faut ainsi retenir de ce volume la place de l'homme dans le temps, certaines définitions sur la vie, sur la liberté et sur l'existence et la souffrance.

Dans *Histoire et utopie* (1960), une autre œuvre fragmentaire, les chapitres présentent des titres précédés de chiffres romains tels : « La Russie et le virus de la liberté », « Odyssée de la rancune », « Mécanisme de l'utopie », « L'âge d'or » (en plusieurs sous-parties). Ce recueil approfondit le thème de l'histoire et la différence entre histoire et utopie. Ce volume tente aussi de définir l'existence, fournit une explication sur les deux éternités, sur la liberté et sur l'utopie, et justifie l'emploi du mythe. Pour Cioran, l'existence est synonyme de l'affirmation de soi (HU, 1022). Le plus important dans la vie, pour l'essayiste, c'est donc l'affirmation de l'individu, son côté social, et non son côté intérieur et méditatif. Il n'y a plus de remède contre l'existence, on ne peut pas s'enfuir, car le chemin est tracé : existence/sensation/affirmation de soi/non-savoir. Pour Cioran, le premier plan dans la vie n'est pas la volonté de puissance nietzschéenne ; pour lui priment l'affirmation de soi et la connaissance : « Nous sommes nés pour exister, non pour connaître ; pour être, non pour nous affirmer » (HU, 1008). Les verbes « s'affirmer » et « connaître » valent donc plus que « vouloir ». Cioran relève les actions qui demandent l'effort de l'être sans lien avec le passé, tandis que Nietzsche est plus complexe, car il met l'accent sur un processus (la volonté) qui ne concerne pas seulement le je actuel, mais tout le passé de l'être humain. Si l'on pense bien, « l'affirmation de soi » peut être le but de la « volonté de puissance ».

Cioran précise ensuite la relation entre la vie et l'homme (HU, 1039). Cette décomposition de la vie (« rupture, hérésie, dérogation ») et de l'homme (« hérésie au second degré »), complètent de façon importante les caractéristiques liées à mon corpus principal. Car la décomposition est au centre du temps. La suprématie de la mort sur la vie est donc aussi une conception cioranienne. Cioran défend une attitude de résignation et d'attente (HU, 1025).

C'est que la relation homme/dieu est durement critiquée par Cioran (HU, 1028). L'homme trouve un secours en Dieu qui devient un ami, pour le séparer de la société, pour démontrer sa supériorité envers la vie et son désintérêt envers celle-ci. Par conséquent, Dieu est pour le chrétien, meilleur que la vie, la société et les hommes, et constitue une bouée de sauvetage pour celui-ci.

Les définitions de l'utopie devraient aussi retenir notre attention. L'utopie est l'état dans lequel l'homme devrait se complaire, explique Cioran. Celle-ci le sauve du courant tragique de l'histoire et l'amène à vivre un autre temps, illusoire, qui est mieux que la souffrance et la tragédie initiales. Cioran explique ensuite ce jugement de l'homme sur le sens de l'histoire (HU, 1043).

L'histoire suivrait une voie, elle ne se déroulerait pas en vain. Mais bien sûr, l'esprit critique de Cioran trouve cette conception utopique, car on a déjà vu que l'histoire n'as pas de sens déterminé pour lui. À cela, Cioran rajoute sa définition de l'histoire : « L'histoire ne serait-elle pas, en dernière instance, le résultat de notre peur de l'ennui, de cette peur qui nous fera toujours chérir le piquant et la nouveauté du désastre, et préférer n'importe quel malheur à la stagnation ? » (HU, 1055). Le temps « mort », vide, nous pousse vers l'action, et c'est ainsi que nous réalisons l'histoire ; par conséquent, le *moi* joue un rôle très important : c'est le *moi* qui détermine les faits historiques (par « peur de l'ennui ») sans que l'histoire ait un but à suivre ; ce but est le nôtre propre, et l'histoire se soumet à lui ; l'histoire est déterminée par la volonté humaine, et non l'inverse.

Le marxisme a joué un rôle important dans l'histoire, mais il : « n'a réussi qu'à rendre Dieu plus étrange et plus obsédant » (HU, 996). Cette séparation Histoire/Dieu, explique Cioran, a une conséquence malheureusement négative, car l'homme court toujours après quelque chose : « On peut tout étouffer chez l'homme, sauf le besoin d'absolu, lequel survivrait à la destruction des temples et même à l'évanouissement de la religion sur terre » (HU, 996).

La notion de liberté est aussi très importante dans cette étude sur le temps. Cioran explique les conditions de manifestation de la liberté dans un aphorisme dont l'incipit ressemble à un conte (HU, 987-988). Fait éblouissant : on apprend que la liberté ne dure que quelques instants, comme « l'extase » et qu'elle exige l'existence d'un « corps malade », un non-temps, « le vide », pour se manifester. La liberté est ainsi une durée fragmentée que seuls les malades sont capables de réaliser. En parlant de Dostoïevski et de son œuvre *Les possédés*, pour laquelle Cioran a une grande admiration, il expliquait qu`il n'aimait que « les grands malades » (*Entretiens*, 292).

Le mythe, dimension captivante de toute étude de Cioran, est invoqué aussi dans ce volume, où l'auteur admire le temps des Hyperboréens (HU, 1001). Cioran établit des « zones de vitalité », qui montent en degré de l'Est vers l'Ouest, et fournit une explication de leur rôle dans l'histoire (HU, 1001-1002). La base de l`échelle est constituée des pays sans histoire. La Roumanie est en bas de cette liste, car elle n'a pas d'histoire (d'après Cioran), suivie par la Pologne ou la Hongrie, et ensuite les pays occidentaux.

Par ailleurs, le Paradis d'ici-bas est considéré à rebours (« nostalgie renversée, fausse et viciée ») et contradictoire (« durée inépuisable et pourtant achevée ») (HU, 1041). L'avenir est d'ailleurs considéré comme une île, terre à l'intérieur de la terre, ou comme « un *tout autre* temps à l'intérieur du temps », mais qui a un statut indépendant. L'avenir est le double de l'histoire temporelle, vécue par l'humanité ; il est la projection de notre histoire dans un temps qui est épuisé.

Dans *Histoire et utopie*, le chapitre s'intitulant « L'Âge d'or », explique que l'éternel présent est « […] un temps commun à toutes les visions paradisiaques, temps forgé par opposition à l'idée même de temps. Pour le concevoir et y aspirer, il faut exécrer le devenir, en ressentir le poids et la calamité, désirer à tout prix à s'en arracher » (HU, 1048). Donc, on apprend que « l'éternel présent », l'instant s'oppose au temps et il peut être rejoint par notre volonté d'agir. L'instant, « l'éternel présent » par sa perception est d'ailleurs plus fort que Dieu (HU, 1060). L'histoire est mise aussi en opposition avec lui ; elle est vue comme sans importance, la négation des choses « le *non* de toute chose », chemin vers la mort « la rupture du vivant avec lui-même ».

Ce qu'il faut retenir de ce recueil dans l'optique de ce travail, c'est l'existence d'éternités opposées « positive » et « négative » (HU, 1051). L'éternité positive s'étend plus loin que le temps, elle ne s'identifie pas à lui, elle est composée de temps et d'autre chose, d'un temps prolongé. À l'opposé, il y a une éternité « négative, fausse », où le temps est fragmenté (« éparpillé »), dont la condition principale est la décomposition « qui ne s'affirme qu'en s'annulant ». Cette éternité négative correspond à l'instant et elle est plus proche, accessible à l'homme, dirait-on.

La chute dans le temps (1964) nous permet de mieux comprendre la « métaphysique de Cioran ». Voilà certainement « le livre majeur de sa production et la clef de toute son œuvre » (Sora : 69) où, bien sûr, le thème récurent est le temps, « notre élément vital » (CT, 1157). Ce volume nous intéressera particulièrement pour la relation entre le je et la temporalité, entre éternité /temps /histoire et pour les définitions de l'homme comparé à un animal, définitions empruntées à Nietzsche. Tout comme Nietzsche, Cioran indique l'appartenance de l'homme à l'animalité : « Toujours différents, nous ne sommes nous-mêmes que dans la mesure où nous nous écartons de notre définition, l'homme, selon le mot de Nietzsche, étant *das noch nicht festgestellte Tier*, l'animal dont le type n'est pas encore déterminé, fixé » (CT, 1078).

Si dans le volume précédent, *Histoire et utopie*, l'histoire était soumise à l'homme et constituait « un produit créé par peur d'autrui », dans ce volume elle sera complètement niée (CT, 1122).

Dans ce recueil, le rapport particulier je/temps/éternité explique l'existence d'une chute psychique qui est la cause d'un état négatif, dépressif : « *L*es autres tombent dans le temps ; je suis, moi, tombé du temps. [...]. Mais le temps est clos, mais le temps est hors d'atteinte : et c'est de l'impossibilité d'y pénétrer qu'est faite cette éternité négative, cette *mauvaise* éternité » (CT, 1152). Ainsi, l'essayiste s'individualise par rapport à la place qu'il occupe dans le temps. Sa position est en dehors du temps ; il est « tombé du temps », tandis que les autres se localisent « dans le temps ». Est-ce sa position supérieure aux autres qui le distingue ? Il est aisé de concevoir la signification et les conséquences de cette chute : « [...] il ne s'agira plus pour lui de tomber de l'éternité, mais du temps ; et, tomber du temps, c'est tomber de l'histoire, c'est, le devenir suspendu, s'enliser dans l'inerte et le morne, dans l'absolu de la stagnation [....] » (CT, 1156). Comme l'éternité fait partie du temps et le temps de l'histoire, il s'agit d'une pyramide inversée ou d'un entonnoir dont la base est constituée de l'histoire, suivie par le temps et ensuite de l'éternité.

On observe dans cette figure que le temps est un élément médiateur entre histoire et éternité. Si l'histoire constitue la dimension de départ, une dimension inférieure, c'est l'éternité qui représente le point d'arrivée.

C'est aussi dans ce volume qu'on revoit l'existence et la séparation des deux éternités : « positive » et « négative (ou mauvaise) ». Ce volume semble montrer le secret de la vie (« comme fuite de l'excès ») et les conséquences d'une telle tentation. Cioran semble compléter Nietzche ici (qui suppose l'existence d'une *volonté de puissance*) et lui répondre (CT, 1158). Cioran explique qu'il y a une limite de la volonté, et que, si on ne sait pas s'arrêter au bon moment, elle se retourne contre nous comme un boumerang, en nous blessant.

De l'inconvénient d'être né, œuvre aphoristique, représente ultimement la fin de la carrière cioranienne. Paru en 1973, ce livre fait partie de la dernière période de l'écrivain. Cioran y relève dans ses boutades, d'une manière très convaincante, les tares de l'existence (« l'homme est un robot avec des failles, un robot *détraqué* » 1374) et le retour aux origines, sujets nécessaires pour notre compréhension de la décomposition du temps dans cette œuvre. Ces aphorismes, explique Sylvie Jaudeau, expriment « une même obsession symptomatique d'une authentique vocation métaphysique et qui se réduit à la seule question essentielle qu'on préfère généralement élucider : ''Pourquoi quelque chose plutôt que rien ?'' » (Jaudeau, 1990 B : 67). Toutefois, explique-t-elle encore dans *Entretiens*, ce recueil pourrait se résumer au sujet de l'existence au temps mythique, avant l'homme, avant l'apparition de la vie humaine, ne serait-ce que « par cette boutade : ''Si on avait pu naître avant l'homme !'' » (Jaudeau, 1990 B : 67).

Cioran remet donc en cause l'existence [« Vivre c'est perdre du terrain » (IE, 1330)], en la définissant comme « un accident » (IE, 1335), tout en soulignant la tragédie humaine de l'irréversibilité du temps. À la différence des six autres œuvres du corpus primaire, celle-ci comporte de nouvelles définitions du temps (vu comme « tare de l'éternité » IE, 1346) ou comme « forêt » : « J'ai toujours vécu avec la vision d'une immensité d'instants en marche contre moi. Le temps aura été ma forêt de Dunsinane » (IE, 1339). Ce volume montre toutefois le rapport entre le temps et les sens, la lucidité de perception cioranienne au détriment du temps qui s'écoule : « chaque fois qu'on se trouve à un tournant, le mieux est de s'allonger et de laisser passer les heures. […]. Couché, on connaît toujours ces deux fléaux mais sous une forme plus atténuée, plus intemporelle » (IE, 1373) ; et plus loin : « Mais je *vois* les heures passer – ce qui vaut mieux qu'essayer de les remplir » (IE, 1272). L'état d'immobilité devant les instants est ainsi beaucoup plus apprécié que celui de l'action. Il s'agit d'ailleurs d'une conscientisation du temps, d'un enregistrement des moments, donc d'un travail de la mémoire et toutefois d'un regret de l'instant disparu : « Cet instant-ci, mien encore, le voilà qui s'écoule, qui m'échappe, le voilà englouti. […]. Du matin au soir, fabriquer du passé ! » (IE, 1374). La reconstruction du passé révèle le fait que le temps est semblable à lui-même et qu'il n'y a pas de différence entre passé-présent (IE, 1366).

La conscience du temps présent et le temps d'avant la naissance sont les sujets primordiaux de ce recueil, où le passage du temps devient synonyme de l'enfer, car le paradis est situé avant la naissance : « À mesure que le temps passe, je me persuade que mes premières années furent un paradis. Mais je me trompe sans doute. Si jamais paradis il y eut, il me faudrait le chercher avant toutes mes années » (IE, 1379). L'essayiste ne croit pas à la naissance comme paradis, car pour lui le paradis se situe avant la naissance, peut être même dans le ventre de la mère.

Cette idée de l'oubli de l'origine est crucial chez Cioran, il est indéniable le moteur qui pousse et soutient la pensée cioranienne sur le temps.

C'est encore dans ce volume que Cioran montre de façon plus détaillée, par la multitude des aphorismes, l'insignifiance et la déconstruction de la vie (« C'est comme le *sens* de la vie. Il *faut* que la vie en ait un. Mais en existe-t-il un seul qui, à l'examen, ne se révèle pas dérisoire ? » IE, 1376) et par la suite, la souffrance d'être homme dans ce monde (IE, 1344) et paradoxalement son amour pour la vie (IE, 1400). C'est l'instant, le moment, qui devient l'élément le plus précieux, car on n'a besoin que de cette petite quantité temporelle pour s'arrêter et réfléchir à nous-mêmes (IE, 1304-1305).

Ce recueil confirme l'interdépendance des trois dimensions temporelles (l'histoire, la vie, l'éternité) dans un seul aphorisme circulaire (IE, 1346). On trouve toutefois ici, par les aphorismes plus murs, plus philosophiques, l'apogée de la pensée cioranienne. Il représente le volume auquel Cioran se sent le plus attaché, pour le contenu si riche de chaque mot, comme il le déclare dans l'interview qu'il a accordée à Sylvie Jaudeau : « J'adhère à chaque mot de ce livre qu'on peut ouvrir à n'importe quel page et qu'il n'est pas nécessaire de lire en entier » (Cioran cité par Jaudeau, 1990 B : 34).

Les sept œuvres analysées représentent le pylône de base sur lequel se dressera mon travail, car les métaphores, les paradoxes, les définitions temporelles trouvées dans ces œuvres constituent ma matière principale. Ces livres sont les plus représentatifs de toute l'œuvre cioranienne et représentent des années différentes d'écriture et une accumulation de thèmes récurrents (l'existence et la mort, l'histoire et l'utopie, l'idolâtrie, la durée et la fragmentation, la liberté, le mythe et l'instant et enfin l'éternité). Ces volumes expriment la quintessence de la pensée cioranienne sur le temps, la vie, le mythe et l'histoire.

Le corpus secondaire

Certaines œuvres de Cioran constituent l'horizon secondaire de cette étude. Il convient d'en discuter brièvement. Par exemple, *Sur les cimes du désespoir* (1934) est une œuvre aphoristique qui représente le premier livre de Cioran, écrit en roumain. Chaque fragment tourne autour d'un grand thème : la souffrance (« Mesure de la souffrance », « Sur la tristesse »), l'insignifiance de la vie et le rien (« Rien n'a d'importance », « Le non-sens du devenir »), l'Apocalypse (« Apocalypse »), l'éternité (« Éternité et morale », « Éternité et instant »), la décomposition de l'homme (« Ne plus être homme »), l'opposition (« Lumières et ténèbres »), le moi rapporté au monde (« Moi et le monde », « La mélancolie », « Un monde où rien n'est résolu », « Solitude individuelle et solitude cosmique »), l'ironie (« Ironie et auto-ironie »), le lien homme-animal (« L'animal indirect », « L'homme, animal insomniaque).

Dans ce volume, on retrouve déjà l'état de désespoir cioranien et le désir de ne plus vivre : « Dès lors qu'on se sent mourir de solitude, de désespoir ou d'amour, les autres émotions ne font que prolonger ce sombre cortège » (CD, 23). La décomposition de la vie y est évidente, car elle devient « trop limitée, trop morcelée, pour résister aux grandes tensions » (CD, 23). Dans le chapitre « Le moi et le monde », Cioran montre que c'est l'existence qui est la cause du non-sens : « *Le fait que j'existe prouve que le monde n'a pas de sens* » (CD, 26). Les deux sortes de solitude : « se sentir seul au monde, ou ressentir la solitude du monde » (CD, 52) et les conséquences de la souffrance qui « finit par détraquer, détruire, désagréger » (CD, 55) démontrent une fois de plus la nécessité de la solitude et la vision négative du monde chez Cioran.

Dans le chapitre « Éternité et morale », le concept d'éternité pourra nous être utile. On y apprend que l'éternité « ne mène ni au triomphe du bien ni à celui du mal : elle annule tout »

(CD, 61). Cioran se dit plutôt adepte de l'épicurisme : « Condamner l'épicurisme au nom de l'éternité est un non-sens » (CD, 61). Il faut ainsi vivre le moment, car « Toute la morale n'a d'autre but que de transformer cette vie en une somme d'occasions perdues » (CD, 62). Dans « L'instant et l'éternité », une opposition attire surtout l'attention : « L'éternité vous fait vivre sans regretter ni espérer quoi que ce soit. Vivre chaque moment pour lui-même, c'est dépasser la relativité du goût et des catégories, s'arracher à l'immanence où nous enferme la temporalité » (CD, 63). Le conseil cioranien est de vivre chaque instant, afin de sortir d'une temporalité qui nous emprisonne ; n'est-ce pas là toutefois une invitation à l'affirmation de soi et à la liberté ?

La relation directement proportionnelle entre vie et temps est aussi captivante : « Plus la vie est intense, plus le temps est essentiel et révélateur » (CD, 63). Dans « Histoire et éternité », Cioran explique qu'on doit « dépasser » l'histoire et qu'il « est indifférent de savoir *où* et *quand* vous vivez » pour ensuite montrer la solution (CD, 64). En ce qui concerne le lien homme/animal, Cioran explique que l'homme est « un animal malheureux, abandonné dans le monde » (CD, 65) qui « arrive parfois à être jaloux d'une plante, d'une fleur » (CD, 65) ou « un animal doué de raison » (CD, 95). L'éternel présent est « *existence*, car dans cette expérience radicale seulement, l'existence acquiert évidence et positivité » (CD, 78). Ce présent lié à l'existence est « production d'être, dépassement du rien » (CD, 78) qui se confonde avec l'amour : « Or, l'amour n'atteint-il pas l'absolu de l'instant ? » (CD, 78).

Des larmes et des saints (1937), volume publié en Roumanie, contient, par ailleurs, quelques références importantes à la dimension temporelle. On y observe la dépendance de l'être envers l'espace, car « [...] l'homme ne peut vivre sans appui dans l'espace » (LS, 290). On apprend ensuite qu'une des qualités du temps cioranien est sa réversibilité. Le passage du temps devient ici « une régression vers la naissance, à une reconquête des étapes de l'existence. Mourir, vivre, souffrir et naître seraient les moments de cette évolution renversée » (LS, 291). Cioran imagine ainsi la vie composée de trois étapes : la naissance, la souffrance et la mort. Cette évolution renversée est possible seulement « *L*orsque le commencement d'une vie a été dominé par le sentiment de la mort » (LS, 291). C'est ce sentiment de la mort qui est le processus le plus important, celui qui déclenche la chute à rebours vers la naissance.

Des larmes et des saints (1937) offre aussi certaines définitions du temps. Celui-ci est vu comme une « consolation » lorsque l'essayiste montre le lien étroit entre temps et conscience (LS, 316). L'interdépendance entre temps et conscience (la conscience enregistre le temps, veille sur le temps, le temps ne passe pas inaperçu), est particulièrement soulignée dans ce volume. Paradoxalement, d'autres caractéristiques du temps vu comme « creux » ou comme « torture sans égale » ne maintiennent pas la même idée positive.

Un questionnement se rattache éventuellement aux affirmations précédentes : « Que signifie le temps libre, le temps nu et vacant, sinon une durée sans contenu ni substance ? La temporalité vide caractérise l'ennui » (LS, 318). Le temps « vide » (« libre, [...] nu et vacant ») semble être un temps sans durée (donc « sans contenu ni substance »), s'identifiant à « l'ennui ». Si le temps avait une durée, il aurait aussi un contenu et une substance, et s'identifierait à quelque chose de *rempli*, d'*occupé*.

La relation mémoire / immédiateté, si importante pour mon étude du temps, est également énoncée dans ce volume : « Plus la mémoire est fraîche et bien portante, mieux elle adhère aux apparences, à l'immédiat. Son archéologie nous découvre des documents sur un autre monde au prix de *celui-ci* » (LS, 298). Ce sont les qualités de la mémoire, la fraîcheur et la flexibilité, qui déterminent le degré de l'immédiat, du temps fragmenté. De plus, ces qualités sont directement proportionnelles à l'immédiateté.

Assez curieusement, la lecture des penseurs du pessimisme comme Schopenhauer, par exemple, tend à influencer positivement Cioran :

> Plus je lis les pessimistes, plus j'aime la vie. Après une lecture de Schopenhauer, je réagis comme un fiancé. Schopenhauer a raison de prétendre que la vie n'est qu'un rêve. Mais il commet une inconséquence grave quand, au lieu d'encourager les illusions, il les démasque en laissant croire qu'il existerait quelque chose en dehors d'elles.
> On pourrait supporter la vie, si elle était réelle ? Rêve, elle est un mélange de charme et de terreur auquel nous succombons (LS, 323).

Cioran suit Schopenhauer, en fait, jusqu'à un certain point, mais Schopenhauer démasque les illusions au lieu de les souligner.

Le secret de la vie est donc le renoncement au bonheur : « Car on devient homme non par le biais de la science, de l'art ou de la religion, mais par le refus lucide du bonheur, par l'inaptitude foncière à être heureux » (LS, 328). Le monde, d'ailleurs « n'est qu'un accident, qu'une erreur, qu'un glissement du moi » (LS, 301). Cette inaptitude au bonheur est fondamentale dans la perception d'une temporalité à laquelle on ne peut jamais s'identifier.

En effet, vécue dans la distance, l'histoire est caractérisée comme « un drame divin. Car non seulement Dieu s'en mêle, mais il subit, parallèlement et avec une intensité infiniment accrue, le processus de création et de dévastation qui définit la vie » (LS, 313). C'est Dieu qui est responsable, d'après l'essayiste, de tous les siècles d'histoire. Pour transgresser le temps et l'histoire, Cioran imagine une solution (LS, 324). Ainsi, l'évasion au-delà du temps et de l'histoire a comme condition la haine, le mépris de tout ce qui nous entoure, notamment le temps et l'histoire ; cette négation mène à la recherche du bonheur au dehors du temps.

44

Syllogismes de l'amertume (1952) frappe par ses titres métaphoriques qui évoquent la relation être-temps (« Temps et anémie »), le « Vertige de l'histoire », la « Religion » et même la linguistique (« Atrophie du verbe »). D'autres qualificatifs se rajoutent au temps, dans cet ouvrage : le temps devient « temps clinique où comptent seuls les *cas* » (SL, 745) et d'autres relations temporelles contradictoires (comme l'admiration pour le temps et la séparation de celui-ci) se rajoutent. Ainsi, on peut concevoir la séparation entre le temps et le narrateur : « *L*e temps m'est interdit. Ne pouvant en suivre la cadence, je m'y accroche ou le contemple, mais n'y suis jamais : il n'est pas mon *élément*. Et c'est en vain que j'espère un peu du temps de tout le monde ! » (SL, 763). Voilà donc deux chemins parallèles : la vie du narrateur (qui éprouve un temps intérieur différent du temps universel) et le temps *universel* (*mondial*, je dirais), dans lequel il ne peut être inclus.

Très intéressants aussi, dans ce volume, sont le lien entre homme et durée et la séparation entre durée et temps, comme la montre la citation suivante :

> *N*ous ne pouvons agir qu'en fonction d'une durée limitée : une journée, une semaine, un mois, un an, dix ans ou une vie. Que si, par malheur, nous rapportons nos actes au Temps, temps et actes s'évaporent : et c'est l'aventure dans le *rien*, la genèse du Non (SL, 765).

La durée est une unité /une partie du temps et l'être ne peut ainsi se rapporter qu'à cette partie, nommée *durée*, à laquelle il s'identifie et non au temps. Si l'homme se compare au temps, c'est alors « l'aventure dans le rien », il ne se retrouve plus, il lutte à contre-courant. La durée a une valeur plus importante que le temps, car l'homme peut s'y situer tandis que le temps est comme un gouffre où on ne se retrouve plus. Notre « expérience temporelle » se déroule donc « *E*ntre l'Ennui et l'Extase » (SL, 767). Cioran joue ainsi sur les limites.

Les références à Nietzsche ne manquent pas dans ce recueil. Par exemple, dans cet aphorisme : « *A*vec Baudelaire, la physiologie est entrée dans la poésie ; avec Nietzsche, dans la philosophie. [...] (SL, 749). En comparant ces deux écrivains, Cioran dit que, comme les auteurs du XIXe siècle, ils sont plutôt intéressés par les traits moraux de l'être humain, les traits physiologiques, mais qu'ils les utilisent différemment. Ensuite, Cioran prend position au sujet de l'œuvre nietzschéenne *Ainsi parlait Zarathoustra* :

> [...] dans Nietzsche, nous aimons Zarathoustra, ses poses, sa clownerie mystique, vraie *foire des cimes*...
> [...]. L'idée de surhomme ne nous paraît plus qu'une élucubration ; [...]. C'est l'expert en déchéances, le *psychologue*, psychologue agressif, point seulement observateur comme les moralistes (SL, 761).

Cioran critique surtout le désir du pouvoir (« l'idolâtrie de la force ») qui est identifié à un problème personnel extériorisé et est à la base de la conception nietzschéenne sur l'acceptation du futur, donc du Surhomme et de l'image fautive de la vie et de l'histoire. Le Surhomme, le modèle jugé illusoire de Nietzsche, devient « une élucubration », une divagation et Nietzsche est comparé à un « expert en déchéances » et à un « psychologue agressif ».

Dans *Le Mauvais démiurge* (1969), Cioran évoque sans cesse la figure de Dieu dans les fragments qui le composent. Ce qui frappe ici, ce sont les définitions de la vie et la relation vie-éternité, puis vie-liberté (« Pensée étranglée »). La vie, d'après Cioran, « n'est pas une cause, elle est mystérieuse et harassante à souhait ; [...] » (MD, 1175). L'existence d'un seul Dieu la rend insupportable :

> [...]. Il valait mieux être esclave et pouvoir adorer la déité qu'on voulait, qu'être « libre » et n'avoir devant soi qu'une seule et même variété du divin. La liberté c'est le droit à la *différence* ; étant pluralité, elle postule l'éparpillement de l'absolu, sa résolution en une poussière de vérités, également justifiées et provisoires (MD, 1186).

Dans ce passage frappant, la vie nous ramène ainsi à l'esclavage (par l'adoration des dieux) ; le regret de l'essayiste se manifeste dans ses propos sur la condition ancienne de l'existence, l'esclave dont Cioran admire la liberté et méprise la soi-disant *liberté* actuelle de l'homme qui n'a qu'un seul choix, « une seule et même variété du divin ». D'ailleurs, pour Cioran,

> Être libre, c'est se débarrasser à jamais de l'idée de récompense, c'est n'attendre rien des hommes ni des dieux, c'est renoncer non seulement à ce monde et à tous les mondes mais au salut lui-même, c'est en briser jusqu'à l'idée, cette chaîne entre les chaînes (MD, 1211).

La vie représente aussi un « état de culpabilité » (MD, 1197) que seule une action libre peut briser : « Il faut à tout prix s'en affranchir, si on veut être libre ; [...] s'affranchir de la liberté elle-même, la rabaisser au niveau d'un préjugé ou d'un prétexte pour n'avoir plus à l'idolâtrer...Alors seulement on commencera à apprendre comment agir *sans désirer* » (MD, 1200). Le secret de la vie est ainsi le renoncement au désir, car, par le désaccord entre volonté et possibilité, il mène l'homme à la souffrance. L'homme occupe « un point, et encore ! » (MD, 1253) dans l'univers et « *N*ous sommes tous au fond d'un enfer dont chaque instant est un miracle » (MD, 1259). En concevant la place de l'homme dans l'espace, et plus précisément le fait que l'homme occupe « un point », Cioran nous fait voir sa petitesse dans le monde de deux façons : tant au sens propre du mot (« un point » parmi les milliers dans l'espace) qu'au sens figuré (son impuissance, son non-pouvoir). Ce qui importe dans la vie, rappelle Cioran comme un leitmotiv tout au long de son œuvre, ce sont les instants : « *S*euls comptent ces instants où le désir de rester avec soi est si puissant, qu'on aimerait mieux se faire sauter la cervelle que d'échanger une parole avec quelqu'un » (MD, 1215), ou encore « *U*ne vie pleine n'est, dans le meilleur des cas, qu'un équilibre d'inconvénients » (MD, 1249).

C'est grâce à la souffrance, nous l'avons vu ailleurs, qu'on peut sentir, vivre le temps :

> *La* souffrance vous fait vivre le temps en détail, instant après instant. C'est dire s'il existe pour vous ! Il glisse sur les autres, sur ceux qui ne souffrent pas ; aussi est-il vrai qu'ils ne vivent pas dans le temps, et même qu'ils n'y ont jamais vécu (MD, 1232).

Ceux qui souffrent vivent donc certainement *dans* le temps pur, « instant après instant ». Le temps existe-t-il ainsi seulement pour les malheureux ? Oui, le temps pur se rend visible seulement à ceux qui souffrent.

On retrouve ici aussi la relation entre durée et existence et leur rapport inversement proportionnel : « Durer c'est s'amoindrir : l'existence est perte d'être » (MD, 1206). Plus on avance dans la durée, plus la perte de l'être se produit. L'aphorisme suivant sur l'existence, précise cette proposition : « […] *exister*, c'est prouver qu'on n'a pas compris à quel point il est tout un de mourir maintenant ou n'importe quand. […] » (MD, 1210). L'existence est niée et mise en rapport avec son contraire. La mort est un phénomène qui arrivera de tout façon : pour les uns tôt, pour les autres tard.

À l'égard du temps, et plus précisément du futur, Cioran explique :

> […] c'est que justement, *l'avenir,* objet d'espoir ou d'horreur, est notre véritable *lieu* ; nous y vivons, il est tout pour nous. […]. Même dépourvue du moindre contenu, *l'attente* est un vide qui nous comble, une anxiété qui nous rassure, tant nous sommes impropres à une vision statique. […] (MD, 1188).

L'attachement à la notion de *futur* chez l'homme lui fait perdre de vue l'instant ; *l'attente*, temps de veille, devient aussi un temps sans consistance, un temps mort (« vide »). L'homme rêve toujours à un futur merveilleux ; il vit dans le futur et oublie le moment présent, l'instant. Cette vie dans le futur ne trahit-elle le mécontentement de l'être humain dans le présent ?

Dans ce livre, le « moi » m'intéresse beaucoup pour sa position ambiguë :

Le « moi » conçu comme une donnée substantielle et irréductible désarçonne plus qu'il ne rassure : comment accepter que *cela* cesse qui semblait si bien tenir ? comment se séparer de ce qui subsiste par soi, de ce qui *est* ? On peut quitter une illusion, si invétérée soit-elle ; que faire en revanche devant du consistant, du durable ? [...]. Non que ce monde n'existe pas, mais sa réalité n'en est pas une. Tout a l'air d'exister et rien n'existe [...] (MD, 1195).

Le dualisme bouddhiste, « tout a l'air d'exister et rien n'existe », constitue le thème majeur de ce dernier aphorisme, conception qui brise d'ailleurs l'œuvre de Cioran. L'essayiste joue ainsi le rôle d'un personnage tragique shakespearien, comme Macbeth ou Hamlet pour qui l'existence n'est plus qu'apparence. Il affirme, tout comme Bergson (DI, 173-174), l'existence de deux « moi » :

[...] Ce désintéressement auquel je m'applique, je n'y atteins que lorsque je troque mon ancien moi contre un nouveau, le moi de la vision détrompée, et qui triomphe ici, au milieu de ces fantômes, où tout m'infirme, où celui que j'étais m'apparaît lointain, incompréhensible. [...] (MD, 1196).

La mémoire est évidemment un autre concept auquel je m'intéresserai dans cette étude. Ici, Cioran explique que « *La* seule fonction de la mémoire est de nous aider à *regretter* » (MD, 1237). La mémoire a d'habitude la fonction de rappeler les images du passé. Pour l'essayiste, elle joue un rôle instructif, elle nous aide à voir que le passé était mieux que le présent.

Exercices d'admiration, publié en 1986, est un hymne adressé aux auteurs influents comme Mircea Eliade, Joseph de Maistre, son modèle antique, Paul Valéry, et d'autres dont Cioran louange les idées. La dimension temporelle ressort une fois de plus, dans ce recueil, car d'autres définitions et concepts s'y rattachent.

Les remarques sur l'histoire ne manquent pas dans ce volume, notamment dans des commentaires sur Joseph de Maistre : « L'histoire, suivant Maistre, doit nous faire revenir – par le détour du mal et du péché – à l'unité de l'âge paradisiaque, à la civilisation ''parfaite'', aux secrets de la ''science primitive'' » (EA, 1532). D'après Maistre, c'est par le biais de l'histoire qu'on arrive à la civilisation parfaite, donc par la poursuite du chemin à rebours vers un temps origine, celui de l'âge paradisiaque. Comme De Maistre est le modèle de Cioran, on se rend compte qu'il suit et soutient peut-être la même idée de retour au paradis, ce que nous verrons plus tard dans notre étude. Si Maistre montre le côté positif de l'histoire, comme un instrument dans la recherche du bonheur, Cioran relève plutôt ses défauts. L'essayiste roumain rajoute, encore une fois, à ses lectures sa vision sur le non-sens de l'histoire : « À un certain degré de détachement et de clairvoyance, l'histoire n'a plus de cours, l'homme même cesse de compter : rompre avec les apparences, c'est vaincre l'action et les illusions qui en découlent » (EA, 1533). Cette perspective se traduit par un certain détachement qui n'est pas visible à l'œil nu ; on doit se détacher de l'histoire pour voir clairement la réalité qui se cache derrière elle, donc vivre en dehors du temps. Ce qui est essentiel, c'est d'atteindre un certain « degré » (une grande distance ?) de cette séparation.

Cioran explique encore que la rencontre de l'éternité ne se réalise pas par « le saut individuel dans l'absolu », par un effort volontaire (au contraire de Nietzsche), mais plutôt par un événement extraordinaire, peut être involontaire, et qui ne dépend pas obligatoirement du pouvoir humain. C'est ce que Cioran évoque dans ce passage cité au complet :

> Dans sa pensée, l'entrée dans l'éternité s'effectue, non point par l'extase, par le saut individuel dans l'absolu, mais par l'entremise d'un événement extraordinaire, à même de clore le devenir ; nullement par la suppression instantanée du temps opérée dans le ravissement, mais par la fin des temps, – dénouement du processus historique dans son ensemble (EA, 1541).

L'éternité s'annonce ainsi comme une nouvelle sphère dans laquelle on peut *entrer* (comme dans le Paradis de Dante Alighieri dont l'entrée était gardée par le chien Caron) ; cette étape est très importante, car elle suppose « un événement extraordinaire », l'anéantissement du « devenir », donc « la suppression instantanée du temps ».

D'après ce modèle, l'histoire en soi n'a pas de sens, elle n'est qu'un moyen par lequel on arrive à l'âge paradisiaque. Dans les *Exercices d'admiration*, ce non-sens expliquera le non-obstacle, la facilité et la rapidité de la chute cioranienne dans le temps des origines.

Aveux et Anathèmes (1987), œuvre aphoristique, comporte des titres comme « À l'orée de l'existence », « Fractures », « Magie de la déception », « Face aux instants », « Exaspérations », « Cette néfaste clairvoyance ». Très importantes dans ce recueil sont la mise en question de la liberté et les méditations sur la vie et la mort, de même que la négation de l'éternel retour et du progrès.

En parlant des comportements individuels, Cioran explique que « *L*'homme est libre, sauf en ce qu'il a de profond. À la surface, il fait ce qu'il veut ; dans ses couches obscures, ''volonté'' est vocable dépourvu de sens » (AA, 1644). La liberté est ainsi réalisable et visible à la surface (à première vue), mais si l'on regarde mieux à l'intérieur, nos faits et actions proviennent d'une autre décision, ne sont pas vraiment notre choix ; notre « volonté » n'est pas la « nôtre », elle est celle d'autrui. En comprenant l'homme comme « – un être conduit de sa propre volonté – » (Schopenhauer 45), Schopenhauer conteste l'existence de la liberté. Cioran est ici du côté de Schopenhauer. Nietzsche et Sartre (contrairement à Cioran), soutiennent « qu'il n'y a, pour l'homme, aucunes contraintes fatales ; ils vont exalter la liberté illimitée de l'homme avec une volonté de puissance (Nietzsche) ou à celui décis de garder son indépendance à tout prix Sartre » (Miroiu : 52). La vie et la mort sont mises ensuite en opposition : si « *M*ourir c'est changer de genre, c'est se renouveler …» (AA, 1703), la vie « ne s'épanouit que grâce à la répétition, au cliché, au pompiérisme. Tout le contraire de l'art »

(AA, 1702). La mort est donc un renouvellement, un changement de condition ; mais paradoxalement ce renouvellement se réalise grâce à la répétition. La répétition est toutefois une condition de l'épanouissement de la vie ; elle devient ainsi la condition du succès. Le pompiérisme en art est un kitsch, une copie de l'original. « *E*xister est une déviation si patente qu'elle en acquiert le prestige d'une infirmité rêvée » (AA, 1708), explique l'essayiste. L'idée d'éternel retour et le progrès n'ont donc pas de sens pour le narrateur : « L'éternel retour et le progrès : deux non-sens. Que reste-t-il ? La résignation au devenir, à des surprises qui n'en sont pas, à des calamités qui se voudraient insolites » (AA, 1711). Après avoir nié la valeur de l'éternel retour et le progrès, l'essayiste explique qu'il nous reste la résignation. Il rajoute ensuite que « Toute *vie* est l'histoire d'une dégringolade. Si les biographies sont tellement captivantes, c'est parce que les héros, et les lâches tout autant, s'astreignent à innover dans l'art de culbuter » (AA, 1715). Ainsi, vie et histoire s'entremêlent, avec pour résultat le syllogisme « en Barbara » (Chenique : 221) : a = b ; c = a donc c = b.

(a) L'histoire = (b) partie principale du temps (dans un paragraphe antérieur)

(c) La vie   = (a) l'histoire

(c) La vie   = (b) du temps

À l'égard de la disparition de l'homme, Cioran rajoute enfin son propre jugement : « *L*'homme va disparaître, c'était jusqu'à présent ma ferme conviction. Entre-temps j'ai changé d'avis : il *doit* disparaître » (AA, 1707). Dans ce volume, le passage du temps influence négativement la pensée de l'essayiste qui devient de plus en plus pessimiste, en arrivant à désirer la disparition de l'humanité. La prévision est devenue par la suite une vision, le futur est devenu un ordre : « va disparaître »/« *doit* disparaître » (tout comme Bergson l'affirme).

De ces livres hors corpus je garde les idées suivantes : le déterminisme de l'homme, la relation vie-mort, l'interdépendance entre la vie et l'histoire, le dualisme bouddhiste, la négation de l'éternel retour et du progrès, le non-sens de l'histoire, la « post-histoire, l'ère qui suivra à l'ère post-chrétienne », le temps comme « lésion ».

Voyons maintenant l'avis des critiques sur l'œuvre cioranienne : critiques sur l'histoire, le mythe, la vie, l'éternité et sur l'aphorisme.

4. La critique cioranienne.

Un certain nombre d'auteurs ont commenté les sept œuvres de Cioran au programme de ce livre et il est important de recenser ces ouvrages qui m'ont servi à mieux saisir la pensée de Cioran.

En premier lieu, dans son livre *Cioran ou le dernier homme* (1990), Sylvie Jaudeau, que nous avons déjà citée, considère Cioran comme un « émigré de l'histoire et de l'éternité » (Jaudeau 1990 A : 26). Les deux premières parties de ce livre retiennent mon attention. La première indique la place de Cioran par rapport à l'histoire (imitant le philosophe Spengler, Cioran « rompt avec l'idée d'un cours linéaire de l'histoire » : « Je ne vois ni progrès, ni but, ni voie de l'humanité », Jaudeau, 1990 A : 37). Ce livre analyse certaines définitions de *l'histoire* et conçoit le temps comme un « principe du mal, exclusion de l'être » (Jaudeau, 1990 A : 33). Puis, Jaudeau explique la notion de « gnose », les « mythes gnostiques » amenant à la vision négative de Cioran sur le monde. Finalement, ce sont les caractéristiques de l'écriture cioranienne (« discontinuité du fragment », « morcellement de l'être », Jaudeau, 1990 A : 49) et l'exclusion de Cioran du « système totalitaire » qui m'intéresseront. La deuxième partie de cet ouvrage cherche à éclairer le « mysticisme » cioranien et la musique comme « Métaphore la plus explicite de l'éternité dans le temps » (Jaudeau, 1990 A : 140). Jaudeau analyse deux dimensions (l'éternité et l'histoire) en utilisant quelques citations de quatre œuvres de mon corpus (*Précis de décomposition*, *De l'inconvénient d'être né*, *La chute dans le temps*, *Histoire et utopie*), sans référence aux autres. Ces définitions de Jaudeau sur l'éternité et sur l'histoire m'aideront à confirmer et à élaborer la composition et la décomposition de la temporalité tandis que le « mysticisme » de Cioran permettra d'expliquer et de démontrer la cause de sa vision négative sur la vie et le style dysphorique de ses aphorismes.

Dans la thèse de doctorat *La « terreur de l'histoire » dans l'imaginaire littéraire du XXᵉ siècle. Études de quelques aspects des œuvres d'A. Camus, de E.M. Cioran, E. Ionesco et René Char à la lumière des écrits de M. Eliade* de Madalina Grigore-Mureşan, ce sont les chapitres sur Mircea Eliade et Emil Cioran qui m'intéresseront.

Le chapitre sur Eliade est pertinent pour sa conception du *mythe de l'éternel retour* (en parlant de l'homme archaïque et de l'homme moderne, Grigore-Mureşan explique que « jamais l'homme archaïque ne vit complètement à l'écart de l'histoire et que l'homme moderne ne connaît jamais une existence purement historique », Grigore-Mureşan : 35), pour le symbolisme du « feu » et de la « pierre » (et implicitement le mythe de Sisyphe, Grigore-Mureşan : 195) et pour les moyens par lesquels l'homme peut échapper à l'histoire. On y retrouve ensuite « le temps circulaire » et « le temps linéaire » dans les romans et les nouvelles d'Eliade (comme, par exemple, « Domnişoara Christina » et « La Ţiganci »). La richesse de ces concepts alimente ma recherche, même s'ils font référence aux œuvres d'Eliade et non à mon corpus principal.

C'est plutôt la troisième partie de cette thèse, « E.M. Cioran : Les rêveries d'un sceptique », qui frappe par son contenu. Il s'agit de *l'histoire* (et plus précisément de la « terreur » et de la « peur » éprouvée par l'homme qui est témoin d'activités sanglantes dans

Précis de décomposition, (Grigore-Mureşan : 238), du « devenir historique » (Grigore-Mureşan : 221) et du « scepticisme » de Cioran quant à la possibilité d'accomplissement de l'homme à travers l'histoire. Le caractère lyrique de l'écriture cioranienne (« personnelle », « aphoristique », « autobiographique », « opposée à l'esprit de système », Grigore-Mureşan : 250) et l'influence de Novalis, de Rilke, de Kafka et de Nietzsche sur l'œuvre de Cioran font l'objet de l'analyse de Grigore-Mureşan qui traite aussi dans ce chapitre de la conception de Cioran sur la « durée temporelle » et « l'historicité de l'être », m'aidant à définir aussi l'originalité d'Emil Cioran.

Cioran est mis en comparaison avec Heidegger (si Cioran « ne valorise ni la temporalité ni l'historicité de l'être », Heidegger « valorise les deux dimensions ») et avec Benedetto Croce (si pour Croce l'histoire concerne « ce que l'homme fait », elle est donc « pensée et action », pour Cioran l'histoire concerne non seulement « ce que l'homme fait » mais aussi « ce que l'homme subit » Grigore-Mureşan : 218). Les définitions de l'histoire (vue comme « négation de la morale », « le produit le plus dangereux que la chimie de l'intellect eût élaboré) aident à comprendre cette dimension. Le chapitre « Les cavaliers de l'Apocalypse » retient mon attention par la figure *oraculaire* de Cioran qui envisage « une apocalypse future provoquée par la soif de pouvoir et par les actions meurtrières de ses contemporains » (Grigore-Mureşan : 224). Le sous-chapitre « Concevoir l'éternel présent pour sortir de l'histoire » explore la « dévalorisation du temps » (Grigore-Mureşan : 233), le « portrait du fanatique » (Grigore-Muresan : 240) et l'association du « Paradis à l'éternel présent » dans *Précis de décomposition* (Grigore-Mureşan : 228). Même si ce volume fait des références à trois œuvres à l'étude dans mon corpus, seulement deux dimensions temporelles touchent mon sujet : l'histoire (dans *Précis de décomposition et Histoire et utopie*) et le mythe (chez Eliade).

Ensuite, dans *Cioran : Un héroïsme à rebours* (2006) de Sylvain David, ce sont les parties I et III qui retiennent mon attention. La première partie « Un discours a (social) » souligne « l'héroïsme négatif » de Cioran et montre sa démarche originale (« penser contre soi »). Elle apporte de nouvelles perspectives sur *l'histoire* dans le *Précis de décomposition* (le « détachement », la « non-participation aux événements ») et sur le titre du recueil *Précis de décomposition* (son caractère « baroque », la « dévaluation du langage »). Cette première partie sera utile grâce à : « l'éternel retour du même » dans la *Tentation d'exister*, « l'élégance langagière » (la « frivolité ») du *Précis de décomposition* et par la « démarche » de Cioran (qui consiste à « *piller* la matière de la poésie pour l'adapter à un discours davantage philosophique » David : 60). On comprend ici l'influence du *Gai savoir* de Nietzsche, dont Cioran « cherche à se déprendre ». Ce chapitre importe pour ses définitions : celles de « décadence », « décadence du langage », « écoulement du temps », « temps cyclique », « temps circulaire » (« éternel retour du même »). Le plus important, c'est le fait que Cioran révèle « un monde en déclin ». Dans le chapitre III, Cioran « revendique une démarche basée sur l'expérience, sur une connaissance directe, empirique, de la vie » (David : 87) et la « subjectivité du *Moi* ». Il analyse toutefois le concept de « décomposition » et plus précisément la « décomposition du corps ».

La troisième partie, qui a pour titre « Une autobiographie sans événements », évoque *le suicide* comme « porte de sortie » quand « tout va mal » (David : 226), la *vie* : « une condition qui va en s'aggravant » (David : 226), la « décomposition du *moi* », le rapport entre *durée* et personnage, « la durée a inspiré à l'écrivain l'image d'une chute » (David : 233). Ensuite, les concepts comme la « post-historicité » (David : 233) dans *De l'inconvénient d'être né*, l'« après » (David : 234), l'« instant », la « mémoire » (David : 260) et la démarche de Cioran qui vise à « penser contre soi » (David : 260) retiennent aussi mon attention. Ce livre récent sert certainement de point de départ pour cette thèse, même s'il ne touche que quelques œuvres de mon corpus principal.

Mathieu Gauvin, dans son article « Décadence et décomposition : Les paradoxes de Cioran » (2009) analyse les « symptômes de la décadence d'un peuple » chez Cioran. Cette étude insiste sur « la décadence de la vie » vue comme « barbarie, feu violent et ravageur qui amène le chaos dans l'Univers froid et équanime » (Gauvin : 2), donc comme une guerre à venir. Cet article m'intéresse aussi pour les significations du mot « décomposition » conçu comme « corruption qui touche l'organique » et comme « décomposition en arguments et présupposés » (Gauvin : 6). Gauvin explique aussi le lien entre la décadence et la durée : « …placer son œuvre sur la seule route possible vers la durée, l'avenir, la persistance dans la mémoire des écrivains et philosophes du futur » (Gauvin : 2).

Par ailleurs, Jean-Claude Guerrini, dans son article « Vision du temps. Cioran analyste de la réaction, de l'utopie ou de progrès », explique que Cioran suit le modèle augustinien en ce qu'il pense l'histoire du sujet comme un double de l'histoire humaine, de sorte que ce récit historique émane de celle de chaque individu :

> […] Car il est indubitable que Cioran présente certaines dispositions favorables à la « tentation chronosophique ». […]. Il établit, dès ses écrits de jeunesse marqués par l'hyperbole lyrique, un lien étroit, jamais démenti, entre sa destinée et le cours entier de l'histoire du monde : « je ne peux vivre qu'au commencement ou à la fin du monde » (CD, 81 ; Guerrini : 2).

Plus loin, Guerrini s'interroge sur « la doxa progressiste et révolutionnaire »,

> qui s'adresse à un auditoire non averti de son parcours, se présente comme un prolongement de la dénonciation du fanatisme qui l'avait conduit, avec ses amis de l'avant-garde roumaine (Mircea Eliade, Constantin Noica, notamment) dans l'impasse fasciste. Dans cette perspective, l'analyse de la pensée réactionnaire, malgré les

différences qu'elle représente avec le vitalisme [...] constitue une propédeutique stimulante (Guerrini : 3).

Cet article est important aussi car il montre l'influence de Joseph de Maistre, influence « pamphlétaire monarchiste et papiste », sur Cioran :

> Voilà la civilisation placée avant l'histoire ! Cette idolâtrie des commencements, du paradis déjà réalisé, cette hantise des origines est la marque même de la pensée « réactionnaire » ou si l'on préfère « traditionnelle » (EA, 1523).

Il précise ensuite le fait que, dans *Exercices d'admiration*, Cioran « souligne [...] l'association de la croyance en la perfectibilité de l'être humain et de la confiance dans le temps » (Guerrini : 4). L'histoire est pour Cioran désillusion, un enchaînement aléatoire, « pure successivité » :

> La croyance en la perfectibilité de l'homme corrélée à un schème cinétique nécessaire et irrépressible, est ainsi présentée comme un leurre. L'histoire, selon Cioran est le déploiement passif d'un dérisoire cortège d'impostures, une pure successivité (Guerrini : 5).

Michael Finkenthal et Kluback William, dans leur livre *The temptations of Emile Cioran*, montrent l'importance de la relation entre la littérature et la philosophie. Ils cherchent à établir la définition de l'histoire dans ses liens avec l'éternité :

> [...] History is the negation of everything, "the no of *all things*". New concepts appear, "eternal present", "positive eternity", situated beyond time, an atemporal principle of our (human) essence. [...] Is the "true, positive eternity" of Cioran, similar to the "absolute Nothingness" of Zen? To reach the absolute Nothingness, one must transfer oneself into a realm in which the thinking Ego has been denied, and thus the separation between subject and object disappears. At this stage, the anguish generated by this separation disappears too. There are no more words to be said. We are silent. But Cioran could not be silent; he could not detach himself from the word, from the concept (Finkenthal and Kluback : 108).

Sur la question de l'éternité, ces auteurs adoptent une position différente des autres critiques : « there is an authentic, positive eternity, situated beyond time ; there is another one, negative and false, located within it ; that eternity in which we stagnate, far from salvation, outside the competence of any redeemer, and which liberates us » (Finkenthal and Kluback : 108). On en conclut à l'existence de deux éternités : l'une positive, vraie, au-delà de ce monde et l'autre négative, fausse, dans laquelle on vit.

Les références au mythe sont moins nombreuses dans la critique de l'œuvre de Cioran. Il faut cependant rappeler le critique roumain Eugène Simion qui établit de nombreux rapports entre l'œuvre cioranienne et le mythe. Tout d'abord, Cioran est un « mythe en soi » (Simion : 69). Puis, dans la partie sur *Le livre des leurres*, Simion explique que les premiers écrits de Cioran ont « scandalisé » les philosophes de l'école roumaine. Ainsi, Constantin Noica défend son collègue de génération en affirmant :

> moi non plus, je ne comprends pas bien le livre de Cioran. Je ne comprends pas bien pourquoi il hait tout, tout ce qui est forme, tout ce qui est. [...]. Emil Cioran arrive et raconte, d'après la suggestion de Nietzsche, que l'univers est plutôt l'univers musical et que nous sommes des sourds qui n'entendent pas les grands chants du monde [...] (ma traduction du roumain, passage cité par Simion : 50).

Par le biais du mythe de la création du monde, Cioran nous explique qu'on revit sans espérance, dans la peur, étant les doubles d'Adam et Ève, chassés du paradis. Si le passé est derrière eux, nous, les modernes, n'avons pas cette chance. Simion évoque *l'adamisme* pour parler de la conception cioranienne du mythe (fragment trouvé dans *La tragédie des petites cultures*, 57) :

> Chacun d'entre nous se trouve dans la situation d'Adam. (À moins que notre condition soit encore plus misérable, puisque nous n'avons rien derrière nous, rien à regretter). Tout doit être commencé, absolument tout. [...] Être *adamique*, c'est être contraint de commencer son monde. [...]. La culture roumaine est adamique parce que rien de ce qu'elle engendre n'a de précédent (y compris dans un sens négatif). Chacun de nous

59

réédite le destin d'Adam ; à ceci près qu'il a été tiré du paradis, et nous d'un grand sommeil historique. [...] (Cioran cité par Simion, TC : 52).

Par la suite, Cioran montre aux hommes modernes leur infériorité envers Adam et Ève, le fait qu'ils revivent leur histoire, mais à un degré inférieur.

Le chapitre V de l'ouvrage de Simion décrit *Le crépuscule des pensées*. Le critique affirme que ce livre est un « classique du désespoir » ayant pour thèmes la solitude, la mélancolie, la médiocrité philosophique. Selon Simion, Cioran est « un sceptique », en affirmant qu'il y a dans le drame de l'esprit athée une nuance de défaite, d'authentique désespoir : « Dieu, je ne dis pas que tu n'es plus, je dis que je ne suis plus » (Cioran cité par Simion : 64). Pour Simion, Cioran est un « Iov postmoderne qui met en discussion l'existence, et que ses paroles s'entremêlent d'une manière éblouissante » (Simion : 91), donc il est un mythe ressuscité.

Dans son livre *Fragments critiques* IV, Simion présente en outre une analyse de Cioran et de son œuvre, dans le chapitre intitulé *Le jeune Cioran*. On y apprend que : « Cioran n'aime pas sa biographie et ne veut parler QUE de ce qui est en dehors de son œuvre ; la vie n'a aucun sens pour Cioran et il veut que son histoire reste dans l'ombre. Il répudie chaque référence concrète et vit, au sens propre et figuré, en dehors de la vie publique [...] (Simion : 97, ma traduction). Le critique roumain affirme ensuite que l'œuvre cioranienne est un « *palimpseste* ou le narrateur veut perdre son nom. Un discours *baroque* couvert de neuf couvertures... » (Simion : 98). Si l'œuvre de Cioran est un « palimpseste », cela signifiera qu'à son origine se trouvent d'autres œuvres et d'autres auteurs. Parmi les « neuf couvertures », certainement on identifie celles de Bergson et de Nietzsche. Le discours baroque se caractérise par la fonction d'épater, d'éblouir autrui, en se déguisant, en portant des masques ; c'est exactement le style de Cioran si l'on pense à son ironie fréquente et à sa voix métalinguistique.

Eugen Simion parle enfin d'un des principaux thèmes de l'œuvre cioranienne : la liquidation du passé : « Le passé signifie aussi une idéologie, et Cioran en voulant le liquider, nie maintenant la valeur de chaque idéologie [...] le détour catégorique pour ne pas tomber dans *l'histoire*, l'élimination de toute forme d'idéologie » (Simion : 108). Simion rajoute ensuite au sujet de Cioran que « son discours négatif, le plus puissant qu'un Roumain ait jamais écrit, finit non par la destruction de son objet, mais par contre, elle finit par sa mythification. [...] Il y a, je veux dire, un *mythe valah* dans le discours cioranien et, malgré les va-et-vient de la négation, il se constitue ainsi » (Simion : 112). Le critique parle du « fatalisme valah », de la « malédiction » roumaine et du fait que le lecteur « qui n'est pas familiarisé avec le monde mythologique de Cioran risque de s'égarer facilement dans ses scénarios (Simion : 113).

La thèse de Mihai Grigoruţ, « L'écriture de la mort chez Emil Cioran », nous intéressera dans sa totalité. Dans la première partie, l'étude du « dedans » (le *moi*, la « conscience, le *vécu*, l'existence *dans l'immédiat*) et du « dehors (l'écriture) », font référence à deux œuvres (*Sur les cimes du désespoir* et *Des larmes et des saints*) qui ne font partie que partiellement de mon corpus. La deuxième partie de la thèse de Grigorut, « Le miroir », évoque les « sèmes de la mort » qui marquent le discours thanatique en les rapportant aux formes typiques d'écriture dans l'œuvre de Cioran : l'essai et l'aphorisme. Cette deuxième partie fait référence au *Précis de décomposition* et à *De l'inconvénient d'être né* en montrant la dimension temporelle (« le temps gouffre », « le temps destructeur » 49) et historique (« le temps coincé dans l'événement » 58). Mais cette thèse ne se réfère pas au *Crépuscule des*

61

pensées, à l'éternité ou au mythe. La thèse de Grigoruţ sera cependant un point de départ important, même si mon travail se penchera sur les sèmes de la mort dans un contexte beaucoup plus vaste dans *Le Crépuscule des pensées* et sur certains exemples de *Précis de décomposition* et de *De l'inconvénient d'être né.*

Le premier chapitre du livre de Nicole Parfait, *Cioran ou le défi de l'être*, traite de la conception du monde et de l'homme chez Cioran :

> qui en vient à affirmer l'existence d'un principe du mal au fondement de l'Être, non sans analogie avec le catharisme. [...] Conception empreinte, explique Cioran, « de la croyance profonde du peuple roumain, selon laquelle la Création et le péché sont une seule et même chose » (*Entretiens*, 10 ; Parfait : 29).

Très intéressante aussi est la relation entre conscience-moi-volonté que Cioran emprunte à Kierkegaard : « Plus il y a de la conscience, plus il y a de moi ; plus il y a de la conscience, plus aussi il y a de la volonté » (Parfait : 39). Le deuxième chapitre de cet ouvrage, « La malédiction de l'existence » poursuit cette idée, en fournissant une définition très utile de l'existence :

> [...] Exister, c'est se projeter dans le temps pour déterminer un sens qui en retour viendra orienter l'action. C'est le projet qui inscrit dans le temps l'être existant, qui détermine sa temporalité, limitée par la mort. [...]Mais, chez l'homme, toute conscience est conscience de la mort, puisque la mort constitue l'horizon à partir duquel se détermine la conscience. [...] (Parfait : 54).

Il y a un lien serré entre la conscience et la mort, « visage du non-sens et de la possibilité ultime de la vie ». Il n'y a d'ailleurs d'autre conscience que celle de la mort et celle-ci détermine l'existence de telle manière qu'on veut annihiler la mémoire. Parfait note, en outre, l'attachement de Cioran au bouddhisme (Parfait : 106). Le renoncement est à la base de la pensée cioranienne sur la temporalité, car l'observation de l'instant suppose un abandon des choses quotidiennes. La mort (plutôt le suicide) est aussi une forme de détachement.

Le dernier chapitre, « Le style c'est l'homme » explique que la philosophie de Cioran repose sur trois obsessions :

> La première est la nostalgie du paradis perdu, Raşinari, qui l'a laissé inconsolable et l'a poussé, toute sa vie, à retrouver sous une autre forme - extase, musique, style – cet absolu que sa pensée nie, mais auquel tout son être [...] aspire. La seconde est une haine de soi, née de son incapacité à réaliser dans le monde les délires de sa volonté de puissance. La troisième est un orgueil sans bornes, qui lui inspire l'ambition de surpasser tout autre penseur passé ou contemporain (Parfait : 190-191).

On observe donc les trois choses auxquelles Cioran pense toujours et qui le hantent : son village natal, Raşinari, qui représente le « paradis perdu », puis un état d'âme inattendu : « la haine de soi », et finalement un autre état négatif : « l'orgueil ».

L'article de Pierre Nepveu « Cioran ou la maladie de l'éternité » (2001) décrit le refus de l'existence chez Cioran ; celui-ci a « une passion virulente et maladive pour l'éternité » (Nepveu : 19), vue comme « un mot, un appel, un cri » (Nepveu : 19). Nepveu note alors l'opposition entre éternité et instant : « En parlant de la vie, nous mentionnons des instants ; en parlant de l'éternité – instant » (Nepveu : 12). Cet article intéressant compare le lyrisme des premiers écrits cioraniens, où Cioran « paraît hanté par une éternité salvatrice » (Nepveu : 135) et la période ultérieure, « de langue française et classique », où l'éternité n'est plus « *l'éternité vraie* (le paradis perdu, le bonheur auquel l'extase momentanée peut nous conduire) » (Nepveu : 17), mais l'éternité fausse, la « *mauvaise éternité* de l'ennui », là où il n'existe rien, là où « il n'y a aucun salut » (Nepveu : 17). Le lien entre éternité et « musique classique (chez Bach) » et les exemples stylistiques constituent d'autres aspects intéressants de cette étude.

La critique cioranienne analyse les quatre dimensions choisies ici : l'histoire, le mythe, la vie et l'éternité, et touche certains sujets que je développerai dans mon étude : l'éternel retour, le bouddhisme, l'athéisme, le non sens de la vie, les deux types d'éternité, l'histoire et

le déclin du monde. Mais notre perspective est orientée, cette fois, par la lecture de Nietzsche

et Bergson élargissant notre vision de la dimension temporelle.

5. Les biographies de Cioran

Il existe quelques biographies de Cioran dont notre étude a pu profiter. Florica Mateoc,

dans son article « E.M. Cioran et la France », cite Cioran qui ne cesse d'évoquer Raşinari, son

village natal : « Ce maudit, ce splendide Raşinari » (Mateoc : 4). La biographe explique que

> La nostalgie du Paradis terrestre se fixe sur quelques éléments d'une topographie bien
> précise : la colline Coasta Boacii, des [sic] alentours du village, le terrain de jeu, le
> bâtiment de l'école, la maison paternelle, la vieille église, le cimetière. Cioran avait
> l'impression que ces images faisaient partie d'une autre vie, d'une préexistence comme
> le dit lui-même dans une lettre à son ami d'enfance, Bucur Incu : « Tout ce qui
> concerne notre village me trouble profondément, j'ai un sentiment d'irréalité, de
> quelque chose de vague, de lointain, comme d'une autre vie » (Mateoc : 4).

Le retour au passé est toujours difficile à digérer, explique Cioran dans cette citation.

L'enfance représente ainsi un espace éloigné, dans un autre monde ; elle est devenue un espace

presque inconnu, dirait-on. Le temps laisse ainsi des répercussions sur la mémoire et, si l'on

ne visite pas les lieux du passé, l'oubli s'installe et les gens et les choses deviennent bizarres.

Florica Mateoc explique ensuite que 1937 est pour Cioran « l'année qui marque la

rupture identitaire et culturelle qu'il doit subir bien que son exil soit volontaire » (Mateoc : 4).

Toutefois, c'est dans cette année-là que Cioran « en ressent le malaise et vit le drame de sa

propre conscience en quête d'une nouvelle identité. Se séparant de son pays nourricier, Cioran

se libère aussi de son passé sans qu'il y ait une coupure totale, définitive » (Mateoc : 4). Cet

article biographique explique la genèse de l'état de nostalgie qui le hante toute sa vie, représenté par son village natal et « la rupture identitaire et culturelle » (Mateoc : 4) de celui-ci, donc le début de son drame.

Simion Ghinea Vrancea, dans son livre *Mircea Eliade şi Emil Cioran in tinereţe* (*Mircea Eliade et Emil Cioran adolescents*) fait une incursion dans la vie des deux auteurs roumains. Ce livre attire l'attention sur le mythe et l'histoire. Ainsi, dans le premier chapitre « Un téléphone trompeur (Un telefon inşelator) » l'auteur fait la comparaison entre la vision d'Eliade et celle de Cioran sur l'homme religieux :

> L'homme religieux d'Eliade, chassé du Paradis, s'est emparé d'une partie de l'harmonie divine. L'homme de Cioran, par contre, est un exilé sans chance, totalement et définitivement abandonné à l'histoire, avec tous les ponts entre lui et Dieu jetés en l'air (Ghinea-Vrancea : 48, ma traduction).

Vrancea explique que « les mythes sont de vives présences, ils ne puissent pas être transplantés, ils ne vivent que là où ils sont nés, sur la terre qui les a nourris. En terre étrangère ils flétrissent et meurent » (Ghinea-Vrancea : 52). Le plus intéressant dans ce chapitre est le rapport entre la mythologie et l'histoire, d'où je traduis cette belle partie :

> Les peuples qui n'ont pas de mythologie n'ont plus d'histoire [...]. La mythologie remonte jusqu'à l'enfance de l'humanité, jusqu'aux origines. Elle signifie la joie de raconter tout ce qui s'est passé en ce temps-là. [...]. On considère l'histoire comme quelque chose de périssable – quelque chose qui glisse entre les doigts. [...] Seulement la mythologie rend compte du frémissement cosmique de l'existence (Ghinea-Vrancea : 55).

Le troisième chapitre intitulé, « Les racines philosophiques d'Emil Cioran » explique que, « [...] pour mieux comprendre l'œuvre de Cioran, il est besoin d'une réactualisation du passé dans la conscience du présent, de souligner ses rapports avec le temps et l'espace, catégories interdépendantes qui s'influencent réciproquement » (Ghinea-Vrancea : 98). Ainsi, on doit régresser dans le temps et dans l'histoire de Cioran, pour revoir sa vie, son passé et les conditions historiques qui prévalaient ; ce retour à l'origine est la condition nécessaire pour pouvoir encadrer l'auteur dans son espace et dans son époque et pour comprendre la personnalité et l'œuvre d'un auteur de son temps. Cette référence au contexte est très importante, elle doit être à la base de chaque étude. Si « son pessimisme comporte des motivations historiques […], on ne doit pas le blâmer parce qu'il doute un peu de tout » (Ghinea-Vrancea : 99).

La correspondance *Lettre à un ami lointain* entre Emil Cioran et Constantin Noica révèle le caractère de Cioran : « Car l'homme ne s'insurge pas tellement contre celui qui s'attaque à sa liberté, ou aux libertés, mais bien contre celui qui lui enlève la nécessité – le sens de la vie nécessaire […] » (Noica : 47). Le chapitre suivant, « Souvenirs de Cioran » met en évidence certains traits de l'auteur que Noica n'apprécie pas : son pessimisme (« on devait être convaincu par son pessimisme […]. Il est peu probable que quelqu'un se soit suicidé avec un livre de Cioran entre les mains » (Noica : 61), sa culture (« j'ai parcouru toute la sotte philosophie allemande » (Noica : 63), sa modestie (« Cioran a simplement refusé d'écrire les grands ouvrages qu'il portait en lui, comme il a refusé de briller dans les salons, les salles de rédaction, ou les cafés parisiens, ou comme il a refusé tous les prix français et étrangers qu'on lui avait décernés » (Noica : 70).

Gabriel Liiceanu, dans son livre *Itinéraire d'une vie : E. M. Cioran* suivi de « Les continents de l'insomnie », compare Cioran à « un Nietzsche contemporain passé par l'école des moralistes français » (Liiceanu : 9). Ainsi, Liiceanu explique que Cioran « lui-même se disait, à vingt ans, spécialiste du problème de la mort et, plus tard, un étranger pour la police, pour Dieu et pour lui-même » (Liiceanu : 9). On apprend aussi que dès « l'âge de 15 ans, Cioran, alors en classe de seconde, commence à lire philosophes et écrivains » (Liiceanu : 19) et l'un d'entre eux est, bien sûr, Nietzsche. La déclaration de Cioran (Liiceanu : 23) montre l'image de jeunesse de Cioran, qui n'avait que deux passions : la lecture et les femmes. On voit déjà son goût pour les paradoxes, car il aime deux choses contraires pour un intellectuel. On voit aussi que « ses années de faculté (1928-1932), sont consacrées à la lecture de la philosophie et de l'histoire de l'art surtout allemandes : Schopenhauer, Nietzsche, Simmel, Wölfflin, Kant, Fichte, Hegel, Husserl, mais aussi Bergson et Chestov » (Liiceanu : 26). Liiceanu commente ensuite la rupture dramatique de Cioran avec sa langue maternelle (Liiceanu : 63).

À la fin de cet ouvrage, l'interview intitulé « Les continents de l'insomnie » évoque la recherche de la liberté chez Cioran, qui a créé seul son destin, raconte Cioran à Liiceanu (Liiceanu : 83). On y apprend toutefois que la raison de son écriture est un profond besoin (Liiceanu : 85). Dans cette interview, on apprend aussi sur Cioran que, pendant son enfance, qui a été « paradisiaque », il « jouait au foot avec des crânes » dans les cimetières et que le jour le plus triste de sa vie a été celui où « mon père me conduisit en carriole à Sibiu » (Liiceanu : 90). Le drame de sa vie représente le dilemme shakespearien (*être* ou *ne pas être*) qui a commencé au moment où il s'est rendu compte du fait que son existence était un accident : « Si j'avais su, je me serais fait avorter » (Liiceanu : 90), lui avait dit sa mère lors d'une « crise subite » de l'enfant Cioran (Liiceanu : 90).

Son insomnie maladive lui fait affirmer que la lucidité caractérise chaque homme malheureux et que l'oubli est la clé d'une vie normale et de son renouvellement (Liiceanu : 92). Je crois qu'en définitive la lucidité est le propre de tout homme malheureux (Liiceanu : 93). Cioran explique ensuite sa sympathie pour le bouddhisme, « la religion la plus profonde » (Liiceanu : 95) à ses yeux.

Ces études biographiques et entretiens éclairent la personnalité de l'auteur vue par la critique ou par lui-même ; toutefois, la pensée cioranienne ne peut être comprise sans référence au contexte historique et social de son époque.

6. Études sur l'aphorisme cioranien

Il convient de faire un bref survol sur l'aphorisme car cette forme est au cœur de l'œuvre de Cioran.

Par exemple, la thèse de Valérie St-Martin, « La poétique de Cioran » (2002), vaut pour sa description de la ressemblance entre l'œuvre de Cioran et celle de Joseph de Maistre et du moine médiéval Maître Eckart. St-Martin décrit « le lyrisme caricatural », l'« argumentation pamphlétaire », la « préciosité », l'« humour » et l'« ironie », (St-Martin : 160) qui touchent la dimension temporelle de l'histoire dans le *Précis de décomposition*. Au chapitre 8, « Les stratégies rhétoriques », elle discute les procédés d'« amplification » et de « caricature » utilisés par Cioran dans ses « portraits du Père et du Fils » dans le *Précis de décomposition* et *La tentation d'exister*. Plus attrayante encore est l'analyse du fragment « Extrapolations sur la véritable nature de Dieu » (301-305) où St-Martin illustre « le portrait de Dieu » par le biais d'une « démarche déductive » (c'est le « réel » qui est examiné pour en « extrapoler les qualités de Dieu, sa personnalité », St-Martin : 305). Le sous-chapitre « La pensée clivée » (St-Martin : 322) s'intéresse au *Précis de décomposition* et y voit des « couples antithétiques » (comme « sommeil dogmatique » *Précis de décomposition* 89, « despotisme à principes », St-Martin : 323). Cela dit, cette thèse n'analyse que le style et la dimension historique et ne se réfère pas aux autres livres de mon corpus (seulement au *Précis de décomposition*).

Le Dieu paradoxal de Cioran (2003) de Simona Modreanu nous importe pour la première et la troisième partie. La première (« Cioran et l'ironie ») est intéressante pour l'analyse des procédés rhétoriques cioraniens (la « polyphonie » et le « dialogisme ») et pour la construction de l' « ironie », expliquée comme « refuge de la liberté individuelle » et construite sur l' « incongruité » et sur le « paradoxe », formes de « polysémie circulaire », ayant comme propriété constitutive l'« ambiguïté » (69). Le chapitre 1.3 (« Le temps de l'occurrence ») de la troisième partie vaut pour la perspective de Cioran sur l'éternité (« si nous jouissions tous du sens de l'éternité, nous serions tous sauvés ou perdus depuis toujours » 67), vision élaborée d'abord par Nietzsche dans le *Gai savoir*. Le chapitre 3 (« La malédiction d'être ») explique, par le biais du sentiment roumain de l'existence, la genèse des états d'âme de Cioran. Ensuite, on peut concevoir, dans ce chapitre, la dimension temporelle chez Cioran « comme une damnation, alors que durée et éternité se mêlent dans la conscience roumaine qui a forgé un vocabulaire spécial : *pururea* ou *de-a pururi* (dans lequel entrent maintenant et *pour toujours*) » (St-Martin : 167), notions absolument nécessaires pour saisir la destruction de la temporalité dans mon travail. Ce chapitre compare aussi la « négation de type roumaine » avec l'« occidentale » et montre l'« ironie relativiste paradoxale » (St-Martin : 169) chez Cioran. Cependant, ce livre offre très peu d'exemples sur l'éternité chez Cioran, mais il répertorie les procédés rhétoriques qui sont appliqués dans *La chute dans le temps*, ouvrage qui fait partie de mon corpus principal.

L'article d'Elena Prus, « Le doute ontologique de l'esprit chez Cioran », montre comment Cioran se détache de Bergson (« Dans sa jeunesse, Cioran s'est séparé de son idole – Bergson – parce que celui-ci ignorait la dimension tragique de l'existence et le désespoir comme mode d'exister » (Prus : 6). Elle définit l'aphorisme et la construction du discours cioranien : « la forme la plus concentrée de la pensée dans laquelle Cioran a excellé en priorité. La pensée aphoristique est une évasion de la philosophie systématique » (Prus : 2). On voit ainsi le rapport littérature /philosophie, car les aphorismes naissent d'une pensée philosophique. Elle explique ensuite que « les aphorismes de Cioran sont souvent autoréférentiels » (Prus : 2), donc ils représentent la vie de Cioran, et son expérience personnelle. On voit ensuite que : « L'originalité de Cioran constitue une relation tout à fait à part qu'il construit entre la philosophie et la poésie, entre la logique et la rhétorique de la méditation » (Prus : 3). Prus montre la vraie valeur de Cioran au monde (cite Jean François Revel) : il est « l'équivalent de ce que signifie perfection poétique » (Prus : 7).

Cioran est aussi considéré par Prus comme « maître de l'autoportrait », un écrivain dont le discours est hermétique et influencé par le baroque : il « se construit sur une contradiction ou une exagération, son style ornemental fonctionne toujours dans l'esprit d'une rhétorique de l'excès, jeu des adjectifs superlatifs et des négations quelquefois absolues » (Prus : 7). Le baroque est le style qui le caractérise le plus, car le jeu des masques peut couvrir et son visage et son langage métalinguistique. Cet article compare aussi la vision de la vie chez Cioran et celle de Sartre. Si, chez Cioran, on parle de « la démission de l'existence et de l'alternative de ne pouvoir et ne vouloir plus être homme », chez Sartre, on observe « l'existence dans l'affrontement lucide de la mort et la traversée de l'absurde par l'existence ». La vie est pour Cioran « longue agonie, longue existence » (Prus : 7).

L'article « Cioran et le travail de la pointe » de Philippe Moret est captivant dans sa totalité pour son analyse stylistique de quelques œuvres de Cioran. Pour Cioran, la poésie est une chimère : « une illusion, mais une belle illusion qui peut au moins avoir le mérite de nous aider à supporter l'existence » (Moret : 227). En parlant de « l'anti-poétique » chez Cioran, Moret explique que « c'est la poétique en tant qu'elle est la position de la lucidité face au

70

langage et à la création esthétique qui est condamnée. La poésie est une ''démiurgie'' » […] (Moret : 226).

Selon Moret, Cioran « […] n'est pas poète, il est essentiellement prosateur » (Moret : 231). Il note les qualités de son écriture : « le chantre de la non-réflexivité, de l'expression brute, virulente, organique » (Moret : 231). Cet article caractérise deux aphorismes de l'*Inconvénient d'être né* en disant qu'« ils ont une portée métalinguistique, et même s'ils ne sont pas directement réflexifs, mais au contraire, peut-être polémiques, ces deux aphorismes n'en sont pas moins la marque d'un écrivain conscient des procédés formels […] » (Moret : 238). L'aphorisme « s'offre comme une chance et comme une mystification », et Moret explique que cette chance est en fait une fausse-chance : « la concentration syntactico-sémantique […], son efficacité est cela même qui l'exhibe en tant que pure occurrence verbale, pur jeu de langage et d'écriture » (Moret : 238).

En dernier lieu, l'aphorisme selon Moret se compose des « procédés typographiques (la majuscule, qui affecte uniquement des substantifs ou des adjectifs substantivisés comme le mot *Mystère*) », l'italique (« omniprésente dans toute l'œuvre de Cioran », vue comme « un procédé de mise en évidence de tous les constituants syntactico-sémantiques de l'énoncé » (Moret : 241) et comme « un geste graphique mettant en évidence les moments forts de l'énoncé formulaire » Moret : 241), et enfin la métaphore.

7. Études sur Cioran et Nietzsche

Certains critiques ont analysé les rapports entre Cioran et Nietzsche, et nous reprenons parfois certains éléments de ces analyses dans notre travail.

Le plus important de ces critiques, Yann Porte, dans les deux sections de son article « Cioran et la filiation nietzschéenne » (2004), présente un intérêt à part pour mes recherches, car il démontre les liens qui unissent Cioran et Nietzsche et les caractéristiques de leur style « nihiliste ». On peut concevoir, dans la première section intitulée « Les ambivalences d'un dépassement paradoxal du nihilisme », la ressemblance des « styles fragmentaires » de Nietzsche et de Cioran qui sont « le reflet de leurs itinéraires spirituels tourmentés et de leur passion commune pour une lucidité à l'exigence dévastatrice » (Porte : 2). « Le pessimisme radical et le désespoir hyperbolique » sont d'autres traits qui unissent les deux écrivains. On apprend ensuite que Cioran cultive spécifiquement l'héritage nietzschéen : « le goût prononcé du paradoxe », « la profonde plasticité herméneutique et la polysémie – pour ne pas dire la proteiformité – de la pensée nietzschéenne » (Porte : 2). Porte démontre que c'est la « figure charismatique de Nietzsche qui hantait Cioran depuis son adolescence » (depuis le moment où Cioran a lu les œuvres de Nietzsche) : « dans Nietzsche, nous aimons Zarathoustra, ses poses, sa clownerie mystique, vraie foire des cimes… » (SA, 44). « Cette relation précoce avec le penseur de la mort de Dieu », explique Porte, est « l'élément décisif dans l'élaboration du style cioranien » (Porte : 5). Le critique identifie en outre le type de « nihilisme » cioranien (« nihilisme involontaire et qui s'ignore »), différent de celui de Nietzsche (« nihilisme négateur »). Il montre ensuite le rôle « thérapeutique » de son expression littéraire et le « pouvoir cathartique » (Porte : 3) de son écriture.

La deuxième section de cet article (« Nietzsche vu par Cioran ou les avatars d'un cas-limite de généalogie critique et stylistique ») est pertinente pour la méthode de Cioran (qui « procède à une déconceptualisation des *moments* nietzschéens » Porte : 5) et pour les « thèmes antithétiques » qui lient les deux écrivains : « force-faiblesse, santé-maladie, l'ironie grinçante, l'ambivalence à l'égard de la vocation poétique, l'attrait de la conscience religieuse, l'hostilité envers l'Histoire et les formes diverses de la modernité » (Porte : 6). Porte fait remarquer par la suite que Cioran a « dépassé Nietzsche par son renoncement à la conceptualisation et au lyrisme » (Porte : 7). Malgré sa brève allusion à Zarathoustra (dans la citation de *Syllogisme de l'amertume*) cette étude ne se réfère pas à d'autres personnages ou situations dans *Ainsi parlait Zarathoustra*, à d'autres livres de Nietzsche, ou à un livre de mon corpus principal.

Le livre de Claudio Mutti, *Les plumes de l'archange* démontre le lien certain entre Cioran et Nietzsche, au chapitre III « Emil Cioran : Le compagnon de route exalté ». À cet égard, Mutti explique que,

> Dans les annales de la culture roumaine, la carrière d'Emil Cioran est étroitement rattachée, pour ce qui est de ses débuts, au magistère de Nae Ionescu : le philosophe de Rașinari « développe les idées du maître dans une série d'essais philosophiques éthérés, en suivant une ligne parallèle à celle de Mircea Eliade, mais sur un ton plus exalté et sous une forme aphoristique kierkegaardienne » (Calinescu : 826 ; Mutti : 108).

George Calinescu, l'un des plus grands critiques roumains, explique ainsi que la personne qui a influencé Cioran est Nae Ionescu et que Nietzsche représente seulement le début, tout comme Horia Sima l'explique dans la citation suivante (relevée par Mutti) :

> En effet, l'œuvre de Cioran tire origine de la pensée « existentialiste et prophétique typiquement roumaine et chrétienne » dont le principal représentant fut Nae Ionescu. Elle ne s'en nourrit pas moins de suggestions provenant de Nietzsche et de Spengler, de Scheler et de Keyserling, si bien que Horia Sima a pu écrire : « Cioran a commencé son propre itinéraire intérieur en étant fasciné par la philosophie de Nietzsche. (…) Quand le Mouvement légionnaire s'affirma puissamment en Roumanie, il adhéra au nietzschéisme de type chrétien de ce mouvement » (Mutti : 108-109).

Cependant, on peut mettre en doute cette chronologie. Ayant en vue que Cioran lisait Nietzsche avant de rencontrer Nae Ionescu, à l'université, et que Nae Ionescu a été lui aussi influencé par

73

Nietzsche, cette affirmation ne peut pas être valable. Liiceanu explique en fait que les lectures philosophiques de Cioran de Nietzsche commencent « à l'âge de quatorze ou quinze ans » (Liiceanu : 90), donc l'affirmation de Horia Sima semble peu probable dans ce cas.

Un autre article de Yann Porte, « Dieu comme Être du néant au sein du néant de l'Être » éclaire la question du divin chez Cioran. En effet, dans les textes cioraniens, Dieu coïncide avec le néant, « considéré comme une étape ultime d'un cheminement mystique qu'il veut pleinement vouer à la réitération de son inaccomplissement » (Porte : 1). Cet article montre l'influence des œuvres de Nietzsche et d'Eckhart sur Cioran. Ainsi, dans *La tentation d'exister*, un aphorisme sur Flaubert ressemble à celui d'Eckhart, « le grand mystique des bords du Rhin du treizième siècle, pensée qu'il développe dans *Traités et Sermon* et qui affirme que « '' l'action la plus haute à laquelle puisse s'élever l'âme consiste à atteindre le détachement absolu dont l'objet est le *pur néant*, séjour naturel de Dieu'' » (Porte : 2). Porte affirme ensuite que pour Cioran, « pour toute mystique véritable, Dieu ou le divin se confond avec le néant », comme le montre l'aphorisme suivant de *La Tentation d'exister* : « Sans Dieu tout est néant ; et Dieu ? Néant suprême » (Porte : 2). Cette acception vient, montre Porte, de Nietzsche, dans *Par-delà le bien et le mal* (99) : « Sacrifier Dieu au néant, ce mystère paradoxal de la suprême cruauté était réservé à la génération qui grandit maintenant : nous en savons quelque chose » (Porte : 2). Cet article importe aussi pour son étude du mysticisme et du détachement éventuel envers le bouddhisme évoqué par Cioran dans les *Entretiens* :

> Je me suis beaucoup occupé du bouddhisme, à un certain moment. Je me croyais bouddhiste, mais en définitive je me leurrais. J'ai finalement compris que je n'avais rien de bouddhiste, et que j'étais prisonnier de mes contradictions, dues à mon tempérament. J'ai alors renoncé à cette orgueilleuse illusion, puis je me suis dit que je devais m'accepter tel que j'étais, qu'il ne valait pas la peine de parler tout le temps de détachement, puisque je suis plutôt un frénétique (cité par Porte : 83).

Tous ces ouvrages et articles m'ont servi de cadres dans mon étude du temps chez
Cioran. Aucun de ces textes, cependant, ne couvre l'ensemble des dimensions temporelles,
surtout en relation avec Nietzsche et Bergson. Nous sommes prêts maintenant à nous attarder
aux quatre dimensions temporelles qui font l'objet principal de cette étude, en commençant par
l'histoire.

CHAPITRE 3

Conceptions du temps chez Nietzsche, Bergson et Eliade. Définitions des catégories temporelles : histoire, mythe, vie, éternité

Afin de mieux comprendre ces questions relatives au temps chez Cioran, il faut faire appel à certaines notions proposées par Nietzsche, Bergson et Eliade dans des ouvrages bien connus de ces auteurs. Ces ouvrages constitueront mes bases théoriques pour saisir les concepts du temps : l'instant, l'éternel retour, la durée, le mythe, l'histoire, la vie, l'éternité. J'ai choisi ainsi d'approcher Cioran à l'aide de Nietzsche et Bergson, car celui-ci s'intéresse beaucoup tant à l'écriture qu'aux idées philosophiques de ces deux philosophes. Ce dernier leur doit énormément : ses idées et concepts philosophiques, son style, sa méthode et sa démarche esthétique relèvent tous d'une lecture de ces deux philosophes.

Nietzsche apporte de nouveaux concepts temporels : l'histoire (le Surhomme, la mort de Dieu, l'admiration des ancêtres) ; la vie (l'éternel retour, l'instant, la volonté de puissance, le vécu, l'âge de la vie, liaison destin-instant, la joie maligne, le libre arbitre, la relation homme-moi), le mythe, et une nouvelle vision des choses. Bergson, à son tour, introduit la notion de durée, instant, éternité, joie et s'intéressera aux dimensions de la vie.

Les quatre dimensions analysées dans ma thèse (histoire, mythe, vie éternité), ont commencé une fois avec la vie (le mythe, l'histoire) et n'en dépendent plus en se croisant de temps en temps, ou dépendent de la vie comme l'éternité. L'éternité est la seule dimension qui n'a pas de statut indépendant et qui est une création de l'intelligence humaine ; elle existe seulement en fonction de la vie, la vie est sa condition d'existence. Ces intuitions nous aideront à mieux comprendre les textes de Cioran, chez qui la vie est souffrance, mais une souffrance non seulement supportable, mais admirée ; le mythe est le point de repère auquel il compare l'humanité actuelle, pour lui en dérive ; l'éternité est le désir jamais réalisé, une chute

77

de la pensée, tandis que la vie, et plus précisément l'instant, est le plus précieux concept et moment sur cette terre, il est l'essence de l'être. Par sa pensée, Cioran restera tout proche de Nietzsche, en sympathisant d'abord avec ses idées, puis en prenant ensuite une certaine distance.

Friedrich Nietzsche (1844-1900), philosophe nihiliste allemand de la fin du XIX [e] siècle, a influencé partiellement la pensée de Cioran. Cioran est très tôt intéressé par Nietzsche, car il a obtenu une bourse à Paris pour faire une thèse sur lui : « j'en avais déjà aussi communiqué le sujet – quelque chose sur l'éthique de Nietzsche – mais je ne songeais pas du tout à l'écrire » (*Entretiens*, 11) et il a préféré faire le tour de la France en bicyclette. Cioran explique, dans l'entretien avec Fernando Savater, son amour pour la philosophie (« philosophie-confession ») et les philosophes (Nietzsche, Otto Weininger, Rozanov et Dostoïevski) (*Entretiens*, 24).

Cioran cite d'ailleurs l'œuvre de Nietzsche dans ses essais et il répond (dans un de ses aphorismes : IE, 1323) à un étudiant intéressé à savoir où il se trouvait par rapport à l'auteur de Zarathoustra, le fait qu'il avait été une fois (dans sa jeunesse) fort intéressé par Nietzsche et par son œuvre, mais qu'il ne l'était plus (« […] j'avais cessé de le pratiquer depuis longtemps […]. Il n'a démoli des idoles que pour les remplacer avec d'autres »). Dans son *Entretien à Tübingen*, Mariana Sora montre que l'importance du style pour Cioran l'apparente à Nietzsche (« Vous êtes pourtant un penseur…un peu comme Nietzsche, vous accordez une grande importance au style […] » (Sora : 91). Cioran a été particulièrement attiré par le nihilisme de Nietzsche sur l'histoire, sur l'éternité et sur la vie, conceptions trouvées dans *Humain, trop humain* I et II (œuvre aphoristique, 1877) et dans *Ainsi parlait Zarathoustra* (roman, 1885). Ainsi, *Humain, trop humain* 1 et 2, dans l'analyse de l'influence d'Achille et de Homère sur le

« vécu » (« Achille et Homère. » vol. 1, 162) suggère un temps mythique semblable à la conception de Cioran ; la composition de la vie et les âges de la vie (« La petite aiguille de la vie. » vol 1, 312), le rapport entre destin et instant (« Temps heureux. », vol. 1, 278), le *carpe diem : vivre l'instant* d'Épicure (« L'éternel Épicure. », vol. 2, 279), la relation entre l'homme et le « Moi supérieur » (vol. 1, 325) expliquée par Nietzsche permettent d'éclaircir le temps existentiel. En outre, l'admiration de Nietzsche pour la civilisation des ancêtres (« Le monde antique et la joie. », vol. 2, 99 ; « Prendre soin de son passé. » vol. 2, 139, « Grecs d'exception. », vol. 2, 110), sa vision sur la « joie maligne », sur le christianisme, sur la religion, le suicide et le libre arbitre rapprochent Nietzsche de Cioran ; les métaphores de la circularité (la « toile d'araignée », « l'arbre de l'humanité », vol. 2, 260) démontrent aussi le temps cyclique chez Cioran. Par le biais des images et des symboles, les métamorphoses de Zarathoustra (enfant, lion, chameau) dans *Ainsi parlait Zarathoustra* nous aideront à comprendre l'éternel retour et implicitement la cyclicité temporelle chez Cioran. Car, pour Zarathoustra, la vie est une « roue qui tourne », un « anneau de l'existence » (AZ, 252). C'est par le biais de ces notions nietzschéennes qu'on comprendra le voyage « *par* le temps » ou « *à côté* de mon temps » (CP, 406), la répétition de l'histoire, l'attachement de Cioran à la pensée hindoue, problématiques appartenant à mon corpus primaire.

Henri Bergson est, d'autre part, un important philosophe juif français, connu pour ses remarquables œuvres philosophiques qui lui ont mérité le prix Nobel de littérature en 1927. D'abord, Cioran a étudié l'œuvre de Bergson à l'université de philosophie à Bucarest. Elle a constitué le sujet de sa thèse de licence en philosophie en 1932 (sur l'intuitionnisme bergsonien) que Cioran a soutenue à Bucarest, et le sujet de la thèse de doctorat qu'il n'a jamais commencé à écrire à Paris en 1937. Cioran s'intéressait donc beaucoup à Bergson, puisqu'il a été aussi professeur de philosophie (donc il a enseigné Bergson) à Sibiu en Roumanie. Trois œuvres seront privilégiées dans mon travail : *Essai sur les données immédiates de la conscience* (1889), *Matière et Mémoire* (1896), et *L'évolution créatrice* (1907). Ces trois œuvres sont les plus importantes pour saisir la relation entre *temps et espace*, la *mémoire régressive*, le *souvenir*, la *liberté*, la *vie*, notions utiles pour la compréhension de mon corpus principal. Bergson a laissé ainsi une empreinte profonde sur l'écriture d'Emil Cioran. Ce qui m'intéresse des œuvres de Bergson, ce sont donc les notions de durée et d'instant (*Les données immédiates de la conscience*), de passé, de futur et la relation entre les deux temporalités (*Matière et mémoire*), la liberté, la mémoire régressive, l'oubli et la vie (*L'évolution créatrice*).

Par exemple, c'est par « l'hétérogénéité pure » (DI, 77) que peut s'expliquer la naissance des aphorismes cioraniens (qui ont une intensité variable montrée par l'emploi de modalisateurs axiologiques différents). Ces éléments hétérogènes ne sont-ils pas les images du passé, du présent et du futur ? Bergson explique ensuite l'unicité du *moment* et de la *durée* : « la durée est chose réelle pour la conscience qui en conserve la trace, et l'on ne saurait parler ici de conditions identiques, parce que le même moment ne se présente pas deux fois » (DI, 150). Tout comme Bergson, Cioran admire énormément ce rapport particulier entre l'instant et la durée. Il complète ainsi Bergson dans cet aphorisme qui explique la fuite du temps : « Cet instant-ci, mien encore, le voilà qui s'écoule, qui m'échappe, le voilà englouti […] (IE, 1374).

L'affirmation de Bergson à l'effet que « Notre existence se déroule donc dans l'espace plutôt que dans le temps : nous vivons pour le monde extérieur plutôt que pour nous » (DI, 174) renvoie aux différents rapports existentiels chez Cioran. Ce positionnement nous aidera donc à comprendre et à expliquer l'existence rapportée au temps chez Cioran : « je n'existe, quant à moi, que par le temps » (CP, 393). Ensuite, c'est par le biais de la « mémoire régressive », « spontanée » chez Bergson (MM, 146) qu'on pourra expliquer chez Cioran la fuite de temps présent et le retour aux temps des origines, au temps mythique.

La mémoire régressive pour Bergson est « une survivance des images passées » (MM, 68), qui « intercale le passé dans le présent, contracte aussi dans une intuition unique des moments multiples de la durée, et ainsi, par sa double opération, est cause qu'en fait nous percevons la matière en nous, alors qu'en droit nous la percevons en elle » (MM, 76). Pour Cioran, il n'est pas sûr que ces images soient classées par ordre alphabétique, comme le pense Bergson :

> L'autre est la mémoire vraie. Coextensive à la conscience, elle retient et aligne à la suite les uns des autres tous nos états au fur et à mesure qu'ils se produisent, laissant à chaque fait sa place et par conséquent lui marquant sa date, se mouvant bien réellement dans le passé définitif, et non pas, comme la première, dans un présent qui recommence sans cesse (MM, 168).

Chez Cioran, la mémoire est ou conservatrice ou identique : « ce que je sais à soixante, je le savais aussi bien à vingt ans » (IE, 1274). La destruction de la mémoire régressive est la condition nécessaire à l'avancement dans le futur : « On ne peut rester en communion avec soi-même et ses pensées si on permet aux revenants de se manifester, de sévir » (IE, 1391). C'est par ce processus que s'expliquent l'ordre et le désordre de la mémoire datée et de la mémoire des lieux et les conséquences d'une telle mémoire sur la vie telle qu'elle est imaginée dans les textes de Cioran.

La relation entre progrès et répétition est essentielle pour comprendre la composition et la décomposition du temps : « La répétition a pour véritable effet de *décomposer* d'abord, de *recomposer* ensuite, et de parler ainsi à l'intelligence du corps » (MM, 122). Donc, c'est grâce à la répétition (des faits, des actions) que le progrès prend naissance. Mais comme aux yeux de Cioran il n'y a pas de progrès, quel serait le sens de la répétition chez lui ? On apprend assez rapidement que le résultat de la répétition est la décomposition, c'est-à-dire destruction, et ensuite recomposition des faits. C'est grâce à la décomposition que la recomposition, la création existe ! Elle en est la condition nécessaire. En effet, les aphorismes représentent à la fois cette décomposition (littéraire, textuelle) et en même temps la recomposition d'un nouveau monde. Le mythe cioranien (du phénix) explique aussi ce processus.

En ce qui concerne l'influence de notre vie psychologique passée sur le présent, Bergson explique dans *Matière et mémoire* (MM, 164) que notre caractère est influencé par notre vie passée. Les images du passé constituent en fait la matière de la mémoire cioranienne et le contenu de la plupart de ses aphorismes. La théorie de Bergson semble toujours valable par le biais de la mémoire. Le passé influence la vie de Cioran, qui émet des évaluateurs axiologiques, ici le regret : « *S*i on avait pu naître avant l'homme ! » (IE, 1302). L'existence dans la durée pure chez Bergson explique toutefois l'état d'existence épicurien chez Cioran qui l'identifie à celle d'un animal inférieur ou d'un rêveur (MM, 170).

Ces définitions bergsoniennes aident à éclaircir la pensée cioranienne sur la vie : l'évolution (« l'homme est probablement le dernier venu des vertébrés » EC, 135, « Or, la vie est une évolution. Nous concentrons une période de cette évolution en une vie stable que nous appelons une forme, et, quand le changement est devenu assez considérable pour vaincre l'heureuse inertie de notre perception, nous disons que le corps a changé de forme. Mais, en réalité, le corps change de forme à tout instant » EC, 301-302), la fonction de remplissage : (« Notre vie se passe ainsi à combler des vides, que notre intelligence conçoit sous l'influence extra-intellectuelle du désir et du regret, sous la pression des nécessités vitales […] nous allons constamment du vide au plein. Telle est la direction où marche notre action » EC, 297), la création : (« En ce sens on pourrait dire de la vie, comme de la conscience, qu'à chaque instant elle crée quelque chose » EC, 28-29), l'action : « [...] la vie est, avant tout, une tendance à agir sur la matière brute » EC, 97). Enfin, la définition de la liberté « le rapport du moi concret à l'acte qu'il accomplit » (DI, 165) et le déterminisme bergsoniens font voir jusqu'où peuvent s'étendre le *moi* et la liberté cioranienne, et à quel point Cioran sympathise avec Bergson à cet égard.

Mircea Eliade, historien et philosophe roumain (13 mars 1907 – 22 avril 1986), est considéré comme un des fondateurs de l'histoire moderne des religions. Il obtient sa licence à l'Université de Bucarest. En 1928 il a connu Emil Cioran et Eugen Ionesco. Parmi ses romans les plus importants, on peut mentionner *La Nuit bengali* (*Maitreyi*) (1933), *Mythe, rêve et mystères*, *Forêt interdite* (*Noaptea de Sânziene*) (1955), *Les dix-neuf roses* (1982), *Noces au paradis* (1986), *Les Hooligans* (1987) et *Le Roman de l'adolescent myope* (1992). Les livres définitoires pour le présent travail sont *Aspect du mythe* (1963), *Le mythe de l'éternel retour* (1969) et *Images et symboles* (1980).

Dans *Aspects du mythe* (1963), on retrouve les définitions bien connues du mythe et le concept de renouvellement du monde. On y voit que le mythe est « une réalité culturelle extrêmement complexe, qui peut être abordée et interprétée dans des perspectives multiples et supplémentaires » (Eliade, 1963 :14). Le mythe, selon Eliade, « raconte une histoire sacrée ; il relate un événement qui a eu lieu dans le temps primordial, le temps fabuleux des ''commencements'' [...]. Les mythes révèlent donc leur activité créatrice et dévoilent la sacralité [...] (Eliade, 1963 :15). Voyons comment se réalise ce renouvellement :

> Le renouvellement par excellence s'opère au Nouvel An, lorsqu'on inaugure un nouveau cycle temporel. Mais la *renovatio* effectuée par le rituel du Nouvel An est, au fond, une réitération de la cosmogonie. Chaque Nouvel An recommence la Création.
> Et ce sont les mythes – aussi bien cosmogoniques que mythes d'origine – qui rappellent aux hommes comment a été créé le Monde et tout ce qui a eu lieu par la suite (Eliade, 1963 : 57).

Pour que le renouvellement survienne, on doit brûler les traces anciennes et alors prend naissance la Grande Année :

> L' « Année » ordinaire a été considérablement dilatée, en donnant naissance à une « Grande Année » ou à des cycles cosmiques d'une durée incalculable. Au fur et à mesure que le cycle cosmique devenait plus ample, l'idée de la perfection des commencements tendait à impliquer cette idée complémentaire : *pour que quelque chose de véritablement nouveau puisse commencer, il faut que les restes et les ruines du vieux cycle soient complètement anéantis* (Eliade, 1963 : 69).

Cette citation nous sera utile pour expliquer la pensée cioranienne sur l'oubli : pour avancer dans le futur, on doit renoncer au passé. On ne pourra jamais construire sur des ruines, car finalement tout s'effondrera : il vaut mieux, à la façon du mythe de la Création, nettoyer la place et reconstruire, si on veut que la structure soit pérenne. Le passage représente aussi le mythe du phénix auquel fait aussi référence Cioran. La destruction comme condition nécessaire à la création est d'ailleurs la règle principale de ses aphorismes. La destruction du temps caractérise l'instant et la durée pure ; la déconstruction de ce monde et la recréation d'un nouveau monde demande la fin du monde d'abord et ensuite son renouvellement dans le sens proposé par Eliade dans son analyse du mythe.

Le mythe de l'éternel retour (1969) établit, en outre, la distinction entre l'homme primitif et l'homme moderne. Ainsi, « l'homme archaïque ne connaît pas d'acte qui n'ait été posé et vécu antérieurement par un autre, *un autre qui n'était pas un homme*. Ce qu'il fait *a déjà été fait*. Sa vie est la répétition ininterrompue de gestes inaugurés par d'autres » (Eliade, 1969 : 15). Intéressantes sont aussi les idées d'Eliade sur la création : « Toute création répète l'acte cosmogonique par excellence : la Création du Monde » ; et la Création s'inscrit dans une centralité : « En conséquence, tout ce qui est *fondé* l'est au Centre du Monde (puisque, comme nous le savons, la Création elle-même s'est effectuée à partir d'un centre) » (Eliade, 1969 A :

31). Le mariage (entre le ciel et la terre) est une condition pour la recréation du monde (Eliade, 1969 A : 37).

La pensée d'Eliade est certainement reliée à l'éternel retour chez Nietzsche, car pour ce dernier l'éternel retour est représenté par la femme. Ne fait-il pas toujours référence à la circularité, à la répétition (le serpent, l'anneau, la Grande Année, le Grand Temps) ? Ce contexte est très important pour l'étude de Cioran, car et Eliade et Nietzsche inspirent sa démarche, de telle manière que le mythe représente une dimension acquise, jamais critiquée. De plus, si les deux philosophes parlent d'un éternel retour toujours différent, chez Cioran il faut plutôt voir un éternel retour *du même*, donc très spécifique et tout à fait statique, car chez lui reviennent toujours les mêmes thèmes, les mêmes hypostases de la vie, du temps, de l'histoire, du mythe, de l'éternité. L'« illo tempore » d'Eliade devient ainsi chez Cioran l'instant. La mort joue aussi un rôle clé ans l'œuvre de Cioran, car elle représente le passage vers un autre monde.

Cioran nous invite à parcourir et à découvrir le chemin d'Eliade : « la route menant au centre est une ''route difficile'' […]. Le chemin est ardu, semé de périls, parce qu'il est, en fait, un rite de passage du profane au sacré ; de l'éphémère et de l'illusoire à la réalité et à l'éternité ; de la mort à la vie ; de l'homme à la divinité. L'accès au ''centre'' équivaut à une consécration, à une initiation […] » (Eliade, 1969 A : 30). En outre, pour Eliade, l'éternité, c'est le présent continu, l'annulation du passé et du futur, tout comme l'instant pour Cioran :

> Tout recommence à son début à chaque instant. Le passé n'est que la préfiguration du futur. Aucun événement n'est irréversible et aucune transformation n'est définitive. Dans un certain sens, on peut même dire qu'il ne se produit rien de neuf dans le monde, car tout n'est que la répétition des mêmes archétypes primordiaux ; cette répétition, en actualisant le moment mythique où le geste archétypal fut révélé, maintient sans cesse le monde dans le même instant auroral des commencements. Le temps ne fait que

rendre possible l'apparition et l'existence des choses. Il n'a aucune influence décisive sur cette existence – puisque lui-même se régénère sans cesse (Eliade, 1969 A : 108).

C'est l'homme archaïque qui accepte que « tout passe » et qui vit dans le présent, alors que l'homme moderne espère et se ment toujours.

Images et symboles (1980) attire notre attention pour le chapitre II « Symboles indiens du temps et de l'éternité », dans lequel Eliade explique le rôle du mythe, la vision du temps infini, du cycle sans fin des créations et des destructions des Univers, et le mythe de l'éternel retour valorisé comme « instrument de connaissance et moyen de libération » (Eliade, 1980 : 94).

Dans la section intitulée « Temps cosmique et histoire », Eliade soutient que « le mythe réactualise continuellement le Grand Temps et ce faisant projette l'auditoire sur un plan surhumain et surhistorique qui, entre autres choses, permet à cet auditoire d'approcher une réalité impossible à atteindre sur le plan de l'existence individuelle profane » (Eliade, 1980 : 83). Nietzsche et par Cioran, font écho aussi au Grand Temps, donc à ce temps circulaire, comme on le verra plus tard. Eliade rajoute toutefois que la « véritable histoire de l'éternelle création et destruction des mondes, à côté de laquelle sa propre histoire, les aventures héroïques […], semblent être, en effet, ''des histoires fausses'', c'est-à-dire des événements sans signification transcendante. L'*histoire vraie* lui révèle le Grand Temps, le temps mythique, qui est la véritable source de tout être et de tout événement cosmique. […]. Transcender le temps profane, retrouver le Grand Temps mythique, équivaut à une révélation de la réalité ultime » (Eliade, 1980 : 86). Cioran vit d'ailleurs cette illumination intense par le biais de l'instant. Et plus loin, Eliade précise que l'éternel retour est une durée vide : « une non-durée. [...] (Eliade, 1980 : 94). Cioran est à son tour l'adepte de ce renoncement bouddhiste (Eliade, 1980 : 95) où chacun peut trouver le bonheur dans le renoncement.

Selon Eliade, cette « suite du mythe rétablit l'équilibre : l'important n'est pas toujours de renoncer à sa situation historique en s'efforçant vraiment de rejoindre l'Être universel – mais de garder constamment en esprit les perspectives du Grand Temps, tout en continuant à remplir son devoir dans le temps historique » (Eliade, 1980 : 97). On verra en fait que chez Cioran, il s'agit d'une chute personnelle en dehors du temps historique, mais aussi la conscience du fait qu'on ne peut vivre que « par le temps ». Eliade précise toutefois que le temps « peut devenir un instrument de connaissance » (Eliade, 1980 : 97-98).

Dans « *La philosophie du Temps dans le bouddhisme* », Eliade relate encore « le symbolisme des Sept Pas du Bouddha et de l'œuf Cosmique implique la *réversibilité du temps* » (Eliade, 1980 : 110) qui représente un élément important dans le voyage cioranien vers l'origine. Le temps bouddhiste est constitué « par un flux continu (*samtâna*), et, par le fait même de la fluidité du temps, toute ''forme'' qui se manifeste dans le temps est non seulement périssable, mais encore ontologiquement irréelle (Eliade, 1980 :111). Le présent - total, l'éternel présent des mystiques, est la statis, la non-durée. Traduit dans le symbolisme spatial, la non-durée, l'éternel présent est l'*immobilité* » (Eliade, 1980 : 113). Eliade rajoute plus loin que « C'est pas *ksana*, par le ''moment'', que se mesure le temps. Mais ce terme a aussi le sens de « moment favorable, *opportunity* » et pour le Bouddha c'est par le truchement d'un tel ''moment favorable'' qu'on peut sortir du temps. En effet, Bouddha conseille de « ne pas perdre le moment », car « ils se lamenteront ce qui perdront le moment [...] ». (Eliade, 1980 : 114). Cette citation explique en fait le but de l'existence cioranienne dans l'instant : une quête des « moments favorables ». Évoquant l'instant, notion cruciale pour Cioran d'ailleurs, Eliade nous fait voir que l'

> éternel présent ne fait plus partie du temps, de la durée, il est qualitativement différent de notre « présent » profane, de ce présent précaire qui surgit faiblement entre deux non-entités – le passé et l'avenir – et qui s'arrêtera avec la mort. Le « moment favorable » de l'illumination est à comparer avec l'éclair qui communique la révélation ou avec l'extase mystique, et qui se prolonge paradoxalement en dehors du temps (Eliade, 1980 :114).

Cette distinction entre éternel présent, instant et durée est fondatrice dans le contexte de notre travail. C'est en effet sur l'idée de la chute du temps, comme on le verra plus tard, qu'est charpentée toute la pensée cioranienne.

Ainsi, toutes ces notions-clés nietzschéens, bergsoniennes et éliadesques serviront à comprendre la pensée des aphorismes cioraniens. Considérons maintenant différentes acceptions de la notion d'histoire et ensuite la signification précise de ce concept pour Nietzsche et Eliade.

1. L'histoire

Pour parler du temps historique, il faut définir d'abord la philosophie de l'histoire. Celle-ci comprend le « devenir social », la « nature de l'homme » ; « méditation de l'histoire, du devenir social, de la nature de l'homme, la philosophie de l'histoire est partie prenante dans les débats où s'affrontent les sciences humaines et la conception du monde qu'elles renouvellent » (Jacques Dumont et Philippe Vandooren, vol.2 : 263). Le *temps historique* se compose de « cycles de permanence différents », de « longues durées » (la géohistoire), de « moyennes durées (la transformation des structures économiques et sociales) » et enfin de « courtes durées (les événements politiques et militaires) » (Jacques Dumont et Philippe Vandooren, vol.2 : 263). Pour l'homme traditionnel, explique par ailleurs Mircea Eliade, « l'homme moderne n'offre le type ni d'un être *libre*, ni d'un *créateur* d'histoire. Tout au contraire, l'homme des civilisations archaïques peut être fier de son mode d'existence qui lui permet d'être libre et de créer » (Eliade, 1969 A : 181). Donc, pour Eliade, « l'homme moderne » n'est pas créateur d'histoire tandis que « l'homme archaïque » en est. Jacques Mantoy affirme que l'histoire « ne concerne que le passé » (Mantoy : 44) et que le temps historique est ainsi un effet de la liberté :

> […] une orientation très générale, qui ne permet de deviner aucun événement, qui peut s'allier avec une reconnaissance de la liberté de l'homme et des effets de cette liberté sur le déroulement de l'histoire (Mantoy : 44).
> – Pour l'existentialisme de Sartre, l'histoire n'a pas de sens. En effet, Dieu n'existe pas ; l'homme, exerçant sa liberté, c'est-à-dire son absolue indépendance, n'aboutit qu'à l'échec et, sous l'impulsion de sa liberté, le devenir du monde ne peut être qu'absurde.
> À cette négation du sens de l'histoire, s'opposent de nos jours la position chrétienne et la position marxiste, qui se situe dans le prolongement de la position hégélienne (Mantoy : 45).

On observe que d'après l'existentialisme sartrien l'histoire et le devenir du monde n'ont pas de sens et que Dieu n'existe pas ; l'homme est libre, mais à la fin de sa route c'est l'échec qui l'attend. Le non-sens caractérise ainsi l'homme et sa destinée au monde. Il est aisé de concevoir que Nietzsche et Cioran sont influencés par cette position existentialiste, car les deux auteurs nient et déconstruisent le devenir de l'humanité. Pour Nietzsche, l'histoire

> *semble* nous enseigner ce qui suit sur la production du génie : maltraitez et tourmentez les hommes (crie-t-elle aux passions, Envie, Haine et Jalousie), poussez-les à bout, l'un contre l'autre, mais pendant des siècles, et alors, enflammée comme par une étincelle lointaine de la terrible énergie ainsi libérée, jaillira peut-être soudain la lumière du génie ; […] » (HH vol.1, 182).

L'histoire est donc pour Nietzsche une leçon de vie sur la création d'un homme modèle ; une lutte des passions (Envie, Haine, Jalousie = personnages mythiques) avec l'humanité pour la création du génie. Gaudin affirme que « Nietzsche se voudra aussi l'historien de la religion et pense ''la mort de Dieu'' comme la fin mais aussi le sommet de cette histoire. Cela inaugure donc une toute autre époque, tellement différente qu'elle n'est pas encore commencée, car la nouvelle d'une telle mort ne peut être comprise à l'époque de Nietzsche » (Gaudin : 101). La pensée de Nietzsche sur la philosophie de l'histoire reste assez « obscure », car Gaudin explique encore que Nietzsche « […] refuse l'idée d'un sens de l'histoire, d'une marche universelle vers un quelconque état final, mais en même temps il a une philosophie de l'histoire plus ou moins explicite dans laquelle il insère la ''mort de Dieu'' et dont on peut pointer les ambiguïtés » (Gaudin : 101). On peut facilement y concevoir un ordre et un désordre du monde.

Nous avons vu toutefois que l'histoire englobe l'homme et son devenir et qu'elle se sépare en périodes qui comprennent des durées différentes. Pour Nietzsche l'histoire n'a pas de but, de sens et Dieu est mort ; c'est donc qu'il a existé, mais il n'est plus dans ce monde. La mort de Dieu représente pour Nietzsche le sommet de l'histoire. Elle annonce l'avènement du génie, du Surhomme. Pour lui, le devenir de l'humanité n'est pas noir ; l'arrivée du Surhomme sauvera l'humanité ; la liberté la mènera au succès et non à l'échec.

a. *La régression dans l'histoire ou les ancêtres sont-ils notre miroir ?*

Nietzsche présente une vision négative sur l'histoire, car il l'analyse par des métaphores dysphoriques. Dans *Zarathoustra*, on voit la volonté du héros à changer le monde, en voulant la mort de Dieu, son remplacement par le Surhomme et le renouvellement de l'histoire. Nietzsche voulait, remarquons-le, une nouvelle histoire et une nouvelle humanité. L'histoire et l'humanité actuelles sont malades, comme le sont tous les disciples de Zarathoustra.

Dans « *Bonheur de ce temps* », Nietzsche souligne que les modernes dépendent de la création des ancêtres et qu'ils jouissent de la civilisation de ceux-ci et de leurs œuvres : […]. Au regard du *passé*, nous jouissons de toutes les civilisations et de leurs œuvres, et nous nous nourrissons du sang le plus noble de toutes les époques ; […] (HH vol. 2, 94-95).

Il est aisé de voir d'ailleurs l'admiration du philosophe pour la richesse créatrice des civilisations antérieures. La modernité est ainsi l'héritière de la création ancienne, tout nous est déjà donné, et nous ne faisons que prendre l'héritage et nous en servir. Toutefois, le philosophe allemand explique la différence de pensée entre les deux civilisations : les *Anciens* ne pensaient qu'à eux-mêmes, et pas aux autres, comme les modernes qui ont une pensée altruiste, plurielle. Nietzsche montre, à cet égard, les modèles anciens des sophistes, dramaturges et poètes à suivre dans « Regard en avant et en arrière » :

> Un art comme celui dont *débordent* Homère, Sophocle, Théocrite, Calderon, Racine, Goethe, *superflu* d'une conduite sage et harmonieuse de la vie, voilà ce qu'il faut, ce que nous apprenons enfin à vouloir quand nous sommes nous-mêmes devenus plus sages et plus harmonieux, et non pas ce que nous entendions par l'art auparavant, dans notre jeunesse, cette explosion barbare, toute ravissante qu'elle est, d'élans fougueux et désordonnés jaillissant d'une âme chaotique, indomptée. […] (HH vol.2, 91).

91

Ce sont donc Homère, Sophocle, Théocrite, Calderon, Racine et Goethe, les auteurs dont les portraits moraux ont une beauté « sage et harmonieuse ». Cioran aura lui aussi une admiration pour les ancêtres, mais qu'emprunte-t-il exactement de ces auteurs et de leurs héros (le romantisme de Goethe et *La vie comme un songe* de Calderon ? ou peut-être la volonté d'Achille ? la souffrance d'Antigone ou de Phèdre ou les tares de l'*Avare* et du *Misanthrope*) ?

Dans son essai « *Le monde antique et la joie* », Nietzsche est encore une fois du côté des Anciens et de leur réaction en ce qui concerne la souffrance et la joie (HH vol. 2, 99). Il admire l'histoire glorieuse du peuple grec, en disant (dans le fragment « Les Grecs interprètes ») que : « [...] leur histoire universellement connue est un miroir brillant qui réfléchit toujours quelque chose absent du miroir lui-même » (HH vol.2, 107). Face à cette prise de conscience, Nietzsche admire donc l'aisance, l'intelligence et le niveau de vie des ancêtres dans « *Ascendance des* ''pessimistes'' » et critique la vie des poètes actuels qui ont une « ascendance de qualité médiocre » (HH vol.2, 258).

On dirait finalement que l'histoire idéalisée est rapportée au présent, que le passé revient dans le maintenant par la création des ancêtres, par le biais du sang partagé.

Par conséquent, d'après Nietzsche, les modernes n'apportent rien au développement de l'histoire, tout leur est déjà donné. Si l'histoire est la même, l'homme moderne est donc déterminé, il n'y a pas de création et de liberté pour celui-ci. Sommes-nous les simples doubles des civilisations anciennes ? Même si l'espèce humaine est la même, nous sommes plus évolués et notre temps est *autre*, même si l'histoire semble se répéter. Chacun est un homme décomposé et recomposé. Cette philosophie de l'histoire éclaire la décadence de l'histoire, l'illusion humaine, le non-sens de l'histoire, l'admiration pour les ancêtres chez Cioran. Cioran développe et complète ainsi les idées sur l'histoire avancées par Nietzsche.

b. *Circularité de l'homme en spirale*

La circularité du temps historique est montrée par Nietzsche, pour qui l'humanité « tourne en rond » : de « singe », elle retourne en « singe » :

> Peut-être toute l'humanité n'est-elle qu'une phase de l'évolution d'une certaine espèce animale à durée limitée : l'homme sorti du singe redeviendra singe, et il n'y aura personne pour prendre le moindre intérêt à ce bizarre dénouement de la comédie (HH vol.1, 191).

Nietzsche sympathise ici avec Darwin et sa théorie de l'évolution des espèces, mais il voit toutefois, au-delà de cette évolution, un éternel retour de l'homme, une régression à sa condition originaire. On verra que chez Cioran l'histoire suit son cours, qu'elle évolue, mais que l'homme reste toujours pareil, dans son « cercle » (PD, 677), à cause de son « fond identique » (PD, 677). Mais il y a aussi une différence chez les hommes appartenant à des époques différentes. Une fois entraîné par l'histoire, l'homme a évolué lui aussi.

Pour Nietzsche l'histoire se confond avec le temps : il parle de la mobilité, de l'inconstance du temps ; ainsi, l'histoire est *une autre*, mais elle ne se répète pas réellement. On pourrait dire qu'elle change paradoxalement, même si elle semble se répéter. Ainsi, Nietzsche évoque lui-aussi Héraclite : il n'y a pas que différence dans la répétition, comme Héraclite le souligne, « on ne descend pas deux fois dans le même fleuve » :

> L'observation directe de soi-même ne suffit pas pour se connaître : nous avons besoin de l'histoire, car le courant aux cent vagues du passé nous traverse ; et nous-mêmes ne sommes rien que ce que nous éprouvons de cette coulée à chaque instant. Même là où nous voulons plonger dans le flot de notre être apparemment le plus singulier et le plus personnel, la proposition d'Héraclite reste applicable : on ne descend pas deux fois dans le même fleuve. [...] (HH vol. 2, 113).

On voit l'importance de l'histoire, toujours répétée, toujours différente, pour l'homme moderne. Même si la situation qui nous arrive est la même, c'est nous qui sommes changés, et, même si l'histoire se répète, elle s'étend toujours sur un nouveau tapis : chaque individu.

D'après Nietzsche, le présent est un espace clos, et l'histoire, avec ses différentes civilisations, ressemble aux belles stations touristiques qui doivent être visitées pour la santé des patients. L'instant définit l'homme, et il y a donc un lien serré entre l'instant et l'histoire. L'histoire devient un remède à la maladie, comme le montre le fragment suivant de « *La transplantation physique et morale* » :

> Vivre dans le présent, dans les limites d'une seule civilisation, est insuffisant comme remède universel ; il en mourrait beaucoup trop de catégories d'hommes suprêmement utiles, qui ne peuvent y respirer sainement. Il faut, par l'histoire, leur donner de *l'air* et essayer de les conserver ; les hommes de [sic] civilisations arriérées ont aussi leur prix. […] (HH vol.2, 260).

L'histoire a donc pour rôle d'« aérer » les hommes, de les guérir, en les invitant à transcender les civilisations. Nietzsche nous propose alors à imiter Hérodote (HH vol. 2, 113-114). Ainsi, l'ego nietzschéen désire un retour au passé pour voyager parmi les nations : il est transformé, métamorphosé, il possède un pouvoir extraordinaire de transformation, une volonté indéniable grâce à la transgression du temps ; ainsi, le temps n'est plus circulaire, mais réversible et, par conséquent, c'est grâce au voyage et implicitement à la régression du temps qu'on peut acquérir une connaissance universelle au-delà des nations individuelles (HH vol. 2, 114). On y observe que l'histoire mène à un but pour Nietzsche : celui d'aider à l'enrichissement des connaissances (par le biais de la lecture, de l'art), et par la suite au progrès de l'homme, elle est donc un savoir thérapeutique. Elle est aussi instructive et transmissible, car « la connaissance individuelle devient connaissance universelle » (HH vol. 2, 114). L'histoire sera-t-elle vue de la même manière par Cioran ? On verra, en fait, que Cioran complète Nietzsche, car il renvoie aussi l'homme moderne aux ancêtres, mais sans pour autant que l'histoire comporte un but. Cette transcendance est incarnée par la métaphore du Surhomme chez Nietzsche.

c. *La mort de Dieu et l'avènement du Surhomme*

Chez Nietzsche, le *Surhomme* représente le modèle parfait, idéal, que Nietzsche prévoit comme maître pour l'humanité future. Ce Surhomme n'est pas le double de l'homme quotidien, il est « un passage de l'humanité à un type supérieur comme œuvre de la *volonté de puissance*, consécutive à la mort de Dieu » (Morfaux : 350). Selon Morfaux, dans son étude sur *Zarathoustra*, le Surhomme doit être

> [...] un individu doué de pouvoirs surhumains. [...]. Ultérieurement, Nietzsche conçoit le *surhomme* comme un type supérieur, quelque chose qui « par rapport à l'humanité tout entière constitue une espèce d'hommes surhumains » et qui formera « une caste dominante – celle des futurs maîtres de la terre ». [...] le surhomme est finalement « l'individu souverain, l'individu qui n'est semblable qu'à lui-même, l'individu affranchi de la moralité des mœurs [...], celui qui possède en lui-même la conscience fière et vibrante de ce qu'il a enfin atteint par là, de ce qui s'est incorporé en lui, une véritable conscience de liberté et de la puissance, enfin le sentiment d'être arrivé à la perfection de l'homme » (*Généalogie de la morale* ; Morfaux : 350).

D'après Deleuze, « Zarathoustra est cause de l'éternel retour, mais cause qui tarde à produire son effet. Prophète qui hésite à livrer son message, [...] qui doit être encouragé par ses animaux. Père du surhomme, mais père dont les produits sont mûrs avant qu'il soit mûr pour ses produits, lion qui manque encore d'une dernière métamorphose » (Deleuze, 1962 : 220-221). Deleuze montre que Zarathoustra constitue la raison pour laquelle l'éternel retour aura lieu (si l'on pense bien, il annonce de sa voix cet éternel retour), mais que ce retour arrive en retard. Zarathoustra est toutefois « père du surhomme », le « lion », donc celui qui détient le pouvoir sur le Surhomme et qui l'annonce et le dirigera ; mais, finalement il ne s'élèvera pas au niveau de celui-ci : « les produits sont mûrs avant qu'il soit mûr pour ses produits ». Le Surhomme est plus intelligent et « mûr » que Zarathoustra.

Le Surhomme représente ainsi l'apogée de l'éternel retour. Le but de Zarathoustra est d'enseigner la venue du Surhomme, implicitement l'éternel retour à ses amis. Zarathoustra est le révolté, mais un révolté tacite. Arrêtons-nous maintenant sur ses élèves et sur sa méthode d'enseignement :

> « Je vous enseigne le Surhomme. L'homme est quelque chose qui doit être surmonté. Qu'avez-vous fait pour le surmonter ?
> Tous les êtres jusqu'à présent ont créé quelque chose qui les dépasse, et vous voulez être le reflux de ce grand flot et retourner à la bête plutôt que de surmonter l'homme ? [...]
> Le Surhomme est le sens de la terre. Que votre volonté dise : que le Surhomme soit le sens de la terre.
> [...] Dieu est mort et avec lui sont morts ces blasphémateurs ! [...] » (AZ, 18-19).

Zarathoustra souhaite une évolution de l'humanité qui soit réalisable par la mort de Dieu (et son remplacement par le Surhomme) de même que par la mort et la renaissance de l'être, et de lui-même, donc la connaissance de l'éternel retour (dans « Le chemin du créateur » AZ, 76). C'est au seul Surhomme, à l'homme futur, que Zarathoustra s'intéresse (AZ, 327). Zarathoustra admire le fait que l'homme est une « transition » (entre animal et Surhomme ?) et un « déclin » (de soi-même). Il espère le voir dépasser sa condition. Il guérit aussi ses amis malades (en les recevant dans sa caverne), chante l'éternité, annonce la bonne nouvelle d'une voix oraculaire et prend le temps pour son sixième sens, pour ainsi dire :

> « [...] *Tous les dieux sont morts : nous voulons maintenant que le Surhomme vive* ! Que ceci soit un jour, au grand midi, notre suprême volonté ! » (AZ, 94)
> Le présent et le passé sur la terre ! – hélas ! mes amis, – voilà pour moi les choses les plus insupportables ; et je ne saurais point vivre si je n'étais pas un voyant de ce qui doit fatalement venir (AZ ,163).

Est-ce que l'homme est en concordance avec le temps, comme Zarathoustra le juge ? Le « Grand Midi » représente, d'après Zarathoustra, l'homme à la moitié du chemin entre bête et Surhomme.

Ainsi, « Zarathoustra, par rapport à l'éternel retour et au surhomme, a toujours une position inférieure » (Deleuze, 1962 : 220) : « Hélas, je me suis lassé de ces hommes supérieurs, je suis fatigué des meilleurs d'entre eux : j'ai le désir de monter de leur ''hauteur'', toujours plus haut, loin d'eux, vers le Surhomme » (AZ, 170). Ses disciples, des hommes supérieurs, ont eux-aussi, une position médiane, entre Surhomme et homme ordinaire, mais ils sont inférieurs à Zarathoustra. Cette échelle ascendante sera représentée ainsi : les hommes (*la populace*), les hommes supérieurs, Zarathoustra, le Surhomme. La conception nietzschéenne du Surhomme rejoint le mythe de l'éternel retour. Tout comme le phénix qui, dans la mythologie, renaît de ses cendres, l'homme nouveau doit se décomposer, se détruire, et ensuite se créer de nouveau comme être supérieur : « Il faut que tu veuilles te brûler dans ta propre flamme : comment voudrais-tu te renouveler sans t'être d'abord réduit en cendres ! » (AZ, 78). La destruction est la condition nécessaire pour la construction, pour la création d'un homme nouveau.

Après avoir présenté le renouvellement de l'histoire et de l'humanité, la condition de l'apparition du Surhomme, la mort de Dieu, et la position inférieure de Zarathoustra par rapport à l'éternel retour, contextes importants pour notre lecture de Cioran, interrogeons-nous maintenant sur le mythe de l'éternel retour, mythe dionysiaque et joie (joie « maligne » et joie pure – chez Nietzsche, et joie comme durée – chez Bergson), sur la révolte contre le mythe chrétien ou antichristianisme (chez Nietzsche et Bergson) et sur le Dieu-créateur chez Bergson. Pour cela, une définition du mythe s'impose.

2. Le mythe

Des exégètes reconnus dans le domaine du mythe tels Mircea Eliade, Claude Lévi-Strauss, Ernst Cassirer, Denis de Rougemont et Georges Gusdorf se sont accordés pour soutenir que les mythes, malgré l'écoulement du temps et les transformations subies d'une variante à l'autre, conservent leur substance ; selon Mircea Eliade « la fonction maîtresse du mythe est de révéler les modèles exemplaires de tous les rites et de toutes les activités humaines significatives : aussi bien l'alimentation ou le mariage, que le travail, l'éducation, l'art ou la sagesse » (Eliade, 1963 :18). Par le biais de cette « histoire fabuleuse, qui dit toujours vrai », on explique, dans un premier temps, les frustrations, les désirs, bref, les archétypes existant en nous ; dans un second temps, le recours au mythe nous aide à échapper aux contingences de la vie quotidienne. Le mythe nous garantit que ce qui « a été déjà fait » (Eliade, 1969 A : 15) ne peut être que répété, car les : « actes humains, [...] leur signification, leur valeur ne sont pas rattachées à leur donnée physique brute, mais à leur qualité de reproduction d'un acte primordial, de répétition d'un exemplaire mythique » (Eliade, 1969 A :15). Ayant recours à des syntagmes comme : « révélation primordiale » (Eliade, 1963 : 9), « le récit d'une création », « événement qui a eu lieu dans un temps primordial », lesquels ont trait à la dimension temporelle, Eliade insiste sur le mythe, comme « histoire vraie, modèle exemplaire que nous sommes censés imiter » (Eliade, 1963 : 16 -17).

Il prend ainsi pour exemple, à l'appui de sa thèse, le mythe de la création :

Le mythe cosmogonique est « vrai » parce que l'existence du Monde est là pour le prouver ; le mythe de l'origine de la mort est également « vrai » parce que la mortalité de l'homme le prouve, et ainsi de suite (Eliade, 1963 : 17).

Le parti pris d'Eliade, sans doute une lecture de Nietzsche, est l'éternel retour qui

reflète « les paradigmes de tout acte humain communicatif ». Tout est ramené au

recommencement, car « le mythe garantit à l'homme que ce qu'il se prépare à faire *a déjà été*

fait » (Eliade, 1963 : 173). Pour l'homme religieux, explique Eliade, le temps mythique est

séparé en « sacré et profane » (Eliade, 1969 B : 236). Nietzsche évoque « l'éternel retour » et

des personnages et des héros mythiques comme Cupidon, Dionysos, Ulysse et même Jésus

Christ. La définition d'Eliade est centrale chez Cioran, qui évoque « l'éternel retour » par la

figure biblique de Jésus Christ et qui amplifie le temps mythique par la présence des héros

mythiques comme Atlas, Noé, Adam et Ève. Cioran invoque la renaissance et la mort de soi-

même par le biais du mythe. Il voudrait un retour au passé, aux origines (au mythe d'Adam et

Ève), par le biais d'une régression, pour retrouver « le temps des origines », tandis que

Nietzsche conçoit, à l'inverse, une régression et une progression, en vue de parvenir à une

nouvelle vie. Ainsi, dans son essai « *L'arbre de l'humanité et la raison* » Nietzsche explique

la métamorphose de l'humanité en un arbre :

> […] il faut qu'un jour l'humanité devienne un arbre qui couvre tout le globe de son
> ombre, avec des milliards et des milliards de fleurs qui, l'une à côté de l'autre,
> donneront toutes des fruits, et il faut préparer la terre elle-même pour nourrir cet arbre
> (HH vol. 2, 260).

Cette image métaphorique de l'humanité comme « arbre qui couvre la terre avec ses fleurs »

montre le rôle important joué par la mythologie dans l'histoire. L'arbre mythique est destiné à

sauver l'humanité et implicitement l'histoire.

Il faudra conclure qu'il y a un lien entre mythe et histoire. Le mythe remplira donc une

fonction salvatrice chez Cioran, le mythe serait un « remède à l'histoire » (François Paré).

Pour Cioran, la vie est un épisode honteux tandis que la mort sera une victoire, une épreuve de courage. Cioran nous invite à parcourir et à découvrir le chemin d'Eliade : « la route menant au centre est une ''route difficile'' [...]. Le chemin est ardu, semé de périls, parce qu'il est, en fait, un rite de passage du profane au sacré ; de l'éphémère et de l'illusoire à la réalité et à l'éternité ; de la mort à la vie ; de l'homme à la divinité. L'accès au ''centre'' équivaut à une consécration, à une initiation [...] » (Eliade, 1969 A : 30).

L'éternel retour

Si le renouvellement de l'histoire suppose paradoxalement un éternel retour dont le Surhomme représente l'apogée, suivi par Zarathoustra, allons voir où il apparaît exactement dans *Zarathoustra*, en identifiant des passages remarquables et en fournissant leur signification.

L'éternel retour *du même* est l'idée fondamentale, le fil conducteur, le leitmotiv, « l'exophore mémorielle » (Herschberg : 20) de *Zarathoustra*. Le héros principal de Nietzsche essaie d'enseigner l'éternel retour aux hommes supérieurs et à ses animaux. Tout comme plus tard chez Mircea Eliade, Zarathoustra pense à une cyclicité, à une répétition des choses et par conséquent, il ressemble au mythique Sisyphe. Mais la philosophie de Nietzsche ne s'arrête pas là, car elle envisage une disparition de toute l'humanité, la mort de Dieu et un monde nouveau sans Lui.

L'éternel retour apparaît, d'abord, dans le « Prologue de Zarathoustra », car Zarathoustra voulait « descendre dans les profondeurs » (AZ, 15) pour « [...] donner et distribuer, jusqu'à ce que les sages parmi les hommes redeviennent heureux de leur folie, et les pauvres, heureux de leur richesse ». Dans ce contexte où Nietzsche parle de la destruction et de la décomposition de Zarathoustra, il s'agit d'un éternel retour comme « pensée éthique et sélective » (Deleuze, 1962 : 77). Dans le chapitre « Le convalescent » les animaux de Zarathoustra parlent du cycle de la vie, un cycle vie-mort continu :

> Tout va, tout revient, la roue de l'existence tourne éternellement. Tout meurt, tout refleurit, le cycle de l'existence se poursuit éternellement. Tout se brise, tout est à nouveau assemblé ; éternellement se bâtit le même édifice de l'être. Tout se sépare, tout se salue de nouveau ; l'anneau de l'existence demeure éternellement fidèle à lui-même. À chaque instant commence l'existence ; autour de chaque « ici », gravite la sphère « là-bas ». Le milieu est partout. Tortueux est le sentier de l'éternité (AZ, 251-252).

La vie est ainsi, métaphoriquement, une « roue de l'existence » qui se répète infiniment. Tout est composé et décomposé à chaque instant, mais l'être humain reste « fidèle à lui-même ». La métaphore « l'édifice de l'être » montre la complexité de l'être humain, comparé à une maison, à un bâtiment. L'existence est déterminée par une correspondance « ici » et « là-bas » et le temps est alors un espace. La circularité de l'existence résulte en des métaphores : « anneau de l'existence », « la roue de l'existence ». L'éternité est donc partout ; ne s'identifie-t-elle pas à l'instant ? Cette fois-ci, comme il s'agit de la planète entière (fait montré par le pronom indéfini « tout »), on peut parler d'un éternel retour « comme doctrine cosmogonique et physique », montré par Deleuze (Deleuze, 1962 : 53), où apparaît cette idée de la décomposition et de la recomposition : « tout se brise, tout est à nouveau assemblé ». Malgré ce mouvement, « l'anneau de l'existence », représenté par l'homme, reste pareil à lui-même. Fink explique, à cet égard, l'infinité du temps :

> […]. Tout ce qui va et vient, meurt et refleurit, se brise et s'assemble à nouveau, ce « tout » est pensé comme *fini* […]. L'intra-temporel est fini, mais le temps *dans lequel* les choses se meuvent ne l'est pas. Et c'est pour cette raison qu'il faut, lorsque les choses sont parcourues, que la course recommence, il faut qu'elle se répète, comme nécessairement elle s'est répétée déjà infiniment et se répétera encore un nombre infini de fois (Fink : 123).

Il n'y a plus de continuité sur la longueur du temps ; mais là où l'homme existe, sa durée et son temps existent aussi : « les choses qui ont une durée sont dans la dimension du temps ». Ainsi, le Temps universel est limité, annihilé, le temps est brisé, tandis que le Temps humain, personnel/ subjectif existera toujours. On peut conclure de cette image qu'il y a quand même une relation entre les hommes, donc entre les divers temps personnels, il ne s'agit pas d'une coupure totale « intra-temporelle ».

Fink explique ensuite que, chez Nietzsche, il n'y a pas de différence entre éternité et temps :

> Il essaie de concevoir l'éternité et le temps dans une même idée, de donner au temps des traits d'éternité : l'unicité n'est qu'apparence. Ce qui a l'air d'un événement unique est déjà répétition infinie, et ce qui semble aller dans une seule direction n'est que mouvement circulaire. Ce qui pour le regard superficiel apparaît séparé, justement les différences du présent, du passé et du futur, de l'ici et du là, cela est Un pour le regard profond de Zarathoustra : « Le centre est partout » (Fink : 124).

Donc, pour Zarathoustra, il n'y a pas de différence entre le passé, le présent et le futur : « Le milieu est partout », le temps est omniprésent et éternel et il fait une unité avec l'éternité.

Pour Nietzsche, explique encore Yves Ledure dans *Nietzsche et la religion de l'incroyance*, l'homme est toujours en transformation, jamais un tout, il se constitue à/avec chaque instant tout différent d'autrui :

> [...] l'être n'est pas, il est à devenir, dans une incessante sélection qui fait de l'Éternel Retour du même, l'avènement du différent comme critère hiérarchique des êtres. L'homme n'est pas une essence mais une tentative dont les jeux ne sont pas faits d'avance ; et la philosophie qu'élabore Nietzsche en est la tentation, l'appât qui oblige l'homme à sortir de son repaire, à s'arracher les masques les uns après les autres (Ledure : 143).

Deleuze ajoute que l'éternel retour pour Nietzsche est l'« être du devenir ». C'est donc l'être + l'être + l'être multiplié à l'infini, une multiplicité d'êtres échelonnés dans le futur. En ce sens, Deleuze oppose *l'éternel retour* à *l'identité* :

102

L'éternel retour n'est pas la permanence du même, l'état de l'équilibre ni la demeure de l'identique. Dans l'éternel retour, ce n'est pas le même ou l'un qui reviennent, mais le retour est lui-même l'un qui se dit seulement du divers et de ce qui diffère (Deleuze, 1962 : 53).

L'expression *éternel retour*, remarque Deleuze, n'est pas exactement le *retour du même* ; on doit ainsi comprendre que « Ce n'est pas l'être qui revient, mais le revenir lui-même constitue l'être en tant qu'il s'affirme du devenir et de ce qui passe » (Deleuze, 1962 : 55). Le critique explique, en ce sens, les éléments de l'éternel retour :

Cet état final, on le pose comme identique à l'état initial ; et, dans cette mesure, on conclut que le processus mécanique repasse par les mêmes différences. Ainsi se forme l'hypothèse cyclique, tant critiquée par Nietzsche (1). [...] Il y a deux choses dont l'hypothèse cyclique est incapable de rendre compte : la diversité des cycles coexistants et surtout l'existence du divers dans le cycle (2). C'est pourquoi nous ne pouvons comprendre l'éternel retour lui-même que comme l'expression d'un principe qui est la raison du divers et de sa reproduction, de la différence et de sa répétition (Deleuze, 1962 : 55).

L'éternel retour devient, remarquons le, une répétition de la diversité. Mais comment cette diversité est-elle mise en évidence ? Le narrateur recourt-il à d'autres éléments pour représenter l'éternel retour dans *Zarathoustra* ?

À sa façon, Nietzsche a rendu visible le retour du même dans cette idée de *répétition* et de *circularité du temps*. Ces deux caractéristiques circulaires sont sous-entendues par le langage rhétorico-amical chez Zarathoustra et des images visuelles créées : « [...] la vipère s'enroula autour de son cou [de Zarathoustra] et elle lécha sa blessure » (AZ, 82) ; Zarathoustra reçoit comme cadeau « [...] un bâton dont la poignée en or était un serpent s'enroulant autour du soleil [...] » (AZ, 89).

Ainsi, on a remarqué chez Nietzsche une circularité du temps métaphorique et d'un éternel retour *du même*. Une autre circularité, *aphoristique* (dans HH, vol. 1 et 2), serait tout aussi riche en connotations, mais on va s'y attarder plus tard. Yves Ledure explique la différence entre l'éternel retour et le retour cyclique des choses :

> Mais la pensée de l'Éternel Retour ne doit pas se confondre avec le retour cyclique de toutes choses. Nietzsche refuse, dépasse l'antique pensée de la circularité, le *circulosus viciosus deus*. [...]. Car l'Éternel Retour n'est pas la figure pessimiste de la vie fatiguée qui se répète, qui ne renouvelle plus rien. Au contraire, le mythe nietzschéen met en œuvre la Volonté de Puissance qui active la vie comme désir d'éternité. L'Éternel Retour exprime une volonté, il dit la volonté de la vie de renouveler tout ce qui se répète par nécessité (Ledure : 207).

L'éternel retour est synonyme de la « Volonté de Puissance », avec la vie active ; il s'agit ainsi toujours d'un changement qui doit avoir lieu une fois avec le retour des choses, grâce à notre volonté ; l'éternel retour est un renouvellement de l'homme et des choses dans la vie, il est une répétition active, essentielle et différenciatrice.

En effet, ce sont les animaux de Zarathoustra qui se rendent compte de la voix prévoyante et oraculaire de leur maître et par la suite, ils l'appellent *prophète de l'éternel retour* (AZ, 254-255). Zarathoustra est un prophète imparfait, car il hésite à enseigner son message, il connaît le vertige et la tentation du négatif et il doit être encouragé par ses animaux. Tout comme le montre l'étymologie de son nom, Zarathoustra est le double de Zoroastre, maître de la « parole pure » et de « l'action pure ».

Zarathoustra enseigne aussi la « grande année », comme l'explique Fink : « [...] La course de toutes les choses dans le temps est appelée *la grande année*. Dans la répétition de la grande année le pareil revient, il se produit le retour du pareil. [...] » (Fink : 127). Fink indique en fait que cette répétition continue mène jusqu'à une annulation de la répétition. Si l'on pense bien, c'est tout à fait juste, car la répétition de la répétition conduit à des éléments nouveaux et finalement il y a une répétition à l'origine, mais qui crée un produit inédit, soit, a + a + a + a...n fois = b).

Zarathoustra explique aussi que le moment de changement de l'homme est arrivé, fait montré par le leitmotiv du volume : « ''Il est temps, il est grand temps'' ! » (AZ, 153). Et plus loin, « Pourquoi donc le fantôme a-t-il crié : ''il est temps, il est grand temps'' ! De quoi peut-il être grand temps ? » (AZ, 156). Ce « grand temps » c'est l'annonce du renouvellement de l'homme.

Valadier explique à sa façon l'éternel retour : « Le dire oui à l'éternel retour est en effet présenté comme ce qui seul peut arracher à la vengeance, donc délivrer du temps considéré comme chaîne ou fatalité écrasante [...] » (Valadier, 1979 : 200). Ainsi, on peut dire que l'éternel retour devient un empêchement, un poisson qui saute au lieu d'avoir mangé l'appât, alors qu'il se confond avec un bateau de sauvetage sur la rivière de la mort.

Gaudin, dans son livre *La religion de Nietzsche*, montre comment on doit interpréter le cycle nietzschéen :

> [...]. Mais une première difficulté surgit : d'un côté Nietzsche replonge l'homme dans le tout, de l'autre, il lui arrive de mettre en garde contre l'idée même du Tout qu'on aurait tôt fait de rebaptiser Dieu. En effet s'il n'y a pas d'au-delà du monde pour Nietzsche, rien ne nous permet pour autant de faire le tour de ce monde, d'en faire le compte et d'en rendre compte. C'est en ce sens qu'il faut interpréter l'éternel retour selon lui : il signifie bien qu'il n'y a pas d'ailleurs, mais il n'est pas pour autant un inlassable retour au même. Il réintroduit l'infini dans cet endroit sans envers qu'est notre monde (Gaudin : 123).

Gaudin met ainsi le doigt sur la plaie et montre la petitesse de l'homme, sa fragmentation, sa décomposition et son appartenance à un monde où il représente : une petite partie, « morceau de monde et non un monde dans un monde », « fragment de la nécessité », une naissance accidentelle : « éclat du destin », le désordre qu'il est dans le monde : « un chaos dans le chaos enfantant de temps en temps », la laideur physique : « un monstre ou une étoile qui danse. On verra, en fait, plus tard, que Cioran ne croit pas en l'éternel retour, mais il croit en l'instant ; finalement, il croit en un éternel retour nietzschéen, pourrait-on dire.

D'après Fink, chez Nietzsche, « La totalité du monde est envisagée comme totalité du temps, comme éternité du temps, comme éternité de l'action temporelle du monde » [...] (Fink : 115). Le temps, c'est le monde dès commencements jusqu'à nos jours : le passé, le présent et le futur. On se rend compte que si l'homme est un « fragment du monde », il est ainsi un fragment de la « totalité du temps ».

L'homme est ainsi un fragment qui retourne à son point de départ. Il est certain, comme nous le verrons, que chez Cioran la même idée nietzschéenne de fragmentation de l'homme et l'idée que l'homme occupe une durée (dans le temps) s'imposent comme un leitmotiv dans ses aphorismes. L'homme s'identifie ainsi à l'instant et n'occupe qu'« un point » dans l'espace (IE, 1395).

Nous avons vu jusqu'à maintenant certaines définitions de l'histoire et du mythe, passons maintenant à la troisième catégorie temporelle, l'existentielle, et essayons de donner quelques définitions qui nous seront utiles dans notre lecture de Cioran.

3. La vie

Selon Élie Blanc, l'existence va de pair avec l'actualité :

C'est ce par quoi l'essence est actuelle ; c'est le mode propre à l'être réel ou l'actualité de l'être. L'existence s'oppose à la simple possibilité : une foule de choses sont possibles sans être existantes. Elle se distingue aussi, au moins de quelque manière, de l'essence réelle dont elle est l'actualité (Blanc : 501).

D'après le dictionnaire Marabout, la vie « peut se définir comme la possibilité qu'a un organisme d'assimiler, de se structurer, de se reproduire, de se cicatriser, d'éliminer et d'être le principe de son propre mouvement » (Dumont et Vandooren : 714). Donc, la vie humaine représente la capacité de mémoriser (« assimiler »), ordonner (« structurer »), « se reproduire », de se guérir et de reprendre les choses (« de se cicatriser »), de se déplacer.

La vie est aussi « l'intervalle de temps qui sépare la naissance de la mort » ; elle « désigne, en rapport avec la croyance à l'immortalité de l'âme, son existence après la mort du corps ; ex. la vie future, la vie éternelle » (Morfaux : 384). Chez Nietzsche, la vie est synonyme de volonté de puissance où le temps représente l'obstacle primordial : « Que le temps ne recule pas, c'est là sa colère ; ''ce qui fut '', – ainsi s'appelle la pierre que la volonté ne peut soulever » (AZ, 164) ; toutefois, elle représente également la joie. C'est d'ailleurs chez Nietzsche que nous trouverons certains éléments de définition, utiles pour la lecture de Cioran.

a. *Composition, dévalorisation et circularité de la vie chez Nietzsche*

Analysons d'abord la composition, la dévalorisation et la circularité de la vie, pour ensuite considérer la volonté de puissance et la liberté dans deux ouvrages de Nietzsche : *Humain, trop Humain* et *Ainsi parlait Zarathoustra.*

Pour Nietzsche, la vie est une « symphonie » dont le message est rarement compris par

107

les hommes (HH vol.1, 312). La vie est composée ainsi de moments dissipés/fragmentés (de « rares instants isolés ») et d'espaces ; elle reste inconnue pour la plupart des hommes, car ils ne savent pas la déchiffrer. La nature qui nous entoure (la mer, les montagnes), le temps circulaire (le printemps), la musique et l'amour constituent cette symphonie qui transmet elle aussi, une seule fois, le message ; ce message « chargé de sens » ne peut être déchiffré par le récepteur, car il y a un brouillage, une coupure entre l'émetteur et lui. Que ce soit à cause du code (le message en soi) ou à cause du canal (le moyen de communication), le message ne passe malheureusement pas, car, nous dit Nietzsche « beaucoup de gens ne connaissent absolument aucun de ces moments » (HH vol.1, 312). Ainsi, au lieu de se transformer en note musicale, l'homme reste un silence (il nie les choses ou simplement ne s'implique pas), il ne s'affirme pas, il reste spectateur sans jamais être acteur, et donc son être passif reste en opposition avec la vie. D'après Nietzsche, l'homme se contente d'exister, mais il *ne vit pas*, ce que montrent son silence et sa passivité. *La vie* est donc différente de l'*existence*. Il n'est pas suffisant pour Nietzsche d'*être*, il faut aussi s'affirmer, faire partie de la « symphonie » de la vie. Cette conception sera tout à fait différente de la conception cioranienne, où il sera plus important d'être, et non de s'affirmer : « Nous sommes nés pour exister, non pour connaître ; pour être, non pour nous affirmer (HU, 1008) ».

Nietzsche explique d'ailleurs que la vie est *sans valeur*, comme le montre le champ thématique négatif des métaphores dans la citation suivante de « *L'homme, comédien de l'univers.*» la montre : « cette goutte de *vie* est sans importance dans le caractère général de l'immense *océan du devenir et du périr* » (HH vol. 2, 183), et la voix de Zarathoustra explique sa *vanité* : « ''À quoi bon vivre ? tout est vain ! Vivre – c'est battre de la paille ; vivre c'est se consumer sans se réchauffer '' » (AZ, 235). La vie est ainsi comme une goutte de pluie, elle a une source (le ciel) et une fin ; toutefois, cette pluie revient toujours, selon le cycle de la nature. La métaphore « l'océan du devenir et du périr » signifie le monde dès son commencement. En fin de compte, la vie n'aura aucune valeur : « À quoi bon vivre ? ». On verra plus tard que ces idées seront reprises et complétées par Cioran, pour qui la vie aussi n'aura pas de valeur : « […] la vie n'a pas de sens, elle *ne peut* en avoir » (PD, 676).

En outre, la voix prophétique de Zarathoustra explique que « ''La vie n'est que souffrance'' » et il nous ordonne même de « cesser la vie » ; « ''Tu dois te tuer toi-même ! Tu dois t'échapper toi-même !'' » (AZ, 57). Pourtant, Zarathoustra prévoit une réhabilitation de la vie, voit un changement possible, car la vie est humanisée et elle veut se dépasser elle-même (AZ, 119). La vie devient ainsi une course d'alpinisme au cours de laquelle chacun doit escalader sa montagne ; avec l'altitude, on voit un paysage de plus en plus beau.

Tout comme Cioran, Nietzsche nous invite alors à nous résigner ou à *vivre à son gré*, et il encourage le suicide. Les conseils empruntés à Simonide sont ainsi de prendre la vie comme « un jeu » par le biais de l'art (HH vol.1, 137). Par le biais du jeu, du théâtre, Simonide propose ainsi un état euphorique de l'être qui lui fait oublier la souffrance et la misère quotidienne. Ainsi, l'art, par le biais du théâtre a le pouvoir de nous relever de l'état de misère et de nous rendre heureux.

Pour Nietzsche, la mort se présente de deux manières : d'une part, elle est « involontaire (naturelle) », « le suicide de la nature », « la mort proprement absurde », elle arrive par hasard. « En dehors de la pensée religieuse [elle] ne mérite aucunement d'être glorifiée ». D'autre part, la mort est « volontaire (raisonnable) » (HH vol. 2, 258), donc le suicide humain, artificiel. On comprend que la mort « volontaire (raisonnable) » doit être glorifiée, et que le suicide doit être vu comme une apogée de la vie. Nietzsche prêche-t-il la mort ? Oui, certainement. Cette distinction m'aidera à éclaircir la mort chez Cioran, qui parle de deux morts « involontaire » et « volontaire » et qui n'encourage que l'exercice du suicide par l'écriture : « Le suicide en lui-même est un acte extraordinaire. [...] La pensée du suicide est une pensée qui aide à vivre. Je ne suis pas pour le suicide, je suis uniquement pour l'utilité de cette idée » (*Entretiens*, 94-95). Les aphorismes cioraniens parlent des deux morts ; mais la deuxième (la mort « volontaire ») est vue comme une victoire de l'être sur la vie, montrant son pouvoir de libération.

Malgré son approche négativiste, Nietzsche explique qu'il faut avoir des buts précis pour réussir : « Quand on n'a pas de lignes nettes et paisibles à l'horizon de sa vie, comme en ont montagnes et forêts, la volonté de l'homme se fait inquiète au plus profond d'elle-même, distraite et avide comme une âme de citadin : il n'a ni ne donne le bonheur » (HH vol.1, 217). Or nous verrons que si Nietzsche explique qu'il y a un but dans la vie, Cioran ne le verra pas ; pour lui, la vie restera pure souffrance sans espérance.

Yves Ledure explique dans *Nietzsche et la religion de l'incroyance* l'athéisme du philosophe allemand :

> La libération accomplie par Jésus annonce l'athéisme nietzschéen [...]. Mais cet athéisme n'est pas refus du divin, bien au contraire. En proclamant que Dieu est une réalité intérieure à l'homme et non une personne distincte, Nietzsche dévoile la dimension divine de la vie, il enseigne comment on doit vivre divinisé (Ledure : 176-177).

Nietzsche établit une relation serrée entre Dieu et la vie : il donne au divin une dimension humaine et à la vie une dimension divine. Dieu n'a pas de statut personnel, il fait partie de l'homme et signifie une « puissance de création en l'homme » (Ledure : 177). Ainsi prend naissance la dimension divine de l'humanité. C'est pourquoi Zarathoustra est l'homme de tous les temps : « Je suis d'aujourd'hui et de jadis, dit-il alors ; mais il y a quelques chose en moi

110

qui est de demain, et d'après-demain, et de devenir » (AZ, 151). Il transgresse ainsi le passé et le futur, certainement par le biais de la métempsychose. Si la vie n'est que souffrance, consommation (« perte d'énergie », « montagne à surmonter ») et que Dieu représente sa dimension divine (Ledure : 177), le modèle de vie, le Surhomme, proposé par Nietzsche et les possibilités d'existence chez Bergson mettent l'accent sur la volonté de puissance et sur la liberté.

b. *Vie et possibilités d'existence chez Bergson et Nietzsche*

Dans *L'évolution créatrice*, Bergson présente l'homme comme le cœur de l'expression vitale : « En réalité, un être vivant est un centre d'action. Il représente une certaine somme de contingence s'introduisant dans le monde, c'est-à-dire une certaine quantité d'action possible, – quantité variable avec les individus et surtout avec les espèces » (EC, 262). Il ajoute que « [...] chaque espèce se comporte comme si le mouvement général de la vie s'arrêtait à elle au lieu de la traverser. Elle ne pense qu'à elle, elle ne vit que pour elle. De là les luttes sans nombre dont la nature est le théâtre » (EC, 255). C'est cette impulsion du vital qui permettra à Cioran de mettre l'accent sur l'instant.

Zarathoustra, par contre, enseigne à vivre pour les autres ; il explique à ses disciples qu'ils ne représentent que « des ponts », des « avant-coureurs », ou des « degrés » (AZ, 322). Le devin, par exemple, est homme de passage « qui chemine entre le passé et l'avenir » (AZ, 263). Zarathoustra conseille à ses amis de se résigner, de renoncer à tous les combats : « Laissez donc le monde être le monde ! Ne remuez pas le petit doigt contre lui ! » (AZ, 237). Si Bergson caractérise l'être comme un « centre d'action » et une « quantité d'action possible », en critiquant sa position au centre du monde, Nietzsche lui, enseigne la résignation, le renoncement à la vengeance, une attitude stoïque, pessimiste, bouddhiste, car l'homme ne pourra pas changer le monde, et par son silence l'autre va renoncer ainsi au monde (position reprise par Cioran, on le verra plus tard).

La vie dans son ensemble, explique Bergson dans le même volume, est envisagée comme « [...] une évolution créatrice [...] : elle transcende la finalité, si l'on entend par finalité la réalisation d'une idée conçue ou concevable par avance » (EC, 224-225). La vie est donc transformation et progression. L'existence apparaît au philosophe comme « une conquête sur le néant. [...] » (EC, 276). Par conséquent, la vie lutte contre le néant, et de cette lutte l'humanité sort victorieuse. L'homme s'empare de la dualité : de l'affirmation (être) et de la négation (ne pas être). Il atteste que l'existence est venue après le néant et qu'elle est par-là une victoire sur lui. Bergson établit ensuite une distinction cruciale entre *durée* « pure » et *durée* comme « espace » :

> Il y a en effet, [...] deux conceptions possibles de la durée, l'une pure de tout mélange, l'autre où intervient subrepticement l'idée d'espace. La durée toute pure est la forme que prend la succession de nos états de conscience quand notre moi se laisse vivre, quand il s'abstient d'établir une séparation entre l'état présent et les états antérieurs (DI, 74-75).

La durée pure est ainsi la forme que prennent nos idées en mélangeant le passé avec le présent, celle qui coïncide avec l'instant, tandis que la durée-espace, c'est le temps. Cette forme, la durée pure, continue Bergson, « est indépendante du temps » (EC, 318).

Toutefois, dans *Matière et mémoire*, Bergson évoque la possibilité d'existence dans « l'immédiat » :

> [...]. Il faut donc que l'état psychologique que j'appelle « mon présent » soit tout à la fois une perception du passé immédiat et une détermination de l'avenir immédiat. [...] mon présent consiste dans un système combiné de sensations et de mouvements. Mon présent est, par essence, sensori-moteur (MM, 152-153).

Le présent est ainsi difficile à saisir : il occupe une courte durée comprise entre le passé et l'avenir. Comme cette durée occupe à la fois (le présent) et un espace, on en déduit que le temps *est* espace. L'instant ressemble alors à une goutte d'eau qui coule dans un verre : « Le temps déjà écoulé est le passé, et nous appelons présent l'instant où il s'écoule » (MM, 152-153). Cette instantanéité du présent perçue dans sa durée encouragera Cioran à penser son écriture en termes d'instants aphoristiques à la fois présents et passés.

Nous chercherons dans notre lecture de Cioran à identifier le moment temporel où on saisit l'instant. Cette saisie de l'instant sera inscrite dans le geste d'écrire.

Une fois frappé par la conscience de la durée pure, le passé se décompose, explique Bergson dans *L'évolution créatrice* :

> Plus nous prenons conscience de notre progrès dans la pure durée, plus nous sentons les diverses parties de notre être entier les unes dans les autres et notre personnalité toute entière se concentrer en un point, ou mieux en une pointe, qui s'insère dans l'avenir en l'entamant sans cesse. En cela consistent la vie et l'action libres. Laissons-nous aller, au contraire ; au lieu d'agir, rêvons. Du même coup notre moi s'éparpille ; notre passé, qui jusque-là se ramassait sur lui-même dans l'impulsion indivisible qu'il nous communiquait, se décompose en mille et mille souvenirs qui s'extériorisent les uns par rapport aux autres. [...]. Notre personnalité redescend ainsi dans la direction de l'espace. Elle le côtoie sans cesse, d'ailleurs, dans la sensation. [...] (EC, 202-203).

D'après Bergson, deux possibilités existentielles s'imposent : d'une part la vie et l'action qui voient l'être comme un tout et qui a son correspondant dans l'avenir et, d'autre part, le rêve qui décompose l'être en souvenirs et le rapproche de l'espace. Ce passage de Bergson est crucial pour la lecture de la fragmentation du temps chez Cioran, pour l'analyse minutieuse de l'instant et de la relation temps/espace chez Cioran (« *V*ivre, c'est perdre du terrain » IE, 1330). On observe donc une certaine scission du moi :

> *J*e ferme les rideaux, et j'attends. En fait je n'attends rien, je me rends seulement *absent*. Nettoyé, ne serait-ce que pour quelques

minutes, des impuretés qui ternissent et encombrent l'esprit, j'accède à une conscience d'où le moi est évacué et je suis aussi apaisé que si je reposais en dehors de l'univers (IE, 1334).

Bergson explique ensuite l'existence de deux présents : 1) le présent général : « ce qui m'intéresse, ce qui vit pour moi, et, pour tout dire, ce qui me provoque à l'action, au lieu que mon passé est essentiellement impuissant » (MM, 152) et 2) le présent idéal, qui est « la limite indivisible qui séparerait le passé de l'avenir […] celui-là occupe nécessairement une durée » (MM, 152). On observe ainsi que le présent est la forme temporelle le plus importante pour l'être humain, le temps qui le pousse à agir, et le passé est impuissant de ce point de vue. Le passé est un temps mort et il ne peut plus nous pousser à l'action. C'est dans le présent qu'on peut agir tandis que le passé agit plutôt sur nous ; l'homme est sujet du présent et objet du passé. Celui-ci peut déterminer, conditionner le présent (MM, 164-165). Impuissant, le passé est ainsi comme une ombre qui nous suit, qui est là, un présent tout en ombre, mais qui n'influence pas nos décisions. Cette ombre est lascive ; elle conditionne le présent, mais ne le détermine pas.

c. *Le moi et la liberté*

Arrêtons-nous maintenant sur l'existence de l'homme (son *moi*, sa liberté, sa pensée) et le rapport existence-temporalité chez Bergson. En effet, Bergson introduit dans l'analyse du temps la notion de subjectivité (DI, 173-174). Dans ce passage remarquable, Bergson explique la présence de deux *moi* différents : un *moi* de surface et un *moi* de profondeur. Notre liberté se manifeste par un *ressaisissement*, mais elle est rarement manifestée directement. Grâce à notre incapacité de voir au-delà des apparences (le « fantôme décoloré ») de notre moi et non l'essence (le vrai *moi*), notre existence se déroule plutôt *dans l'espace* que *dans le temps* ; nous vivons pour le monde extérieur, pour *autrui* plus que pour nous, nous parlons plutôt que nous ne pensons, nous « *sommes agis* » par autrui, nous n'avons pas de liberté. Ainsi, pour Bergson nous ne sommes libres que rarement, car nous vivons dans l'*espace* ; pour être libres, il nous faudrait vivre *dans le temps*. Il faut préciser que le *moi* n'est pas un moi-même, que ce *moi* (1) représente l'action, la pensée d'autrui, le *déterminisme* qui, avec *moi* (2), font ensemble un *tout* (3), un *moi* situé dans l'*espace*. Pour Bergson, le temps et l'espace sont tant « en dedans qu'en dehors de nous ». Si le temps est « en dedans de nous », il n'existe pas, il est incorporé au *je* ; si le temps est « au dehors de nous », il y a donc une séparation entre l'être subjectif et le temps. Nous vivons « dans l'espace », et « en dehors du temps » car nous ne sommes pas conscients de nous-mêmes. Ainsi, d'après Bergson, il n'y pas de liberté, car chacun est déterminé et les moments de liberté sont rares, ces moments ne surviennent que « quand nous nous ressaisissons nous-mêmes ». Cette distinction entre l'être agissant et l'être agi, entre espace et temps, doit être au centre de la lecture de l'aphorisme chez Cioran, nous le verrons.

Dans *Essai sur les données immédiates de la conscience*, Bergson ajoute d'autres éléments de définition sur la question de la liberté et le déterminisme (DI, 165). Il est clair alors que la liberté découle de la relation entre « le moi et l'acte accompli » ; on dirait un rapport directement proportionnel, de coïncidence parfaite, entre le but et la fin, qui implique l'implication *seule* du *moi*. En définitive, on se rend compte que l'action a été faite suite à une nécessité, donc qu'on a été déterminé. La liberté semble être identique à un acte de création, elle est création individuelle/personnelle. Bergson démontre en fait qu'il n'y a pas de liberté pure et que l'homme est toujours déterminé. Ce déterminisme intéresse également Cioran, car pour lui, tout comme pour Bergson, il n'y a pas de liberté au sens propre. Bergson explique, dans *Matière et mémoire*, que l'acte libre « peut s'appeler une synthèse de sentiments et d'idées, et l'évolution qui y conduit une évolution raisonnable » (MM, 207). Il sera intéressant de voir dans notre lecture de Cioran si les idées et les sentiments deviennent des actes libres ou s'ils sont déterminés et s'ils évoluent selon le contexte.

Dans son étude de l'œuvre de Bergson, Fréderic Worms énonce que la liberté comporte des degrés. La liberté

> admet des degrés psychologiques, et selon la manière dont un acte a mobilisé toute ma personne, il sera dit plus ou moins libre : de l'automatisme à la décision la plus grave prise à un moment donné par un individu unique, il y a tous les degrés. Elle admet des degrés métaphysiques et définit même les degrés de l'être, de la matière à l'esprit (Worms, 2000 :40).

L'acte libre peut aussi devenir automatisme par le biais de la répétition. L'échelle des degrés des actes libres a comme base des décisions moins graves (« les automatismes ») et remonte jusqu'aux décisions les plus graves.

En conclusion, la liberté est un état d'âme personnel qui n'est pas déterminé par qui/quoi que ce soit, donc indéterminé (qui dépend seulement du *moi/ je*) et volontaire (qui suppose la volonté totale, 100% du « moi »). Si, par contre, cet état est le résultat de la réaction partielle du « moi », cela devient détermination. Passons maintenant à un processus cognitif supérieur de l'être humain analysé par Bergson : la mémoire, processus à l'aide duquel le passé survit, est rendu visible dans les aphorismes cioraniens.

d. *La mémoire et le souvenir*

Bergson identifie deux sortes de mémoires : « une *mémoire régressive,* [ou] *mémoire spontanée* qui date les événements et ne les enregistre qu'une fois » (MM, 89) et l'autre, « celle que les psychologues étudient d'ordinaire, est l*'habitude éclairée par la mémoire* plutôt que la

116

mémoire même » (MM, 89). La première est considérée « la mémoire par excellence »,
« mémoire vraie », tandis que la deuxième est considérée « mémoire *répétitive* » (MM, 89).

Ce qui m'intéresse précisément dans cette étude du rôle différent de la mémoire chez
Cioran, c'est la mémoire « *régressive, spontanée* », qui, pour Bergson, « aboutit à
l'enregistrement du passé sous forme d'habitudes motrices, la conscience, comme nous
verrons, retient l'image des situations par lesquelles elle a passé tour à tour, et les aligne dans
l'ordre où elles se sont succédé » (MM, 89-90). Il faudra voir, chez Cioran, dans quelle mesure
ces images sont alignées dans l'ordre chronologique de leur apparition.

La fonction de cette mémoire « vraie » chez Bergson (MM, 168) a pour but
d'assembler et de ranger les unes par rapport aux autres nos actions et états, et de les ordonner
en fonction de leur apparition en assignant à chaque fait une date et un lieu dans le passé.
L'ordre de ces images du passé ne pourra jamais être renversé, car il est impossible d'intervenir
dans le passé et de le changer. Sur une ligne qui commence de (-) infini (l'événement le plus
éloigné) au (+) infini (au plus proche), le passé (les images du passé) est rangé en ordre
croissant. Mais la mémoire laisse derrière elle, dans le passé, les événements sous forme de
souvenirs.

Bergson distingue par la suite le souvenir de l'image en disant qu'un souvenir vit dans
une image mais une image ne vit pas dans un souvenir (MM, 150). L'image est donc formée
de plusieurs souvenirs et le souvenir devient ainsi l'unité minimale de l'image. Ensuite,
d'après Bergson, ce n'est pas le passé (l'image du passé) qui surgit seul au présent, c'est plutôt
l'être qui retourne dans le passé la chercher et l'amener au présent. La mémoire est, d'après
Bergson, « la survivance des images passées » (MM, 68). Il montre d'ailleurs le lien entre les
deux mémoires qui s'unissent et forment un seul ensemble (MM, 168).

117

La mémoire, explique Worms, est « la conservation et la reproduction du passé dans le présent (Worms, 2000 : 43). C'est ainsi par le biais de la « mémoire régressive », « spontanée », chez Bergson (MM, 89) que la fuite du temps présent et le retour aux temps des origines, au temps mythique chez Cioran peut s'expliquer. Pour Cioran, il s'agira plutôt d'une régression dans le passé (dans le ventre maternel ou avant la naissance) là où se cache le Paradis. Chez Cioran, contrairement à Bergson, c'est le je-personnage qui retourne dans le passé chercher les images, mais il ne les ramène pas dans le présent comme le suppose la théorie bergsonienne.

À l'égard de l'intensité du souvenir pur, la question qui se pose est de savoir si « le souvenir d'une grande douleur [...] n'est qu'une douleur faible » (MM, 151). Bergson explique d'ailleurs que le souvenir d'une « grande douleur » n'est au présent qu'une « douleur faible » ; « inversement, une douleur intense que j'éprouve, finira, en diminuant, par une grande douleur remémorée » (MM, 151). Le temps serait-il en quelque sorte guérisseur ? Il faut le croire, car les souvenirs qui lui reviennent dans la mémoire n'ont plus la même intensité qu'ils avaient autrefois. Les images sont présentées de manière effacée et l'émotion ressentie autrefois pour chaque événement ne garde qu'une partie dans le moment présent. L'impact d'une situation, d'un événement est au maximum au moment de l'apparition ; après cela, ne restent qu'un souvenir et une faible émotion ; et tout cela se manifeste à cause du temps qui passe et qui ne laisse que des traces, et non les événements dans leur totalité. On peut parler d'une décomposition de l'être à travers le temps.

En conclusion, on observe que, chez Bergson, il y deux mémoires : « régressive » et « répétitive », et que la fonction de la mémoire est d'assembler les images et de les ranger dans un ordre chronologique. Une image est composée de plusieurs souvenirs (« un souvenir vit dans une image »). Pour Bergson, c'est le *je* qui va dans le passé chercher l'image. Il faudra voir chez Cioran dans quelle mesure les images suivent un ordre chronologique et il sera intéressant de voir si les images viennent au présent ou si le je cioranien va dans le passé pour les chercher. Notre lecture de Cioran nous amènera à déterminer si à la base des souvenirs il y a une « grande douleur » ou si elle est restée une « douleur faible », comme Bergson l'affirme.

4. L'éternité

Passons maintenant à la dernière dimension temporelle, celle de l'éternité. Analysons ce concept d'après les dictionnaires et les textes philosophiques et passons ensuite aux définitions données par Nietzsche et par Bergson. D'après Élie Blanc, l'éternité

> est une *durée*, c'est-à-dire une permanence d'être, *sans aucune succession*, sans aucune vicissitude, par conséquent sans principe ni fin. Mais ce dernier caractère de l'éternité est tout négatif. L'éternité serait une durée absolument permanente, indivisible, une possession parfaite, à la fois totale et présente, d'une vie interminable (Blanc : 483).

L'éternité se confond ainsi avec la durée de tous les êtres humains, une vie avec un commencement mais sans fin. Elle serait l'être en permanence. Blanc évoque aussi « l'immutabilité », comme propriété de l'éternité. Parce qu'une « telle perfection » est difficile à imaginer, il faut se la représenter par « ce qu'il y a de plus parfait dans le temps », explique-t-il comme un « présent qui ne manquerait de rien, ni de ce qu'il y a de bien dans le passé, ni de ce qu'il y a de bon dans l'avenir [...]. Il faut donc la concevoir comme un présent qui inclut tous les temps, de même que l'immensité indivisible de Dieu embrasse tous les espaces : réels et possibles » (Blanc : 483).

L'éternité est la totalité du temps vécue au présent, qui comprend la totalité du temps. Blanc compare l'éternité avec Dieu par sa capacité, son pouvoir de comprendre tous les espaces. Il explique ensuite qu'« il n'y a rien de commun entre l'éternité et le temps, bien que, selon le mot de Platon, le temps soit l'image mobile de l'immobile éternité » (Blanc : 483). Donc, le temps et l'éternité forment un couple en contradiction, car, d'après Platon, l'éternité est « immobile », tandis que le temps est « mobile » et circulaire. Ainsi, le temps tourne autour de l'éternité tout comme la Terre tourne autour du soleil.

Saint Augustin dans ses *Confessions* parle lui aussi de l'éternité :

Vos années ne sont qu'un jour ; et votre jour n'est pas tous les jours, mais aujourd'hui, parce que votre jour présent ne fait point place à celui du lendemain, et ne succède point à celui d'hier ; et ce jour dont je parle est l'éternité. Ainsi vous avez engendré dans une éternité égale à la vôtre celui auquel vous avez dit : « Vous avez donc fait tous les temps par votre puissance ; vous précédez tous les temps par votre éternité ; et il n'y a point eu de temps dans lequel on ait pu dire : « il n'y avait point de temps » (Augustin : 421).

L'éternité est alors composée des années passées rassemblées en une journée, appelée éternité. Cette éternité est ainsi le produit de la puissance humaine de compresser le temps passé en une journée jusqu'à son annihilation complète.

Saint Augustin fait aussi la comparaison entre éternité et temps, en disant que l'éternité « n'a rien en soi qui se passe, mais que tout y est présent » (Augustin : 418), et il se demande ensuite : « Qui arrêtera, dis-je, l'esprit de l'homme afin qu'il demeure ferme, et qu'il considère de quelle sorte cette éternité qui n'est ni passée ni future, forme tous les temps passés et futurs en demeurant toujours immobile ? (Augustin : 418).

Élie Blanc définit l'éternité comme « une durée absolument permanente, indivisible » à l'aide de laquelle on maîtrise la vie « une possession parfaite, à la fois totale et présente, d'une vie interminable » ; elle compare l'éternité à la puissance de Dieu et spécifie la différence existante entre éternité et temps. Pour Saint Augustin, l'éternité est un état présent de l'existence, une durée courte formée par la contraction des années dans une journée. Passons maintenant à analyser le temps chez Nietzsche pour voir les définitions de l'éternité.

a. *L'éternité comme vie (joie), temps et femme (Nietzsche)*

Fink explique l'éternité selon Nietzsche dans sa conception contraire à celle de Platon et d'Augustin :

Il essaie de concevoir l'éternité et le temps dans une même idée, de donner au temps des traits d'éternité : l'unicité n'est qu'apparence. Ce qui a l'air d'un événement unique

121

est déjà répétition infinie, et ce qui semble aller dans une seule direction n'est que mouvement circulaire [...] (Fink : 124).

On ne peut guère parler d'événement unique, car l'éternité est une « répétition infinie » ; même si elle semble avoir une seule direction, elle est « circulaire ».

Dans *Zarathoustra*, c'est par le biais de la joie que chacun arrive à l'éternité : « [...] – La joie veut l'éternité de toutes choses, *veut la profonde, profonde éternité* ! » (AZ, 368). L'éternité répond ainsi au désir de l'être humain d'être heureux. Le « miel », le « levain », un « minuit enivré », des « tombes », la « consolation », le « couchant », tous ces termes métaphoriques caractérisent une éternité qui se confond visiblement avec la circularité (couchants), les plantes (levain), les sentiments de rédemption (consolation). À son tour, Cioran convoquera l'affirmation de Nietzsche en opposant l'éternité et l'instant et en affirmant que « *P*ascal – et surtout Nietzsche – semblent des reporters de l'éternité » (CP, 391).

La soif de divinité chez Zarathoustra dérive de son amour pour l'éternité, vue comme sa femme ou sa fiancée : « *Car je t'aime, ô Éternité* ! » (AZ, 264). L'œuvre de Nietzsche, affirme Yves Ledure, « témoigne d'une recherche passionnée du divin. Certes, Zarathoustra a brisé les vieilles tables de la croyance ; il s'est assis sur les tombeaux des dieux morts. Mais sa colère dévastatrice était animée du désir de l'éternité, dont, du reste, il n'a jamais goûté le repos » (Ledure : 155). Dans ce commentaire, on se rend compte que l'éternité est la réponse au désir non seulement de *Zarathoustra*, mais aussi de Nietzsche ; car elle est le but suprême de la vie. À ce sujet, Fink se demande : « N'est-il pas évident que, [...] lorsqu'il parle de l'éternité, Nietzsche pense la femme des femmes, la terre-mère ? » (Fink : 143).

L'image de l'éternité-femme touche ainsi les mythes anciens de la communion du Ciel avec la Terre. Dans ce cas, l'éternité est le produit du couple mythique d'Ouranos et de Gaia.

Philippe Gaudin, d'autre part, rapproche le concept d'éternité chez Nietzsche au progrès du temps. L'éternité est en mouvement :

> [...] Si Nietzsche ne croit par à cette sublime destination, c'est pour des raisons métaphysiques. Il n'y a pas d'éternité pour lui parce que c'est le devenir qui est éternel, ce monde, toujours selon lui, a derrière lui un passé infini et, dès lors, s'il avait dû atteindre un état final quelconque, il serait déjà atteint. Gaudin conclut : « Le devenir traîne à sa suite l'avoir été : pourquoi ferait-il dans ce spectacle éternel une exception en faveur d'une vague planète, et ensuite de la vague espèce qui l'habite ! Assez de ce genre de sentimentalité ! » (Gaudin : 111).

Si l'éternité existait, il n'y aurait pas de devenir. Ainsi il y a et l'éternité et le devenir, toute comme l'extrait suivant de Fink pourrait le faire voir : « Éternité et temporalité ne sont pas différentes, elles ne sont en vérité qu'une seule et même chose : en tant qu'éternel retour, *le temps est l'éternel* » (Fink : 113). Pour que l'éternité coïncide avec la temporalité circulaire le devenir doit donc être annulé.

Fink explique ensuite que l'une des raisons pour laquelle la pensée nietzschéenne sur l'éternel retour (éternité, répétition) est ambiguë est justement le concept d'éternité. Il parle de l'« opacité » de ce concept (Fink : 127). Pour Nietzsche, précise Fink c'est l'être qui est inconstant tandis que l'éternité est au milieu du temps, se confond avec sa circularité. Fink explique ensuite ce cercle fermé autour duquel tournent les choses comme un « court-circuit » (Fink : 127-128). Ainsi, la « grande année » est la « somme finie de tous les événements », l'étendue de l'histoire, matière enseignée par Zarathoustra à ses disciples (AZ, 255).

Ce processus a pour but l'homogénéisation des années (« ces années se ressemblent entre elles ») et de l'identité humaine (l'homme doit ressembler à lui-même et non pas à autrui).

Fink explique ensuite que la conception de l'éternel retour des choses rend l'éternité problématique (Fink : 115-116). Ainsi, on observe qu'il y a un lien entre l'éternité, vue comme infinité du temps, et l'éternel retour du pareil. Et, par conséquent c'est l'éternité qui est la base, le fondement de l'éternel retour du même.

L'éternité n'existe pas, seul le devenir existe ; d'une part, on observe chez Nietzsche que l'éternité coïncide avec la femme, le matériel, le périssable, l'immédiat, et de l'autre que c'est le devenir qui est identifié à l'éternité. L'éternité chez Nietzsche est en tension entre le devenir linéaire et le retour cyclique du même. Cette tension n'est pas résolue chez Nietzsche et elle ne le sera pas non plus chez Cioran.

b. *L'éternité, un continuum au présent ? (Bergson)*

Henri Bergson fournit, quant à lui, une définition du temps (« *Le temps est invention ou il n'est rien du tout* » EC, 341), de l'éternité (« Et passé, présent, avenir se rétractent en un moment unique, qui est l'éternité » EC, 318) et de la durée (définie plus loin), très utile pour l'étude de Cioran.

Bergson indique à l'égard de l'éternité :

> L'éternité ne plane plus au-dessus du temps comme une abstraction, elle le fonde comme une réalité. […]. Elle établit entre l'éternité et le temps le même rapport qu'entre la pièce d'or et la menue monnaie, – monnaie si menue que le paiement se poursuit indéfiniment sans que la dette [sic] soit jamais payée : on se libèrerait [sic] d'un seul coup avec la pièce d'or. C'est ce que Platon exprime dans son magnifique langage quand il dit que Dieu, ne pouvant faire le monde éternel, lui donne le Temps, « image mobile de l'éternité » (EC, 317).

En d'autres termes, l'éternité et le temps sont comme le fleuve et son delta. Même si le delta est indépendant de son fleuve, c'est toujours le fleuve qui le constitue. Donc, entre l'éternité et le temps, il y a une relation d'interdépendance : le delta constitue le fleuve (l'éternité constitue le temps) et inversement ; ils ont le même contenu, ils échangent des qualités, mais ils sont des espaces tout à fait différents : ils ont la même source, le même nom, mais à cause de leur forme, l'un est fleuve, l'autre est le delta ; le delta a une forme rectangulaire tandis que le fleuve a la forme ondoyante, celle du serpent. L'éternité (le delta) se rapporte toujours au temps (le fleuve), car c'est lui qui la constitue toujours ; l'éternité a ainsi beaucoup plus de valeur, toute comme la pièce d'or, tandis que le temps n'en a pas, il reste une menue monnaie (le delta est devenue une réserve naturelle tandis le fleuve reste toujours un fleuve).

Plus loin, Bergson explique que « Les choses rentrent les unes dans les autres. Ce qui était détendu dans l'espace se retend en forme pure. Et passé, présent, avenir se rétractent en un moment unique, qui est l'éternité » (EC, 319). L'éternité bergsonienne est dès lors la juxtaposition du passé, du présent et du futur, dans un moment unique, l'instant. L'éternité coïncide ainsi avec la durée pure, tout comme on le verra chez Cioran (« l'éternité positive »).

Si pour Nietzsche l'éternité est le passé, le présent et le futur, pour Bergson, elle est la contraction, la compression des trois temps : « Et passé, présent, avenir se rétractent en un moment unique, qui est l'éternité » (EC, 319). L'éternité est donc différente du temps, elle se situe entre le passé immédiat et le futur immédiat. Tout comme Maritain l'explique (à partir de sa lecture de Bergson), l'éternité « est bien une durée, mais essentiellement différente du temps, de la succession, puisqu'elle est ''de la vie sans terme toute la possession simultanée et parfaite'' » (EC, 104 ; Maritain, 244).

Comme ce concept est la clé de la pensée cioranienne, je tenterai d'ailleurs plus loin de démontrer la naissance de ses aphorismes, leur hétérogénéité (comme durée pure) ou leur homogénéité (comme espace). C'est alors que je me servirai du concept bergsonien d'éternité.

Conclusion

Nous nous sommes intéressés chez Nietzsche au concept de l'éternel retour, à la vie comme souffrance et comme affirmation, à la mort de Dieu comme sommet de l'histoire, à l'avènement du Surhomme, à l'ordre et au désordre dans l'histoire et à la liberté comme succès. L'admiration de Nietzsche pour les ancêtres (poètes, écrivains) nous servira à démontrer un sentiment semblable chez Cioran et à dévoiler ses origines : la décadence du monde actuel et la déconstruction de la vie présente.

La philosophie nietzschéenne de l'histoire aide encore à comprendre la répétition et la décadence de l'histoire, l'illusion, la composition et la décomposition des systèmes humains, le non-sens de l'histoire chez Cioran. Dans mon étude de certaines œuvres de Cioran, je me servirai de l'histoire qui tourne *en spirale* et de l'homme en *cercle*, pour faire voir en quelle mesure l'histoire évolue et quel est le rôle de l'humanité dans cette évolution.

La relation entre l'instant présent et l'histoire et le voyage parmi les nations de Nietzsche confirmera la nécessité du voyage cioranien dans le passé, utile pour la santé et pour le savoir humain. Où Cioran voyage-t-il exactement ? C'est ce que nous verrons. Si l'histoire pour Nietzsche a un but, aide à l'enrichissement des connaissances (par le biais de la lecture, de l'art), et par la suite au progrès de l'homme, est-elle vue de la même manière par Cioran ? On constatera en fait que Cioran complète la conception du temps chez Nietzsche, car il renvoie aussi l'homme moderne aux ancêtres, tout en spécifiant que l'histoire, la leur comme la nôtre, n'a pas de sens.

Le renouvellement de l'histoire, par l'arrivée du Surhomme et la fin de l'humanité par la mort de Dieu suivie de la mort de l'humanité, montrent d'autres facettes qu'on peut rattacher à la pensée cioranienne sur l'histoire et sur le divin, de même que sur la rédemption sans Dieu.

126

Les métaphores de la vie (comme « roue qui tourne »), de l'homme (« anneau de l'existence ») et la circularité de la vie (« tout se brise, tout est à nouveau assemblé ») constituent le principe de dualité sur lequel se tissent les aphorismes cioraniens. La destruction comme condition nécessaire à la création/ construction (« Il faut que tu veuilles te brûler dans ta propre flamme : comment voudrais-tu te renouveler sans t'être d'abord réduit en cendres ! » AZ, 78) est la base du mythe du phénix dans mon analyse de Cioran. Il s'agira de voir la relation durée-temps, cette durée (de l'être humain qui peut finir, mais son temps n'a pas de fin), ce temps universel et ce temps personnel.

L'éternel retour comme l'« être du devenir » et l'opposition entre *l'éternel retour* et *l'identité*, tel que le montre Deleuze (Deleuze, 1962 : 53), m'intéressent dans la lecture de Cioran car ils démontrent le jeu de l'existence dans le temps. Cette idée de *répétition* et de *circularité du temps* et les images visuelles ainsi créées (« la vipère *s'enroula* autour de son cou », « un serpent *s'enroulant* autour du Soleil ») complètent aussi mon analyse de cette question chez Cioran dans le chapitre sur le mythe. L'éternel retour, synonyme de la « Volonté de puissance », explique dans quelle mesure il représente pour Nietzsche et pour Cioran, un renouvellement de l'homme et il est un principe actif essentiel. Chez Cioran enfin, la même idée nietzschéenne de fragmentation, de durée (dans le temps) revient comme un leitmotiv dans ses aphorismes, où l'homme s'identifie toujours à l'instant.

Par ailleurs, la « joie intérieure » chez Bergson, se confondant avec la courte durée, aide à faire la distinction entre l'état de bonheur et la tristesse cioranienne. Cette joie de courte durée n'est-elle pas l'instant pour Cioran ? À la base de la tristesse n'y a-t-il pas, en fait, une « joie extrême » ? La mort de Dieu et la libération de l'homme, la critique des prêtres et de la religion, la religion comme création de la vie et comme jeu dangereux, mais aussi le sens positif de la croyance comme illusion représentent une vision nietzschéenne sur laquelle la pensée cioranienne s'appuie et la développe.

Par conséquent, si pour Nietzsche la religion ne signifie rien, car elle est une illusion qui accorde à la vie une place secondaire, par contre, pour Bergson, elle signifie *tout* : la vie, la création. Ces interprétations préfigurent l'athéisme de Cioran et son attitude négative envers la religion et le mythe biblique de la création. Les concepts nietzschéens d'existence (être) et de vie (s'affirmer), seront renversés dans l'œuvre de Cioran : « Nous sommes nés pour exister, non pour connaître ; pour être, non pour s'affirmer » (HU, 1008).

En outre, la distinction entre la mort *involontaire* (naturelle) et la mort « *volontaire* (raisonnable), le suicide humain, artificiel » éclaircit la conception de la mort chez Cioran qui parle alors des deux morts : « involontaire » et « volontaire ». Ce qui m'intéresse le plus chez le penseur roumain, c'est la deuxième, la mort volontaire, vue comme une victoire de la liberté sur la vie. La vie comme principe dualiste, comme souffrance, c'est l'idée sur laquelle s'appuie la conception cioranienne. Le concept de *liberté* et la volonté de puissance comme liberté du moi bergsonien se transformeront en leur contraire : la liberté cioranienne sans l'annulation du passé. Mais il n'est pas sûr que l'on puisse parler d'une liberté totale ; car il faut la relation liberté-mythe, liberté-éternité, liberté-histoire, liberté-vie.

Chez Bergson, nous garderons la vie comme évolution, comme possibilité d'existence dans l'immédiat, le présent et sa durée qui coïncident avec l'instant et la naissance des aphorismes, car c'est exactement la conception cioranienne de l'écriture. Plus importante encore pour mon analyse de Cioran est la conception de la mémoire chez Bergson d'après laquelle chacun a vécu une histoire « depuis notre naissance, avant notre naissance même, puisque nous apportons avec nous des dispositions prénatales » (EC, 5) ; c'est justement cette idée qui influence toute la pensée cioranienne sur la vie et son évolution à rebours vers l'état de béatitude, avant la naissance, dans le ventre maternel.

L'existence comme processus continu de transformation, de création de l'être humain qui meurt et renaît continuellement est une preuve du non-sens de la vie vue par Cioran. Toutefois, le passé impuissant et le présent agissant sur l'être, de même que la vie psychologique qui influence le présent chez Bergson expliquent le regret de l'enfance pour Cioran. L'écrivain des aphorismes cherche à identifier le moment où chacun saisit, observe, vit l'instant et sa position devant l'écoulement du temps : acteur ou spectateur ? Cioran évolue-t-il dans le temps ou dans l'espace, est-il est un homme libre ou contraint, « agit-il » ou « est-il agi », perçoit-il les apparences ou la réalité et dans quelle mesure la liberté semble-t-elle être identique à un acte de création individuelle. Il est intéressant d'observer comment les idées et les sentiments deviennent des actes libres. Quels sont les degrés de la liberté chez Cioran ? Les automatismes et les décisions les plus graves ont-elles une affinité avec la dimension temporelle, et sur quelle dimension temporelle s'arrêtent-t-ils le plus ?

En ce qui concerne la mémoire, nous porterons notre attention sur la mémoire *régressive, spontanée* qui, pour Bergson « aboutit à l'enregistrement du passé sous forme d'habitudes motrices, [la conscience donc] retient l'image des situations par lesquelles elle a passé tour à tour, et les aligne dans l'ordre où elles se sont succédés » (MM, 89). Il faudra noter chez Cioran la mesure dans laquelle ces images s'alignent dans l'ordre chronologique de leur apparition. L'image qui comprend plusieurs souvenirs et le souvenir comme unité minimale de l'image expliquent l'existence de plusieurs éléments qui forment le Paradis auquel Cioran voudrait retourner. La mémoire pure et la mémoire immédiate aideront à démontrer la survivance des images et l'ordre de la durée. C'est ainsi par le biais de la « mémoire régressive » et « spontanée » chez Bergson (MM, 89) que j'expliquerai dans ma lecture de Cioran la fuite du temps présent et le retour aux temps des origines, au temps mythique : régression dans le passé (dans le ventre maternel ou avant la naissance) où il y a le Paradis et où il voudrait rester, car le présent ne le rend pas heureux. Parfois, c'est le je-personnage qui se tournera vers le passé, pour y chercher les images, et dans d'autres cas, il les apportera dans le présent, comme le suppose la théorie bergsonienne. Nous verrons alors s'il s'agit d'un ordre ou d'un désordre de la mémoire.

CHAPITRE 4

Ayant maintenant présenté brièvement les quatre éléments temporels (l'histoire, le mythe, l'éternité et la vie) tels qu'ils se définissent chez Nietzsche et Bergson et Eliade, interrogeons nous maintenant en effet sur les quatre dimensions temporelles : l'histoire, le mythe, la vie et l'éternité dans l'œuvre de Cioran. Dans une première partie, nous considérons le temps historique. L'histoire a-t-elle un but ? Est-ce qu'il y a une fin de l'histoire, de l'homme et du temps ? Nous tenterons de répondre à ces questions de la manière suivante : l'ordre et le désordre temporel de l'histoire, la fin de l'homme et du temps historique et la figure centrale de l'homme du futur : le Surhomme nietzschéen ou rien ?

1. Ordre et désordre temporel de l'histoire

On se demandera d'abord si Cioran maintient un ordre ou un désordre de l'histoire. Est-ce que l'histoire suit son cours ? Ou est-elle inversée ? L'homme est-il agissant, s'implique-t-il dans les événements, en est-il seulement spectateur ?

a. *Définitions et caractéristiques de l'histoire*

Dans la présentation des ouvrages de Cioran, on a déjà vu quelques définitions de l'histoire ; revoyons maintenant brièvement un résumé de ces idées, en renforçant la signification de quelques-unes et en développant d'autres, dont la pertinence nous semble plus claire. Pour commencer, dans *Le Crépuscule des pensées*, l'histoire est conçue comme un « moyen d'auto-interprétation » (CP, 388-389) et elle est « menée par des hommes qui prennent sans cesse leur pouls » (CP, 427). L'histoire résulte donc d'une attention de tous les instants au déroulement des événements. Par contre, les définitions du *Précis de décomposition* la montrent comme un phénomène négatif, plutôt dérisoire : « L'histoire est l'ironie *en marche*, le ricanement de l'Esprit à travers les hommes et les événements… » (PD,

708) ; son déclin est inévitable : « L'Histoire entière est en putréfaction ; ses relents se déplacent vers le futur : nous y courons, ne fût-ce que pour la fièvre inhérente de toute décomposition » (PD, 620).

L'histoire est devenue un phénomène auto-destructeur : une « *agression de l'homme contre lui-même*, a pris essor et forme » (TE, 829). Plus tard, elle se définit comme « nostalgie de l'espace et horreur du chez soi, rêve vagabond et besoin de mourir au loin…, mais l'histoire est précisément ce que nous ne voyons plus alentour » (TE, 841). Elle devient ensuite l'effet de l'inaction, des actions faites de peur de l'inactivité, des temps morts : « le résultat de notre peur de l'ennui » (HU, 1055). L'histoire contient des « zones de vitalité », qui, selon Cioran, montent en degré de vitalité de l'est vers l'ouest et que la Roumanie occupe une place médiocre « dans l'ombre », à la base de l'échelle (HU, 1001-1002).

Pour Cioran (explique-t-il dans son article « La tragédie des petites cultures ») :

> *L'histoire* signifie des cultures (l'Égypte, la Grèce, Rome, la France, l'Allemagne, la Russie, le Japon, […]) qui se sont individualisées sur tous les plans et les ont tous reliés par une convergence et des rapports internes mais saisissables.
> Si elles ne sont pas si nombreuses, c'est parce que les noyaux générateurs originels ne le sont pas, ni d'ailleurs *les mondes de valeurs* que réalise chacune. *Chaque grande culture est une solution de tous les problèmes*. Mais il y a une pluralité de solutions sans qu'il y en ait une infinité. Ainsi, la Grèce antique ou la France (peut-être les cultures les plus accomplies) ont résolu – *à leur manière* – tous les problèmes qui se posent à l'homme, ont trouvé leur point d'équilibre face à toutes les incertitudes […] (Cioran traduit du roumain par Paruit, TC : 27).

Le passé et le futur sont mis en opposition avec le présent ; ainsi, le passé joue un rôle primordial ; il est le « vrai paradis », car c'est en lui que l'homme moderne aimerait se résorber (HU, 1040-1041). Le présent, par contre, le « Paradis d'ici-bas », est considéré comme une « […] nostalgie renversée, faussée et viciée, tendue vers le futur, obnubilée par le ''progrès'', réplique temporelle, métamorphose grimaçante du paradis originel » (HU, 1041). Le présent reste donc toujours un double imparfait du passé. Le futur reste la dernière carte à jouer pour Cioran et on le considère un temps différent, séparé de notre époque actuelle : (HU, 1041).

Cioran montre toutefois la supériorité qualitative du présent (l'imminent) sur le passé (l'immédiat), ce qui nous pousse vers les extrémités du Temps et plus exactement vers la fin : car l'homme « verra s'ouvrir devant lui une *ère sans désir* (CT, 1122). Il faut encore voir la triple chute temporelle où l'histoire occupe la première place, la dimension d'où la chute se produit, en passant par le temps et en arrivant à l'éternité. Ce positionnement est l'élément médiateur, qui assure le passage entre histoire et éternité (CT, 1156).

D'autres définitions, notamment renforcent l'idée du déclin, de la décomposition et de la chute. Dans le *Précis de décomposition*, l'histoire « n'est qu'un défilé de faux Absolus, une succession de temples élevés à des prétextes, un avilissement de l'esprit devant l'Improbable. Lors même qu'il s'éloigne de la religion, l'homme y demeure assujetti ; s'épuisant à forger des simulacres de dieux, il les adopte ensuite fiévreusement [...] » (PD, 581). Pour Cioran, l'histoire est en continuelle déconstruction, en décomposition ; et elle ne peut assurer une finalité à l'existence : « l'histoire n'étant qu'une crise perpétuelle, voire une faillite de la *naïveté* » (PD, 707), elle est vue comme la durée où le caractère des hommes change, ce qui démontre un manque profond de liberté, tant est facile la manipulation :

> *L*'histoire est l'ironie *en marche*, le ricanement de l'Esprit à travers les hommes et les événements. Aujourd'hui triomphe telle croyance ; demain, vaincue, elle sera honnie et remplacée : ceux qui y ont cru la suivront dans sa défaite (PD, 708).

Comme réponse à cet aphorisme, « l'histoire comme ironie en marche », Cioran explique à Sylvie Jaudeau dans l'entretien avec celle-ci :

> – Tout ce que l'homme entreprend se retourne contre lui. Toute action est source de malheur parce qu'agir est contraire à l'équilibre du monde, c'est se donner

134

un but et se projeter dans le devenir.

Vivre vraiment, c'est vivre sans but. C'est ce que préconise la sagesse orientale, qui a bien saisi les effets négatifs de l'agir. Pas une seule découverte qui n'ait des conséquences funestes. L'homme périra par son génie. Toute force qu'il déclenche lui nuit. [...]. Étonnante clairvoyance de la sagesse antique, qui craignait que le destin ne frappe quiconque osait défier les dieux. L'homme aurait du s'arrêter, mais il ne pouvait suspendre le processus grandiose et désastreux dans lequel il s'était engagé (Jaudeau, 1990 B : 21-22).

L'action est ainsi la source du mal et du malheur, et l'homme ne doit pas agir pour créer l'histoire. Toute action est en son détriment, et contre l'ordre de la nature, elle détruit « l'équilibre du monde ».

Dans *Le Crépuscule des pensées*, Cioran évoque l'histoire comme causalité, comme fatalité : « [...] dès qu'il s'agit d'un principe général, nous nous mettons hors de cause et n'avons aucune gêne à nous ériger en exception » (CP, 337). Ne se sentant pas libre, l'humanité est déterminée par l'histoire devenue la cause de son mal. À cet égard, Bergson parlait de l'histoire comme liberté dans l'antiquité :

le rapport de causalité, entendu de cette seconde manière, n'entraîne pas la détermination de l'effet par la cause. L'histoire même en fait foi. Nous voyons que l'hylozoïsme[1] antique, premier développement de cette conception de causalité, expliquait la succession régulière des causes et des effets par une véritable *deus ex machina* (DI, 160-161).

Mais l'avis de Bergson repose sur le déterminisme et la causalité : « tout acte est déterminé par ses antécédents psychiques, ou, en d'autres termes, que les faits de conscience obéissent à des lois comme les phénomènes de la nature » (DI, 149). Cioran, tout comme Bergson, voit un déterminisme fort entre la cause et l'effet supposés par l'histoire, comme il l'affirme dans l'entretien avec Léo Gillet : « on est libre, on a l'illusion de la liberté dans les gestes apparents.

---

[1] « L'hylozoïsme antique se distingue du mécanisme en ce sens qu'il n'explique pas les phénomènes en fonction d'un déplacement de partie, mais d'après une force qui se déploie d'une matière analogue à celle par laquelle nous passons par une série d'états psychologiques. L'hylozoïsme est donc un dynamisme qui fait de la force l'essence de la matière. Il y a selon une inspiration stoïcienne, une Âme du monde qui circule dans la matière » (DI, 247).

Mais au fond, on n'est pas libre. Tout ce qui est profond nie la liberté. Il y a une sorte de fatalité secrète qui dirige tout » (*Entretiens*, 65). Voilà pourquoi l'histoire ne peut être une garantie de liberté. Et plus loin, Cioran explique que « Les gens ne peuvent pas s'imaginer que cette histoire n'a pas au moins un peu de sens. L'histoire a un *cours*, mais l'histoire n'a pas un *sens* » (*Entretiens*, 67). Esprit lucide, Cioran se rend ainsi compte du fait qu'il y a un chemin que l'histoire suit, mais que ce chemin n'a pas de « sens » et de plus, il mène à la chute.

b. *Le mouvement (la répétition) de l'histoire*

Peut-on parler maintenant d'un mouvement de l'histoire chez Cioran ? Dans le *Précis de décomposition*, Cioran énonce (PD, 677) que notre évolution dans l'histoire est circulaire et que nous entretenons l'histoire par une sorte de comédie grotesque, par notre qualité de *monstres* et de *pantins*, notre exception. Comme dans l'éternel retour de Nietzsche, le temps de l'histoire évolue en *spirale*, car il se renouvelle, mais l'homme tourne en *cercle*. Par la suite, l'histoire suit son cours, évolue, mais l'homme reste toujours le même, dans la circularité de sa condition. Si l'homme moderne possède un fond identique pareil aux ancêtres, quelle est donc-le mince élément destructeur qui le fait changer, créer du mouvement ?

Cioran affirme en fait dans *De l'inconvénient d'être né* que l'histoire n'est jamais identique à elle-même, ce qui rend le passé nostalgique. L'histoire ne se répétant pas d'après Cioran, ce sont les illusions qui reviennent sans cesse (IE, 1356). On peut parler ainsi d'une existence dans la dimension historique, malgré ces illusions qui représentent la « multiplicité distincte qui forme un nombre », selon l'expression de Bergson (DI, 90).

Pour Nietzsche également, l'histoire est une altérité et elle ne se répète pas réellement. Nietzsche évoque Héraclite, pour qui les choses ne se passent pas de la même façon la deuxième fois (Nietzsche, HH vol. 2 : 191), il y a donc pour Nietzsche une « différence dans la répétition » (Deleuze, 1968 : 120).

L'histoire se confondant avec le temps, Nietzsche parle de la mobilité, de l'inconstance du temps ; ainsi, l'histoire est *une autre*, mais elle ne se répète pas réellement. Cioran emprunte à Nietzsche cette idée de l'humanité circulaire (l'histoire tourne en spirale, tandis que l'homme fait des cercles) ; il sympathise aussi avec Bergson pour qui « le temps n'est pas une ligne sur laquelle on repasse », DI, 136). En fait, Bergson explique le rôle de la répétition, qui « a pour véritable effet de *décomposer* d'abord, de *recomposer* ensuite, et de parler ainsi à l'intelligence du corps. Elle développe, à chaque nouvel essai, des mouvements enveloppés ; elle appelle chaque fois l'attention du corps sur un nouveau détail qui avait passé inaperçu ; [...] » (MM, 122). Même si on a affaire à une répétition « des illusions » (IE, 1356), tout comme le dit Cioran, cette redondance est nécessaire et positive, pour mieux voir les détails, pour percevoir plus distinctement les choses. Deleuze parle lui-aussi de la fonction de la répétition comme « pensée de l'avenir », « c'est dans la répétition, c'est par la répétition que l'Oubli devient une puissance positive, et l'inconscient, un inconscient supérieur positif (par exemple l'oubli comme force fait partie intégrante de l'expérience vécue de l'éternel retour) » (Deleuze, 1968 : 15). Plus loin, Deleuze cite Hume, en disant que « *La répétition ne change rien dans l'objet qui se répète, mais elle change quelque chose dans l'esprit qui la contemple* [...] » (Deleuze, 1968 : 96). Ainsi, chez tous ces auteurs, la répétition a un pouvoir cathartique sur l'homme-acteur de l'univers.

Quelle est maintenant la position de l'homme dans le cours de l'histoire : est-il passif ou actif ? Acteur ou spectateur ?

c. *L'homme : acteur ou spectateur dans/de l'histoire.*

Chez Nietzsche, l'homme est plutôt spectateur dans l'histoire. Chez Cioran également l'homme peut tout simplement assister au passage de l'histoire, être son spectateur et regarder le drame comme dans une salle de spectacle (IE, 1347-1348). La Révolution, qui représente un moment historique important, se laisse voir dans la distance où ses promoteurs sont des comédiens, tandis que la guillotine est une farce dans le décor. Les événements créent un sentiment de réticence, de « frivolité ». Deleuze explique que « dans la répétition, il y a donc à la fois tout le jeu mystique de la perte et du salut, tout le jeu théâtral de la mort et de la vie, tout le jeu positif de la maladie et de la santé [...] » (Deleuze, 1968 : 13). Cette idée de théâtre continue dans *De l'inconvénient d'être né*, car le roi y joue, lui aussi son rôle, comme dans les pièces shakespeariennes (IE, 1349). En fait, qu'est-ce que cet « esprit de vertige » ? Est-il causé par la folie des populations ou le passage du temps, ou encore les événements qui surviennent autour de nous ? Cioran annonce que ce spectacle ne durera plus et que tout disparaîtra, en nous conseillant d'avoir « un peu de patience » (IE, 1391-1392). Loin de se considérer lui-même comme un prophète, Cioran prévoit cependant la fin du monde, quand l'humanité deviendra incapable de faire quoi que ce soit. La disparition de l'humanité représentera ainsi un autre spectacle ultime, digne d'être vu. En parlant de théâtre et de spectacle, Grigore-Mureşan explique, à la manière d'Eliade, le rôle positif de ceux-ci : « en assistant à ces spectacles, l'homme peut sortir du temps historique et intégrer un autre temps, mystique » (Grigore-Mureşan : 130). Et plus loin, elle explique que le théâtre « déclenche le processus de récupération de la mémoire, l'anamnèse », qu'il « réactualise le temps des commencements » et qu'il « remplit dans la société moderne la même fonction qu'avait autrefois la récitation mythique» (Grigore-Mureşan : 130). On observe ainsi que le théâtre détient un rôle cathartique par son double pouvoir : d'une part, d'actualiser les souvenirs, donc d'apporter le passé dans le présent ; d'autre part, de transporter l'être dans le passé, aux temps des commencements, celui de la Création.

Nous avons considéré jusqu'à maintenant les caractéristiques propres de l'histoire, son mouvement répétitif et l'attitude passive de l'homme devant les événements. Passons maintenant à la conception cioranienne de la destruction de l'histoire et du temps.

2. La destruction de l'histoire et implicitement du temps

a. *Critique des nations*

Cioran avance l'idée de la destruction de l'histoire en faisant une critique des nations à commencer par différents peuples qui lui semblent exemplaires (IE, 1350). À l'égard du peuple espagnol (« Vous aimez les Espagnols ? »), Cioran a répondu dans un entretien avec Branka Bogavac Le Comte : « Énormément ! J'ai une sorte de culte de l'Espagne. J'aime en Espagne toute la folie, la folie des hommes, ce qui est imprévisible. Vous entrez au restaurant, le type vient vous parler. J'étais fou de tout en Espagne. C'est le monde de Don Quichotte (*Entretiens*, 271). Don Quichotte est un personnage aimé par Cioran surtout pour le monde des illusions dans lequel il vivait. Cioran admire aussi le vitalisme des Espagnols. Et sur les autres nations, Cioran distingue dans le même entretien avec Branka Bogavac Le Comte les peuples selon leur participation réussie dans l'histoire (*Entretiens*, 262-263). On voit donc que, dans le cas de certains peuples, la déconstruction de l'histoire est inscrite dans la faiblesse de leur langue. Par exemple, la langue roumaine n'a pas réussi à se développer à la suite des invasions nombreuses subies par le pays tout au long des siècles. Elle a assimilé un vocabulaire slave, grec, hongrois, mais ses composantes roumaines sont restées sous-développées. Même si le peuple roumain est intelligent, aux yeux de Cioran, il n'a pas la chance de briller à cause de la pauvreté intrinsèque de sa langue.

Dans son article « Des philosophies parallèles : Spengler et Cioran », Marta Petreu explique à l'égard des peuples et de leurs cultures :

> Cioran a recours aux suggestions spengleriennes sur l'âme originelle des cultures afin d'expliquer pourquoi certaines deviennent grandes et d'autres non. Les petites et les moyennes, dit-il, ont trop de « relâchement […] dans leur noyau » ou sont même « manquées dans l'œuf », et leur seul espoir, c'est que « l'histoire n'est pas *nature* ». Il reprend là l'idée spenglerienne selon laquelle « la nature et l'histoire » sont deux réalités irréductibles. Aussi les cultures petites et moyennes ont-elles une chance de s'introduire dans l'histoire grâce à un effort volontaire, par exemple « un culte excessif et permanent de la force » (Petreu, 2003 : 63).

L'histoire peut être ainsi le lieu d'une affirmation du pouvoir : « *T*ant qu'une nation conserve la conscience de sa supériorité, elle est féroce, et respectée ; – dès qu'elle la perd, elle s'humanise, et ne compte plus » (IE, 1350). Le pouvoir d'une nation consiste donc en sa supériorité, en sa férocité, mais cette position n'est jamais permanente. Elle conduit au déclin. Le respect pour la nation, son pouvoir et son importance historique augmentent, mais ils sont directement proportionnels à ses qualités ; une fois qu'elle les perd, elle ne représente plus rien. Cioran, explique dans son article « La tragédie des petites cultures » (dans *Seine et Danube*) que

> La force d'une nation s'accroît en même temps que s'élève son niveau historique. Moins une nation est accomplie et plus elle est déficitaire, même si elle possède une certaine fraîcheur biologique. La force se dégrade au fur et à mesure que s'abaisse le niveau historique et que la nation se précipite vers son déclin » (Cioran traduit par Paruit, TC : 52-53).

La force d'une nation doit être directement proportionnelle au niveau historique. La force est déterminée par ce niveau historique : s'il descend, la force elle aussi s'abaisse. Plus loin, il rajoute que « Les grandes nations ne vivent et se détruisent que pour savourer leur puissance.

Aussi la force ne doit-elle pas être considérée comme un prétexte, ni comme un moyen. Les nations consument leurs possibilités intérieures et s'épuisent dans le devenir afin d'aboutir à la conscience de soi, que justifie la force » (Cioran traduit par Paruit, TC : 53). Cioran critique son pays d'origine, la Roumanie, pour ne pas être impliqué dans l'histoire, pour appartenir à une « petite culture », comme l'indique Marta Petreu dans *Seine et Danube* :

> […]. Vous avez compris : nous avons protégé et nous avons conservé. Est-ce là un destin historique ? Les grandes nations ou, pour les spiritualiser, les grandes cultures, ont tranché l'histoire à leur volonté de s'affirmer. Une traînée de feu subsiste dans le monde après l'embrasement d'une grande culture, car elle ressemble à une offensive cosmique. Que reste-t-il en revanche après la défensive d'une petite culture ? De la poudre, mais pas à canon. De la poussière, emportée par un vent d'automne. Je cherche en vain le printemps des petites cultures … (Petreu, 2003 : 51).

Face aux « grandes cultures », qui ont « tranché l'histoire », la Roumanie, a « protégé » et a « conservé » son héritage ; mais ces deux actions ne sont pas suffisantes pour son affirmation ; pour cela, Cioran propose la lutte au peuple roumain, une action qui laisse derrière « une traînée de feu » et non de la poussière.

Cioran explique qu'un peuple doit avoir une mission, un but (IE, 1352-1353) et qu'une fois cette « mission » accomplie, la nation doit en créer une autre et une autre, toutes différentes de la précédente. La répétition mène à la constance, mais cette constance est un signe de la fin prochaine et du renoncement nécessaire.

Dans la vision cioranienne, l'histoire n'a donc aucun but précis, et c'est la raison pour laquelle, paradoxalement, on doit être heureux (PC, 709). Ainsi, se détachant de sa collectivité nationale, l'individu est responsable de se détacher de l'histoire globale et de vivre sa propre histoire, car « l'univers commence et finit avec chaque individu » (PC, 709).

En effet, pour se maintenir dans l'histoire, une nation a besoin d'accepter des conventions, des stéréotypes que Cioran rejette catégoriquement. Cette « stupidité » (IE, 1388-1389) de l'histoire humaine n'empêche pas le temps d'avancer. L'histoire est considérée en ce sens « stupide », parce qu'elle avance. La désagrégation et la destruction universelles pourraient survenir par le renoncement concomitant aux préjugés de toutes les nations. Dans ce cas, la Chine devient un modèle de civilisation à suivre pour Cioran (PC, 620). Ainsi, Cioran admire le raffinement de la sagesse chinoise. Le taôisme est d'ailleurs le modèle asiatique proposé. L'humanité est rangée, organisée en générations. À cause de la succession sans fin des générations, explique Cioran, l'humanité a perdu « la conscience universelle » et est condamnée au cycle du recommencement. L'histoire générationnelle nous fait vivre dans le temps et non dans l'intemporel. Cioran développe d'ailleurs « une théorie du non-parallélisme historique. [...]. Selon lui, chaque nation évolue selon son rythme propre : alors que certaines sont déjà au-delà de l'histoire, d'autres demeurent curieusement en deçà » (David, 2006 A : 161).

L'histoire se dirige ainsi vers le mal, elle est en « décomposition » et les hommes ne font que la suivre. Dans *Le livre des leurres*, Cioran explique déjà que l'histoire est un « drame divin » dans lequel il y a un élément de fatalité :

> *A*u fond, l'histoire humaine est un drame divin. Car non seulement Dieu s'en mêle, mais il subit, parallèlement et avec une intensité infiniment accrue, le processus de création et de dévastation qui définit la vie. Un malheur partagé qui, compte tenu de sa position, le consumera peut-être avant nous. Notre solidarité dans la malédiction explique pourquoi toute ironie à son adresse se retourne contre nous, et se ramène à une auto-ironie. Qui, plus que nous mortels, a souffert de ce qu'Il ne soit pas ce qu'Il aurait dû être ? (LL, 313).

Ainsi, le drame de l'homme est en fait un drame divin, car, créateur, c'est lui qui subit la création. L'ironie a l'effet du boumerang et elle revient vers l'ironiste avec violence. Ainsi on ne pourra critiquer Dieu, car on se critiquera soi-même. Dieu est l'homme et l'homme est Dieu, dirait Cioran. On peut d'autre part parler d'un Dieu méchant, pour qui « la création et le péché sont une seule et même chose » (*Entretiens*, 10). C'est à cette tradition cathare, la secte gnostique des bogomiles (qui vivaient surtout en Bulgarie) que Cioran adhérait. Dans l'univers de Cioran, la divinité n'a pas d'oreilles pour les paroles des hommes.

La vérité représenterait le terminus de l'histoire, là où tout le non-sens serait mis en lumière : « *L*'histoire serait finie à l'instant où l'homme se fixerait dans une vérité. Mais l'homme ne vit véritablement que dans la mesure où toute vérité l'ennuie. La source du devenir est l'infinie possibilité d'erreur du monde » (CP, 499).

L'homme devrait se fixer dans une vérité pour que l'histoire finisse, mais il s'y refuse (CP, 499-500). Le passé historique est formé ainsi d'une multitude d'erreurs qui constituent la source du devenir. L'histoire continue de la sorte vers sa fin anticipée, car l'homme ne se fixe jamais, selon Cioran, dans une vérité. La vie réside dans ce mensonge, car la vérité ennuie l'homme dans sa recherche de distractions. On veut bien y croire, mais on ne la pèse pas ; dès qu'on la regarde de plus près et on s'interroge à son sujet, on voit qu'elle est une « vérité quelconque », sans perfection, donc une erreur et un signe du déclin. Et le cycle recommence dans une histoire où aucun Surhomme nietzschéen n'apparaît. La solution dénoncée par Cioran est de vivre « inconsciemment », à l'abri de l'évidence.

Par ailleurs, Cioran s'intéresse à la Genèse, car Adam représenterait ici le personnage historique avec lequel l'histoire aurait commencé (CP, 501). Dans ce passage éloquent, il s'agit ainsi d'un retour au paradis terrestre, l'espace biblique où l'histoire a débuté une fois par un sentiment de profond regret, manifesté par les larmes. Le passage du temps a remplacé ces larmes par un processus de transformation des idées, qui se manifeste finalement dans la culture. Or l'histoire des nations comme celle des individus, garde-t-elle ce sentiment de regret ?

Marta Petreu trace, dans son article « Des philosophies parallèles : Spengler et Cioran », le lien entre histoire et destin chez Cioran :

> […]. Cioran utilise ici l'idée de *destin* de la même façon que Spengler, qui remplace la « causalité » par le « destin » comme explication de l'histoire et affirme que « l'âme » d'une culture est lourde de son destin : […] : « *Le problème du destin* est le problème historique par excellence » [I], le destin doit être « senti », « vécu », il est « une profonde logique du devenir » […] (Petreu, 2003 : 63-64).

À l'égard de son pays, la Roumanie, Marian-Victor Buciu, dans son article « Cioran et la fin de l'histoire » (de la revue *Seine et Danube*), dénonce à son tour les caractéristiques attribuées aux Roumains :

> Ni leurs actes, ni leur pensée n'offrent aux Roumains une voie d'accès à l'histoire. Leur raison la refuse d'emblée. « Les Roumains n'ont presque aucune intelligence de l'histoire, à laquelle ils substituent le *destin* (*La Transfiguration de la Roumanie*). Nous ne sommes pas une nation chimérique. Au contraire, d'un scepticisme excessif, les Roumains manifestent une méfiance excessive. Ils doutent de tout, et même de leur doute. L'aboutissement de cette attitude c'est une sorte de sagesse vaseuse, sous-historique (ou peut-être prématurément post-historique ?). Nous nous sommes retrouvés dans la post-histoire avant d'avoir une histoire. « Le paysan roumain sait un peu trop sur la vie et la mort, sans rien comprendre à l'Histoire. » (Buciu : 80).

Les Roumains, ce peuple de l'espace « carpato-danubiano-pontic » (expression roumaine), ont toujours vécu dans la peur de Dieu, dans la foi et l'espérance et ils ne se sont pas aventurés à créer l'histoire. Dans *La Transfiguration de la Roumanie*, dont « les idées coïncident avec la Garde de Fer » (Mutti : 109) Cioran attaque le peuple roumain et plus précisément les paysans (en leur reprochant leur traditionalisme et leur autochtonisme) avec lesquels on peut entrer dans l'histoire par la porte de « derrière » ; ce livre est considéré comme « une phobie antibyzantine qui nie les racines mêmes de la spiritualité roumaine » (Mutti : 113). La

Transfiguration de la Roumanie reste le livre de Cioran le plus controversé (livre renié plus tard par son auteur), et cela pour la question juive. D'ailleurs, Alexandra Laigel Lavastine, dans son livre *Cioran, Eliade, Ionesco. L'oubli du fascisme*, explique l'attitude de Cioran à l'égard des « étrangers » vivant en Roumanie :

> Cioran englobe sous ce terme [« étrangers »] les représentants des principales minorités ethniques du pays, lesquels bénéficiaient pourtant du statut de citoyens de l'État roumain. Un problème global, donc – l'antisémitisme, on le voit, se trouve à ce stade couplé à un xénophobe – qui doit à ce titre recevoir une réponse à la mesure des enjeux qu'il soulève. [...] C'est justement « l'inégalité du niveau historique » des citoyens d'origine saxonne ou magyare « fiers de leurs traditions » au détriment de la majorité ethnique, qui fait à ses yeux la difficulté. Au fond, écrit Cioran, les Saxons « s'isolent et nous méprisent ». Quant aux Hongrois, « ils se contentent d'être loyaux et de nous haïr » (Laigel-Lavastine, 156).

Pour Cioran, les Saxons et les Hongrois représentent un péril pour les Roumains, mais les juifs les dépassent. En ce qui les concerne, Cioran affirme dans *La Transfiguration*, « Dix millions de Saxons, affirme-t-il, nous seraient moins fatals qu'un million et demi de Juifs. » (Cioran, *La Transfiguration*, 142). Cioran condamne d'ailleurs leur indifférence en ce qui concerne les problèmes de la nation roumaine, « l'injustice, la conquête, la domination financière, la subversion interne, l'infiltration dans les institutions, la manipulation, le complot » (Laigel-Lavastine, 161-162). Alexandra Laigel Lavastine rajoute d'ailleurs les « grands énoncés antijuifs partout disponibles à l'époque : le Juif est d'une part l'antonyme de l'homme ; il est ensuite le déraciné par excellence, le sans-patrie (« les Juifs sont le seul peuple qui ne se sent pas lié au paysage ») » (Laigel-Lavastine, 159). Cioran explique d'ailleurs que les Juifs doivent beaucoup au peuple roumain, car il les a aidés et ils ne devraient pas le condamner.

La critique acerbe de l'histoire se poursuit dans *Précis de décomposition* (PD, 584). L'histoire devient ainsi métaphoriquement une « manufacture d'idéaux », donc une fabrique de rêves, d'espoirs, une « mythologie lunatique », soit l'antipode de la vraie mythologie, celle des commencements. Par le déroulement implacable de l'histoire, l'humanité manifeste ainsi son « refus » de la réalité, sa « soif de fictions ». L'histoire a chez Cioran des connotations profondément dysphoriques.

En fait, l'histoire personnelle est le résultat direct de l'histoire de l'humanité. Aucune distinction n'est à faire entre le sujet et la nation qui est son contexte (LL, 205-206). Si le souvenir des événements mondiaux ne subsiste pas en nous, nous avons alors « raté » l'histoire qui ne représente plus rien, car nous n'avons rien gardé qui puisse fleurir ; un peu à la manière bergsonienne, si le souvenir persiste, c'est celui-ci qui donnera naissance à l'histoire. L'histoire ne peut commencer avec l'avenir ; elle commence avec le moment présent, et si elle n'est pas prise en charge dès le début par chaque individu, elle ne pourra jamais être rejointe. C'est comme un tour dans les jeux de carrousel : si on a raté le départ, on ne pourra plus jamais s'y insérer. Le conseil cioranien est de maintenir une vie personnelle qui ne dépend pas du monde, des époques, du style ou de l'histoire des événements. Proposant comme il le fait souvent de se tenir à l'écart, l'essayiste rejette l'idée d'un enchaînement ; chacun doit vivre libre, en oubliant l'histoire. Sylvain David fait d'ailleurs le lien entre temporalité et affirmation de soi :

> Le mouvement de la temporalité est donc celui de l'affirmation de soi. La grande influence du temps, toujours selon Cioran, est de pousser l'homme à s'imposer, par la ruse, la séduction ou la force. L'être temporel suscite des conflits, crée des événements dans le seul dessein de s'y distinguer, de s'y faire remarquer. En cela, l'essayiste se rapproche de Hegel, qui avance que le moteur de l'histoire est le désir de reconnaissance de soi (David, 2006 A : 154).

Et plus loin David montre que « Cioran tend au contraire à associer le déroulement du temps à une force sur laquelle l'être humain n'exerce aucun contrôle » (David, 2006 A : 154). Cioran explique, en outre, à Fritz J. Raddatz (qui lui demande en quoi sa conception sur l'histoire se distingue de celle de Nietzsche) que sa position est différente de celle de Nietzsche :

« À l'origine de ma position il y a la philosophie du fatalisme. Ma thèse fondamentale c'est l'impuissance de l'homme. Il n'est qu'un objet de l'histoire et non le sujet. Je hais l'histoire, je hais le processus historique » (*Entretiens*, 167-168).

Mais, l'histoire est-elle une force néfaste dont on devrait se méfier, comme Madalina Grigore-Mureşan l'explique dans son livre *La terreur de l'histoire* (Grigore-Mureşan : 217) ? Si Grigore-Mureşan associe l'histoire au mal, Cioran n'est pas très loin de cette idée lui non plus, puisque l'histoire est vue chez lui comme un savoir dont on doit se débarrasser, qu'on doit absolument oublier.

b. *La fin de l'homme, du temps, et de l'histoire.* (*Nietzsche, Bergson, Cioran*)

La fin de l'homme, de l'histoire et du temps, voilà ce qui revient comme un leitmotiv dans les livres de mon corpus. Dans le chapitre « Cioran : la passion de l'indélivrance », de son livre *La morale dans l'écriture*, Michel Jarrety affirme : « Parce que l'essence de l'homme est de n'être rien et de s'en satisfaire, en voulant devenir quelque chose dans l'Histoire il a cessé de coïncider avec soi, et forgé son propre malheur » (Jarrety : 132). Il explique ensuite que « l'homme est entré dans l'Histoire par une sorte de faute, sinon de vrai péché, et que cette parenthèse ouverte par une humanité orgueilleuse, exaltée et soucieuse d'être, elle pourrait aussi bien la refermer un jour » (Jarrety : 132). En ce qui concerne la « sortie de l'Histoire », Cioran envisage d'une part « une possible fin de l'Histoire et de l'homme comme conséquence ultime d'un commencement mauvais » et « une théorie cyclique fondamentalement vitaliste qui interdit toute avancée et tout progrès, comme si toute forme d'accomplissement se trouvait finalement rompue par l'exigence renouvelée d'un mouvement contraire » (Jarrety : 132). Grigore-Mureşan, dans le chapitre « Les cavaliers de l'Apocalypse », montre à son tour la

147

figure *oraculaire* de Cioran qui envisage « une Apocalypse future provoquée par la soif de pouvoir et par les actions meurtrières de ses contemporains » (Grigore-Mureşan : 230).

Par la suite, la fin de l'homme est annoncée, mais cette fin n'amène pas la destruction totale, comme la montre Cioran (IE, 1346). Ainsi, le dernier homme est invité à la vie et non à la mort. Sa disparition sera fêtée. La destruction de l'humanité ne serait pas totale, car Cioran s'imagine comme un survivant qui erre sur la terre. Sylvain David explique que « L'idée du temps devient ainsi, chez Cioran, une conception globalisante qui permet d'évoquer l'ensemble des tares de l'humanité, tant d'un point de vue abstrait, avec des thématiques portant sur les illusions de l'utopie et du devenir, que d'une perspective concrète, en s'attardant sur des sujets comme la fatigue, l'usure et la mort » (David, 2006 A : 150). Dans *De l'inconvénient d'être né*, cette négativité du temps historique semble échapper aux peuples de l'Antiquité:

Les peuples anciens savaient quoi faire pour empêcher la destruction de l'univers (IE, 1359). Pour Cioran, les Aztèques savaient bien négocier avec les dieux ; ils étaient conscients du fait qu'ils devaient leur rendre hommage, leur offrir la vie humaine comme don. Ainsi, l'univers était gardé bel et bien dans une sorte de paradis. Alors que la condition d'existence de l'univers paradisiaque était le sacrifice humain, le monde s'écroule, par contre, de nos jours, à cause de cette absence de sacrifice, car les dieux n'intéressent plus les modernes.

L'histoire est donc essentiellement apocalyptique. L'Apocalypse, par laquelle on comprend la fin du monde et de l'histoire, constitue un sujet débattu dès la naissance du monde (fait paradoxal !), car, dès le début, l'histoire humaine imagine sa fin (PC, 617). Par la suite, cette apocalypse tourne autour de l'homme, mais l'homme ne veut pas accepter ce sentiment, ne veut pas s'y faire prendre. Pour Cioran, le chaos est l'état naturel de l'humanité, c'est l'homme tout nu. Mais on préfère être aveugle et vivre ainsi dans l'illusion. Cette peur de soi sauve l'homme de l'abîme, de sa chute éventuelle. Le chaos peut être représenté par le parti communiste roumain, qui est une « utopie pour les gens qui refusent de tenir compte de la réalité historique » (Grigore-Mureşan : 230).

Dans *La tentation d'exister* la fin du temps est d'ailleurs annoncée par l'Ange de l'Apocalypse (TE, 829). Le temps, le mal et l'histoire finiront tous dans le même instant. L'Ange de l'Apocalypse joue le rôle du chœur dans la tragédie antique, celui qui annonce les nouvelles. L'histoire devient synonyme du Mal. La conception du temps des gnostiques (Tillich) est rappelée par Grigore-Mureşan : « Nous n'appartenons pas au temps, qui nous dissoudrait. Nous ne sommes pas le produit du moment, qui nous anéantirait à nouveau » (Grigore-Mureşan : 233). Sylvie Jaudeau précise que le temps se/nous décompose continuellement : « le temps, principe du mal, exclusion de l'être, se déroule selon un processus de dégradation progressive et irréparable jusqu'à son épuisement final. S'il n'est pas permis à l'homme d'en arrêter le cours, il conserve au moins la liberté d'en précipiter la fin » (Jaudeau, 1990 A : 33).

La fatalité cioranienne s'explique aussi par l'incapacité de l'homme à comprendre :

> *S*i chacun avait « compris », l'histoire aurait cessé depuis longtemps. Mais on est foncièrement, on est biologiquement inapte à « comprendre ». Et si même tous comprenaient, sauf un, l'histoire se perpétuerait à cause de lui, à cause de son aveuglement. À cause d'une *seule* illusion ! (IE, 1358).

Dans un entretien avec Georg C. Focke, Cioran fait allusion à son travail d'écrivain (*Entretiens*, 253). Bien que Cioran au-delà de la fin de l'homme et de l'histoire suppose la reconstruction du monde, l'humanité, sans « forces », ne sera capable que de reproduire l'original, sans créer quoi que ce soit de nouveau. L'histoire est ainsi pour Cioran, explique Grigore-Mureşan « la négation de la morale » (Grigore-Mureşan : 225), donc « l'homme moderne se laisse tenter par les idéologies, par les doctrines, en ignorant de plus en plus les valeurs traditionnelles » (Grigore-Mureşan : 225).

La politique est ainsi la trace du désespoir humain, l'espace fatal qui expose chacun « aux forces constructives et destructives du devenir » (CP, 355), en le menant ainsi à la chute, à la fatalité. Par la suite, on doit agir sans faire de politique. À cet égard, Jarrety explique dans son commentaire sur Cioran (Jarrety : 137) que la fatalité historique réside dans le remplacement des termes caractéristiques à l'antiquité, « barbarie et civilisation », par deux autres qui leur sont opposés, grandeur et décadence. Certainement Cioran aurait préféré le premier doublet. Ce qui est pertinent dans ces comparaisons, c'est le fait que la civilisation ne va pas de pair avec la grandeur. La fatalité réside dans le fait que l'homme devient le jouet de sa propre nature. Le destin, explique Cioran, dans l'entretien avec Branka Bogavac Le Comte « c'est avancer ou non. Parce que, d'habitude, la plupart des existences sont stériles » (*Entretien*s, 265).

Mais si l'homme arrêtait de vivre, l'histoire elle-aussi s`arrêterait : donc l'humanité est la condition de l'histoire. Cioran explique à Georg K. Focke la relation entre l'homme et l'histoire : « […]. Mon sentiment profond me dit que ce n'est pas l'homme qui a créé l'histoire mais qu'il a bien été plutôt été fait lui-même par l'histoire » (*Entretiens*, 248). Il y a ainsi une interdépendance entre l'homme et l'histoire, car ils se créent et se recréent réciproquement ; mais cette relation est différente si on prend en considération le rapport au temps. En effet, l'histoire se crée dans le présent, et à son tour, l'histoire rend hommage, par la remémoration des événements passés, aux hommes. C'est un jeu de rôles entre l'homme et l'histoire.

Dans le même entretien avec Focke, on demande à Cioran si l'homme est déjà mort : (*Entretiens*, 252-253). D'après Cioran, l'homme vit dans un espace et un temps maléfiques, auxquels il ne peut pas échapper. Cette disparition anticipée de l'homme est représentée par deux possibilités : « par l'épuisement de l'intérieur », l'homme perdant son énergie, sa force, ou de l'extérieur, par une « catastrophe » quelconque. Cette prévision apocalyptique est en fait une vision obsessionnelle chez Cioran. Bergson parlait lui aussi de « vision » (DI, 148). Il s'agit en fait d'un processus qui s'installe et se déroule en prenant ampleur ; donc on parle d'une intensité de la pensée qui se transforme de prévision en vision. Tout intervalle de temps réduit est synonyme d'un appauvrissement de la conscience. Sylvain David montre le trajet passé-futur que l'homme « tombé dans le temps » parcourt :

> L'homme tombé dans le temps ne se satisfait pas de sa condition première, mais s'égare dans les métamorphoses du possible. Il ne se contente plus de simplement vivre l'instant présent, mais, au contraire, ne cesse d'orienter sa pensée et son comportement en fonction de l'avenir, envisagé tour à tour avec expectative ou appréhension (David, 2006 A : 151).

Pour évoquer l'épuisement de l'humanité, Cioran reprend souvent le texte biblique :

> « *B*ientôt ce sera la fin de tout ; et il y aura un nouveau ciel et une nouvelle terre », lisions-nous dans l'Apocalypse. Éliminez le ciel, conservez seulement la « nouvelle terre », et vous aurez le secret et la formule des systèmes utopiques ; [...] ce qui compte c'est la perspective d'un nouvel avènement, la fièvre d'une attente essentielle, parousie dégradée, modernisée, dont surgissent ces systèmes, si chers aux déshérités (HU, 1036).

Il y aura donc « la fin de tout », mais elle sera suivie par « une nouvelle terre ». L'histoire doit être vécue comme si elle formait un système clos : « Dans les grandes perplexités, astreins-toi à vivre comme si l'histoire était close et à réagir comme un monstre rongé par la sérénité » (IE, 1281). Grigore-Mureşan explique que « Cioran présage une Apocalypse future provoquée par la soif du pouvoir et par les actions meurtrières de ses contemporains » (Grigore-Mureşan : 224).

En ce qui concerne le moment de la fin, Cioran cherche à être exact dans *De l'inconvénient d'être né* (IE, 1354). Sa vision de fin du monde est donc très précise, prévue dans 200 ans (de 1973, date de la parution du volume), il s'agirait de 2173.

Sylvain David explique ainsi la pensée de Cioran sur la fin apocalyptique :

> En valorisant le mal plutôt que le bien, en avançant que l'humanité plonge vers le pire au lieu de s'élever vers le mieux, le penseur demeure dans le même modèle interprétatif, fût-il renversé (David, 2006 A : 143).

Comme chez Bergson cette prédiction de la fin du monde, du temps et de l'histoire « ne désigne pas une durée, mais un rapport entre deux durées, un certain nombre d'unités de temps, ou enfin, en dernière analyse, un certain nombre de simultanéités ; [...] seuls, les intervalles qui les séparent auraient diminué » (DI, 145). On peut dire ainsi que la prévision suppose une existence dans l'espace.

Tout comme Jaudeau le précise, « Le grand mérite de Cioran est de nous ramener en toute occasion à ce point-limite où l'homme qui tente de dépasser l'homme se retourne fatalement contre soi. C'est ce palier que franchit l'homme moderne, désabusé de tous les paradis, qu'ils soient antérieurs ou postérieurs, et n'accordant plus à l'histoire qu'un sens chronologique » (Jaudeau : 1990 A : 37). Tout comme Stéphanie Pillet l'explique, la fin de l'histoire signifie aussi « la disparition du sens et du concept, tout est simulacre et instantané, c'est la généralisation de l'indifférence » (Pillet, 10). Si l'histoire est lancée vers sa fin, qu'en est-il alors de l'avenir ? Cet avenir est-il chez Cioran un horizon fermé ?

3. L'homme du futur : Le Surhomme ou rien ?

Rappelons d'abord ce que signifie le Surhomme pour Nietzsche. On a déjà vu dans un chapitre antérieur que le *Surhomme* représente le modèle parfait, idéal que Nietzsche prévoit comme maître pour l'humanité future. Le Surhomme « doit être un individu doué de pouvoirs surhumains » (Morfaux : 350). Dans *Ainsi parlait Zarathoustra*, le Surhomme était vu comme « un type supérieur, – quelque chose qui par rapport à l'humanité tout entière constitue une espèce d'homme surhumain – et qui formera « ''une caste dominante – celle des futurs maîtres de la terre'' » (Morfaux : 350). Le Surhomme représente ainsi l'apogée de l'éternel retour. Le but de Zarathoustra est d'enseigner sa venue, implicitement celle de l'éternel retour. Esprit révolté, Zarathoustra enseignait le Surhomme aux hommes supérieurs et à ses animaux : « ''Je vous enseigne le Surhomme. L'homme est quelque chose qui doit être surmonté. Qu'avez-vous fait pour le surmonter ?'' » (AZ, 18-19). Il souhaiterait une évolution de l'humanité qui soit réalisable par la mort de Dieu (son remplacement par une figure surhumaine) et par la mort et la renaissance de l'être et de lui-même, donc une connaissance de l'éternel retour : « […] Es-tu une force nouvelle et un droit nouveau? Un premier mouvement ? Une roue qui roule sur elle-même ? Peux-tu forcer des étoiles à graviter autour de toi ? » (AZ, 76).

Zarathoustra, pour qui l'homme est une « transition » et un « déclin » espère le transformer en Surhomme, donc le forcer à dépasser sa condition. Il guérit aussi ses amis malades (en les recevant dans sa caverne), chante l'éternité, annonce la bonne nouvelle d'une voix oraculaire. Le « Grand Midi » représente le temps de réveil pour l'homme, quand il doit se redresser. Il veut remplacer Dieu par le Surhomme : « *Tous les dieux sont morts : nous voulons maintenant que le Surhomme vive* ! Que ceci soit un jour, au grand midi, notre suprême volonté ! » (AZ, 94).

Ainsi selon Deleuze, Zarathoustra tient une « position inférieure par rapport à l'éternel retour et au surhomme, mais supérieure aux hommes supérieurs » (Deleuze : 220) : « Hélas, je me suis lassé de ces hommes supérieurs, je suis fatigué des meilleurs d'entre eux : j'ai le désir de monter de leur ''hauteur'', toujours plus haut, loin d'eux, vers le Surhomme » (AZ, 170).

Ses disciples, les hommes supérieurs, ont eux aussi une position médiatique entre Surhomme et homme ordinaire, mais ils sont inférieurs à Zarathoustra.

La conception de Nietzsche sur le Surhomme rejoint le mythe de l'éternel retour, comme nous l'avons noté plus tôt. Tout comme le phénix, l'homme nouveau doit se décomposer, se détruire, et ensuite se recréer comme Surhomme : « Il faut que tu veuilles te brûler dans ta propre flamme : comment voudrais-tu te renouveler sans t'être d'abord réduit en cendres ! » (AZ, 78). La destruction est en somme la condition nécessaire pour la construction, pour la création d'un homme nouveau.

Cioran commente la position nietzschéenne et l'explique dans un entretien avec Georg K. Focke (*Entretiens*, 251). Ainsi, le surhomme ne vaudrait pas plus qu'un homme, d'après Cioran ; par contre, ses défauts seraient pires que ceux des hommes. Il critique ici Nietzsche, en le considérant comme un homme coupé du monde : « trop naïf », « un solitaire », « un homme isolé, auquel manquait l'expérience immédiate de l'autre ». À ce sujet, Nietzsche et Cioran sont aux extrêmes, car l'un élève l'homme jusqu'au soleil, tandis que l'autre le descend dans les ténèbres. Certainement, Cioran est plus réaliste que Nietzsche, car le surhomme suppose des qualités surnaturelles qui aident plutôt à la destruction qu'à la construction. Le surhomme est ainsi un homme masqué, au dessus duquel se cache un monstre. L'homme ne peut sauter au-dessus de lui-même, il n'est pas libre…dirait Cioran.

Cette étude du temps historique chez Cioran se conclut alors sur une vision de l'humanité s'éloignant d'elle-même (IE, 1350). Cioran croit d'ailleurs appartenir à une « vieille » génération, qui garde des liens avec le passé et regrette le paradis, une humanité future qui ne s'intéresse pas au passé. La naissance d'un autre monde suivra certainement la mort de l'humanité (CP, 368). Dans ce passage, le pronom indéfini « quelque chose », répété

154

deux fois, est riche en significations, même si à première vue il ne clarifie rien. Ce mot au sens indéfini cache le sens futur de l'humanité, qu'on déchiffre à partir des verbes : « va commencer », « aura muri ». Par la suite, Cioran affirme que « L'aventure humaine aura assurément un terme, que l'on peut concevoir sans en être le contemporain. Lorsqu'en soi-même on a consommé le divorce avec l'histoire, il est entièrement superflu d'assister à sa clôture... [...] (PD, 646). Plus loin, le narrateur affirme sur la fin de l'humanité (PD, 687-688). Cioran parle d'un « divorce avec l'histoire », d'un détachement par rapport à soi, car les choses sont à l'apogée de la décomposition : « Une bonne partie, les survivants, s'y traîneront, race de sous-hommes, resquilleurs de l'apocalypse... [...] ». Il y aura des survivants, mais ils auront une condition misérable. On voit donc que l'histoire ne se répète pas et que seules les illusions se répètent, alors que l'aventure humaine « aura un terme » et que Cioran parle du dernier homme et non d'un Surhomme. Cioran rejette la notion nietzschéenne de l'éternel retour. Il regrette d'ailleurs (dans les *Entretiens*) de ne pas pouvoir vivre assez longtemps pour assister à la fin du monde. À la différence de Nietzsche qui propose dans *Ainsi parlait Zarathoustra* un renouvellement de l'histoire (de l'humanité) sans Dieu, Cioran est plus pessimiste, car il annonce l'Apocalypse générale : « L'aventure humaine aura assurément un terme, que l'on peut concevoir sans en être le contemporain. Lorsqu'en soi-même on a consommé le divorce avec l'histoire, il est entièrement superflu d'assister à sa clôture [...] » (PD, 646). La fin de l'histoire est donc au cœur de chaque individu.

Grigore-Mureşan explique que Cioran « développe une réflexion sur le processus historique et sur le totalitarisme » en rappelant que « l'auteur exprime souvent ses états subjectifs, ses sentiments de solitude, de regret, de joie, sa nostalgie du paradis perdu » (Grigore-Mureşan : 214). En ce qui concerne « la recherche de la quiétude paradisiaque et les expériences mystiques », celles-ci intéresse Grigore-Mureşan « dans la mesure où elles attestent le désir de l'homme de quitter le présent historique pour regagner un temps heureux, pour rencontrer le sacré » (Grigore-Mureşan : 214). Elle rajoute plus loin que « L'homme ne peut être à tout instant un être historique ; l'univers de la fantaisie, l'imaginaire se constitue en tant que moyen d'échapper à l'angoisse provoquée par certaines faits historiques. L'homme s'oppose à la ''terreur de l'histoire'' par sa force créatrice, par sa volonté de s'immerger dans les univers imaginaires » (Grigore-Mureşan : 322).

Par sa déconstruction de l'histoire, Cioran est du côté de Spengler, « philosophe de la décadence l'un des premiers à rompre avec le cours linéaire de l'histoire » (Jaudeau : 1990 A : 37). Jaudeau rajoute que « pour certaines gnoses, et notamment la Kabbale juive à laquelle semble souscrire Cioran, le monde temporel surgit d'un retrait de Dieu, d'un processus négatif, d'une amputation. Bref, le temps est saisi comme une fatalité et comme une malédiction » (Jaudeau, 1990 A : 55). Elle explique ensuite que « la sensibilité gnostique s'affirme d'abord conscience des limites de la condition humaine et révolte devant ce qu'elle perçoit comme enfermement, emmurement, loin de la liberté d'un monde intelligible et transcendant au temps, dont elle se sent exclue. La temporalité s'assimile à une déchéance » (Jaudeau, 1990 A : 54).

Il y a donc cette fatalité de l'histoire qui plane sur la Roumanie et dont les Roumains ne savent pas comment se débarrasser. Même s'ils en ont la volonté, il y a quelque chose de la génétique qui a mis l'empreinte sur les Roumains depuis des années en le rendant, selon Cioran, « un peuple brisé par l'histoire » (*Entretiens*, 208). Cet héritage les freine, alors que les traditions et les coutumes roumaines les empêchent de lutter, de sorte qu'ils se retrouvent dans un état d'impassibilité, tout comme le berger de *Miorița* dont nous avons parlé en début de ce travail.

CHAPITRE 5

1. Définitions et caractéristiques du mythe

On a déjà vu dans le chapitre les caractéristiques du mythe chez Mircea Eliade ; rappelons que le mythe est : une « histoire fabuleuse, qui dit toujours vrai », une « révélation primordiale », « le récit d'une création », un « événement qui a eu lieu dans un temps primordial » (Eliade, 1963 : 16 -17). Le parti pris d'Eliade, sans doute à la suite d'une lecture de Nietzsche, est l'éternel retour : tout est ramené au recommencement, car « le mythe garantit à l'homme que ce qu'il se prépare à faire *a été déjà fait* » (Eliade, 1963 : 173). Par la répétition de l'acte cosmogonique, le temps concret, dans lequel s'effectue la construction, est projeté dans le temps mythique, *in illo tempore* où la fondation du monde a eu lieu » (Eliade, 1969 A : 33). Pour l'homme religieux, explique Eliade, le temps mythique est séparé en « sacré et profane » (Eliade, 1969 B : 236). Nietzsche évoquait « l'éternel retour » et des personnages et des héros mythiques comme Cupidon, Dionysos, Ulysse et Jésus Christ. La définition d'Eliade est centrale chez Cioran, qui rattache « l'éternel retour » à la figure biblique de Jésus Christ et qui amplifie le temps du mythe par les héros mythiques d'Atlas, de l'Arche de Noé, d'Adam et Ève. Cioran invoque la renaissance et la mort de soi-même par le biais du mythe. Il voudrait un retour au passé, par le biais d'une régression, pour retrouver « le temps des origines », tandis que Nietzsche cherche, à l'inverse, une régression et une progression, en vue de parvenir à une nouvelle vie. Toutefois, on a vu chez Nietzsche la métamorphose de l'humanité en un « arbre qui couvre la terre avec ses fleurs » (HH vol.2, 260) où la mythologie et l'histoire vont de pair, car l'arbre mythique sauve l'humanité. Cioran nous invite à découvrir le chemin tracé par Eliade : « la route menant au centre […], le chemin […], un rite du passage du profane au sacré ; de l'éphémère et de l'illusoire à la réalité et à l'éternité ; de la mort à la vie, de l'homme à la divinité » (Eliade, 1969 B : 30). Voyons dans les trois sections suivantes cette problématique du mythe : 1) le mythe cyclique, 2) le mythe ressuscité, 3) le Temps apocalyptique ou la déconstruction du temps passé.

2. Le temps cyclique

Discutons maintenant en deux temps cette conception du temps mythique : a) la nostalgie de la Création et b) L'éternel retour du même et La résurrection.

a. *La nostalgie de la Création*

Le mythe de la *Création*, qui implique la naissance et la renaissance, est invoqué chez Cioran par la référence à *Adam et Ève* et chez Nietzsche au *Phénix*. Regardons d'abord ce que représente le mythe d'*Adam et Ève* dans *Crépuscule des pensées*. Ainsi, le mythe d'*Adam et Ève* est réactualisé par le narrateur pour montrer que la vie est « l'éternisation de l'instant de peur inconsolé », et que nous *réitérons* depuis ce temps-là, « cet instant impitoyable », pour nous ouvrir les yeux sur notre premier héritage qui est « la lumière du premier désespoir » (CP, 402), moments identiques d'Adam au moment de sa fuite du Paradis. Par le biais de ce mythe, Cioran nous explique qu'on revit sans espérance, dans la peur qui nous renvoie à l'image figée du *temps mythique*, que nous sommes ainsi le double d'Adam et Ève chassés du paradis. Si le passé est derrière eux, nous, les modernes, n'avons pas cette chance, nous explique Cioran. Pour relever notre ressemblance aux premiers hommes, Cioran commente l'adamisme roumain :

> […]. La culture roumaine est adamique parce que rien de ce qu'elle engendre n'a de précédent (y compris dans un sens négatif). Chacun de nous réédite le destin d'Adam ; à ceci près qu'il a été tiré du paradis, et nous d'un grand sommeil historique. […]. Nous devons affronter vivement, agressivement, cette tragédie qu'est la culture adamique, combler de toutes nos forces le vide du passé, tenter de mettre au jour, grâce à une initiative inattendue, tout ce qui végétait dans notre sommeil historique. […] (Cioran cité par Paruit, TC : 57).

159

En s'adressant à ses lecteurs roumains, Cioran montre l'infériorité de l'histoire de la Roumanie envers les figures mythiques d'Adam et Ève, et souligne le fait que les modernes revivent la création du monde, mais toujours à un degré inférieur. Jaudeau rappelle l'appartenance de Cioran à la conception gnostique de l'histoire, pour qui la création est « déchéance de l'absolu » et « symptôme d'une tare » (Jaudeau 1990 A : 50). Elle explique aussi que la Genèse constitue « le texte fondamental pour Cioran. Quand l'homme goûte du fruit de la connaissance, il signe son arrêt de mort à l'éternité, cause de toutes ses souffrances. Le temps du devenir que représente l'histoire incarne le mal » (Jaudeau, 1990 A : 32). Nicole Parfait, dans *Cioran ou le défi de l'être*, traite de la conception du monde et de l'homme chez Cioran :

> qui en vient à affirmer l'existence d'un principe du mal au fondement de l'Être, non sans analogie avec le catharisme. […] « Conception empreinte, explique Cioran, de la croyance profonde du peuple roumain, selon laquelle la Création et le péché sont une seule et même chose » (*Entretiens*, 10 ; Parfait : 29).

Si la création et le péché sont une seule et même chose, cela signifie que la création signifie la destruction dans la conception que s'en fait Cioran.

b. *L'éternel retour du même et la résurrection*

L'éternel retour *du même* est l'idée fondamentale, le fil conducteur, le leitmotiv, « l'exophore mémorielle » de *Zarathoustra*, qui essaie d'enseigner le cycle du recommencement aux hommes supérieurs et à ses animaux. Mais la philosophie de Nietzsche ne s'arrête pas là, car elle envisage une disparition de toute l'humanité, la mort de Dieu et un monde nouveau sans Lui.

L'éternel retour apparaît, d'abord, dans le Prologue (« De l'énigme et de la vision »), car Zarathoustra voulait « descendre dans les profondeurs » (AZ, 15) et « redevenir homme »

(AZ, 16). Dans le chapitre intitulé « Le convalescent », les animaux parlent du cycle de la vie, un cycle continu vie-mort : « Tout va, tout revient, la roue de l'existence tourne éternellement. Tout meurt, tout refleurit, le cycle de l'existence se poursuit éternellement » (AZ, 251-252). Chez Cioran, le retour au mythe christique qui dure depuis 2000 ans est la raison pour laquelle l'humanité désire une autre vie comme on le voit dans *Le livre des leurres* : « Quand je pense que depuis deux mille ans, nous vivons à l'ombre de la mort du Christ, je comprends mieux pourquoi les hommes ont désiré pendant tout ce temps une autre vie, voire l'*autre* vie » (LL, 229). C'est bien sûr la vie éternelle, celle d'après la mort, à laquelle l'humanité rêve depuis des siècles. Tout comme Judas, qui a trahi son prochain, il y a une autre modalité de la trahison, explique Cioran, celle de se trahir soi-même : « abandonner *tout* », « s'isoler de son milieu ; repousser – par un divorce métaphysique – la substance qui vous a pétri, qui vous entoure et qui vous porte » (PD, 631). Ainsi, Cioran se veut le double de Judas, comme il l'explique dans *La tentation d'exister* :

> J'en vins ainsi à idéaliser Judas, parce que, se refusant à supporter plus longtemps l'anonymat du dévouement, il voulut se singulariser par la trahison. Ce n'est pas par vénalité, me plaisait-il de penser, c'est par ambition qu'il *donna* Jésus. Il rêva de l'égaler, de le valoir dans le mal ; dans le bien, avec un tel concurrent, nul moyen pour lui de se distinguer. [...]. (TE, 892).

Cioran porte une sympathie à part pour les personnes marginalisées comme le personnage biblique de Judas. « La fin justifie les moyens », dans *Le Prince* (Machiavelli : 305) explique la théorie de Machiavelli, et c'est aussi le motto de Cioran, dirait-on. On voit dans cette section sur le mythe que Cioran se place du côté de l'action, du mouvement, jusqu'à l'extrême (il exprimera une opinion contraire, qui invitera à ne rien faire, comme on le verra plus tard dans le chapitre sur la vie).

Cioran s'oppose aux enseignements du Christ en répliquant que Dieu n'existe qu'en chacun de nous, dans *Histoire et utopie* (HU, 1042). Mais comme Jésus n'affirmera jamais cela, car pour lui le paradis est au ciel, Cioran restera un anti-Jésus qui lutte contre les systèmes illusoires qui trompent l'œil et la pensée humaine. Dans *Le livre des leurres*, le je-personnage se retrouve parmi ceux qui sont seuls, il est l'un de ceux pour qui Dieu n'existe pas. La souffrance n'est pas vraiment un chemin à suivre (LL, 126). Le Christ n'est pas venu pour ceux qui souffrent, mais pour ceux qui sont « simplement seuls », dans la solitude (pourquoi pas heureux ?). Si vous souffrez, n'attendez pas quelqu'un qui vienne vous sauver. Grigore-Mureşan affirme dans sa lecture de Cioran que Jésus Christ est le « paroxysme de la souffrance » (Grigore-Mureşan : 116). Donc l'éternel retour du même, dans ce cas la souffrance, ne suppose pas l'attente du Sauveur, mais sortir d'un temps maléfique, celui des oppressions hongroises et communistes, l'attente d'un temps meilleur, dirait Cioran.

Si Nietzsche fait appel à Jésus Christ comme double de Zarathoustra, Cioran, lui, n'en est pas séduit, car il s'intéresse plutôt à Don Quichotte. Pourquoi choisit-il le personnage des illusions comme symbole de l'humanité ? Ici, une réponse possible nous est donnée par le critique roumain Eugen Simion :

> Dans son style iconoclaste, Cioran sympathise en 1936 en faveur de Don Quichotte. Entre celui qui se sacrifie pour un homme et celui qui se sacrifie pour une illusion, le philosophe roumain choisit le héros de l'illusion et de la gratuité…. Or, pourquoi le lecteur favorise-t-il le héros Don Quichotte à Jésus Christ ? Aussi, qui peut nous lier davantage au chevalier à la Triste Figure que celui du chevalier à la Croix... L'histoire sans Jésus Christ ne serait-elle pas parue dénudée de sens... Qui alors et pour quelles raisons a-t-il inventé Don Quichotte ? Son apparition se voulait nécessaire (ou pas) ? Ainsi, dispersé, incompris, Don Quichotte serait plus seul pour le lecteur que Jésus ne l'a été dans le jardin de Gethsémani ; plus seul *pour nous* […]. Chez Don Quichotte, l'illusion est un don, une grâce (ma traduction du roumain, Eugen Simion, *Fragmente critice* V. Cioran, Noica, Mircea Vulcanescu : 41).

C'est d'ailleurs pour sa solitude et ses illusions que Don Quichotte est le personnage aimé par Cioran. L'illusion est le sauvetage d'une vie de non-sens, dirait Cioran. Paradoxalement, cette solitude est ce qui unit les deux héros, Zarathoustra et Don Quichotte.

Cioran et Eliade, par ailleurs, nous invitent à découvrir le « *centre*, le chemin, [...] un rite de passage du profane au sacré ; de l'éphémère et de l'illusoire à la réalité et à l'éternité ; de la mort à la vie, de l'homme à la divinité » (Eliade, 1969 A : 30). L'accès au « centre », d'après Eliade, « équivaut à une consécration, à une initiation ; à une existence, hier profane et illusoire, succède maintenant une existence réelle, durable et efficace » (Eliade, 1969 A : 30). Si l'homme moderne est le double d'Adam et d'Ève, n'est-il pas déjà chassé du « centre » depuis longtemps et ne vit-il pas sa vie tragique, égaré dans ce monde plein d'illusions et de mensonges ? « L'homme ne fait que répéter l'acte de la Création », nous explique donc Mircea Eliade (Eliade, 1969 A : 35).

Si pour Nietzsche Dieu est mort, Dieu existe encore pour Cioran, mais ce dernier ne croit plus en Lui. Mais pourquoi fait-il, alors, des invocations à Dieu ? D'après Eliade, c'est Dieu qui détient les trois clés du mythe : « celle de la pluie, celle de la naissance et celle de la résurrection des morts » (Eliade, 1969 A : 79). Voyons maintenant en quoi consiste ce mythe de la résurrection représenté par d'autres figures mythiques : Sisyphe et le phénix.

3. Le mythe ressuscité

Négation mythique de l'être et de la vie : Sisyphe et le phénix

Sisyphe[2] et le phénix subissent un sort semblable au personnage cioranien. Le temps mythique, circulaire, est la situation de Sisyphe. Tout comme le héros mythique, repris par l'existentialisme, le sujet se sent condamné et reste prisonnier du temps circulaire des commencements :

> *T*out me blesse, et le paradis semble trop brutal. Chaque contact m'atteint comme la chute d'un rocher, et le reflet des étoiles dans les yeux d'une vierge me fait mal en tant que matière. Les fleurs répandent des parfums mortels, et le lys n'est pas assez pur pour un cœur qui fuit tout. Seul le rêve de bonheur d'un ange pourrait offrir un lit à son bercement astral. [...] (CP, 398).

Cette belle métaphore filée montre celui qui souffre dans ce monde où tout est « trop brutal ». La chute du rocher rappelle la condamnation de Sisyphe. L'être devient très sensible au toucher. « L'ange cannibale » est un oxymore qui représente peut-être le je-cioranien, médiateur entre Dieu et le monde. Cioran joue d'ailleurs souvent avec les oppositions, car celles-ci reflètent le paradoxe, l'étonnement, la « coïncidentia oppositorum » baroque qui caractérisent son style. Tout comme le disait Eugen Simion, l'œuvre cioranienne est un « *palimpseste* où le narrateur veut perdre son nom. Un discours *baroque* couvert de neuf couvertures... » (Simion : 98). On donne toutefois raison à Sylvain David qui observe la « démarche » de Cioran qui consiste à « *piller* la matière de la poésie pour l'adapter à un

---

[2] « Il était roi de Corynthe. Un jour, il aperçu un aigle immense, plus grand et plus beau qu'aucun oiseau mortel, qui emportait une jeune fille vers une île voisine. Peu après, le dieu-fleuve, Aspos vint lui dire que sa fille Engine avait été enlevée et qu'il soupçonnait Zeus d'être l'auteur de ce rapt ; il supplia Sisyphe de l'aider à retrouver son enfant. Le Roi lui raconta alors ce qu'il avait vu et par là s'attira la colère de Zeus. Précipité dans l'Hadès, il fut condamné à rouler sans cesse une grosse roche jusqu'au haut de la montagne, d'où elle redescend aussitôt. Sisyphe ne put aider Asopos ; le dieu-fleuve parvint bien jusqu'à l'île, mais Zeus l'en repoussa au moyen de son foudre. L'île fut dès lors appelée Egine en l'horreur de la jeune fille, dont le fils Eaque, fut le grand-père d'Achille, lui-même parfois nomme Eacide ou descendant d'Eaque » (Hamilton : 390).

discours davantage philosophique » (David, 2006 A : 60). Pour Cioran, la circularité mythique du temps « constitue une relation tout à fait à part qu'il construit entre la philosophie et la poésie, entre la logique et la rhétorique de la méditation. Son œuvre est imprégnée du principe du ''*philosopher poétiquement*'' qu'il prônait dans *Sur les cimes du désespoir* » (Prus : 3) et est « l'équivalent de ce que signifie perfection poétique » (Prus : 7).

De la même manière, évoquant la thématique du feu, le phénix[3], dans la mythologie, renaît de ses cendres ; ainsi, l'homme nouveau doit se décomposer, se détruire et ensuite se recréer à la manière du Surhomme de Nietzsche : « [...] Il faut que tu veuilles te brûler dans ta propre flamme : comment voudrais-tu te renouveler sans t'être d'abord réduit en cendres ! » (AZ, 78). Cette auto-destruction est la condition nécessaire pour la construction d'un homme nouveau. L'influence de Nietzsche sur Cioran sera ici évidente. En effet, le mythe du phénix était directement invoqué par Zarathoustra pour montrer aux hommes supérieurs comment se surmonter : « Il faut que tu veuilles te brûler dans ta propre flamme : comment voudrais-tu te renouveler sans l'être d'abord réduit en cendres ! (AZ, 78). Ainsi, toute renaissance n'est possible que par la mort, par la décomposition de soi-même.

---

[3] « Le Phénix est un oiseau fabuleux, originaire d'Ethiopie, et dont la légende est liée au culte du Soleil chez les Egyptiens. [...] L'aspect général du phénix est celui d'un aigle, mais un aigle d'une taille considérable. Son plumage est paré des plus belles couleurs : rouge feu, bleu clair, pourpre et or. Les autres ne sont pas d'accord sur la répartition de ces couleurs sur son corps, mais, tous affirment que le phénix est infiniment plus beau que le plus splendide des paons. La légende du phénix concerne surtout la mort et la renaissance de l'oiseau. Celui-ci est unique de son espèce et, par conséquent ne peut se reproduire comme les autres animaux. Lorsque le phénix sent arriver la fin de son existence, il amasse des plantes aromatiques, de l'encens, de l'amome, et en forme une sorte de nid. À ce point, existent chez les mythographes deux traditions distinctes : les uns affirment que l'oiseau met le feu à ce bucher odorant et que, des cendres, surgit un nouveau phénix ; selon les autres, le phénix se couche sur son nid ainsi formé, et meurt en l'imprégnant de sa semence. Le nouveau phénix naît alors et, recueillant le cadavre de son père, l'enferme dans un tronc de myrrhe creux qu'il emporte jusqu'à la ville d'Héliopolis, dans l'Egypte septentrionale, et dépose sur l'autel du Soleil, le phénix plane un moment dans l'air, attendant qu'un prêtre paraisse. Lorsque le moment est venu, un prêtre sort du temple et compare l'aspect de l'oiseau avec un dessin qui le représente dans les livres sacrés. C'est alors seulement que l'on brûle solennellement le cadavre de l'ancien phénix. La cérémonie terminée, le jeune oiseau repart en Ethiopie, où il vit se nourrissant de perles d'encens, jusqu' à ce que la durée de sa vie soit accomplie » (Grimal : 365).

Cioran fait appel également et indirectement au phénix et à la symbolique de l'auto-destruction : « […] Je cherche l'astre le plus éloigné de la terre pour m'y faire un berceau et un cercueil, pour renaître de moi et mourir en moi » (CP, 379). Cioran relève la renaissance et la mort de soi-même par le biais du mythe ; mais sa pensée poétique ne s'arrête pas là, car elle envisage la mort de toute l'humanité. Il voudrait arriver à une régression vers le passé, vers les *origines* (au mythe d'*Adam et Ève*), par le double biais d'une progression et d'une régression, pour retrouver le temps d'avant, une antériorité bienheureuse, tandis que Nietzsche voudrait, à l'inverse, une régression et une progression vers une nouvelle vie. À l'égard du parallélisme *vie et mort* chez ces deux auteurs, Modreanu cite l'explication donnée par Cioran lui-même dans le *Livre des leurres* : « La vie est éternelle pour l'esprit et éphémère pour la mort. Car la mort *précède et survit à la vie*. […]. Le rien est primordial (d'où, au fond, *tout est rien*) (LL, 172). Modreanu explique ensuite :

> L'irruption du néant dans les structures mêmes de la vie signifie l'introduction implicite du néant dans l'élaboration de l'être, dénonçant le ridicule de la vie et assignant le fait qu'il n'y a d'autre initiation qu'au néant, la vie étant inconcevable sans un principe de négativité. Mais affirmer l'universalité de la mort et le caractère accidentel de la vie ne revient pas à discréditer celle-ci en faveur de celle-là (Modreanu, 2003 : 237).

Cioran, remarquons-le, imite Nietzsche mais va plus loin, car il ne suit pas le même but : il va jusqu'aux origines et les dépasse pour parvenir à l'inconnu, au néant qui fonde tout.

4. Temps apocalyptiques ou déconstruction du temps passé

On peut parler chez Cioran d'une vision gnostique du temps (comme l'affirme Jaudeau) où le je-cioranien est chassé du temps et du monde et où la décomposition et la déconstruction occupent les rôles primordiaux. Cioran se voit ainsi « l'objet d'une double fatalité, celle de la damnation temporelle et celle de la conscience de cette fatalité » (Jaudeau, 1990 A : 57).

Analysons maintenant a) Les figures mythiques enviées ou le Mythe personnel et ensuite b)

L'Apocalypse ou la déconstruction du monde.

a. *Figures mythique enviées ou le Mythe personnel (mythe du Déluge, mythe d'Atlas)*

La fin de l'humanité est montrée par l'emprunt aux mythes d'Atlas et de l'Arche de

Noé chez Cioran et au mythe d'Ulysse dans sa descente aux enfers chez Nietzsche (HH vol.2,

167). Nietzsche (tout comme Dante dans *L'Enfer*) invite le lecteur à un voyage souterrain,

dans les ténèbres de la terre et le royaume des morts, car l'éternité et la vie n'ont pas de sens

pour lui autrement que par ce passage dans la destruction. Chez Cioran, le je-narrateur cherche

plutôt une transgression vers le passé, car il envie le mythique Atlas qui assiste au spectacle de

la déconstruction et qui est la figure même du dérisoire (PD, 618). Il est facile de concevoir,

donc, que le narrateur cioranien désire ardemment la destruction de l'humanité, car il veut

« secouer les épaules pour assister à l'écroulement de cette risible matière... » (PD, 618). La

figure d'Atlas pourrait l'aider à détruire, à annihiler le monde, comme le montre le verbe

dysphorique *écrouler*. Cette référence au mythe d'Atlas aide à comprendre la nécessité chez

Cioran de construire et déconstruire l'histoire humaine.

Par le biais du mythe de l'Arche de Noé, le personnage rivalise encore avec Dieu dans

son dialogue fictif, alors qu'il implore le *Déluge* : « Mon Dieu, à quand un nouveau déluge ?

Quant à l'arche, tu peux envoyer autant de navires que tu veux, je ne serai pas un descendant

de la lâcheté de Noé ! » (CP, 459). Esprit révolté, le narrateur n'accepte pas cette lâcheté il

voudrait affronter Dieu et ne pas sauver l'humanité comme l'a fait celui-ci. Pour Cioran, Noé

est la figure de l'abandon ; par son sauvetage de l'humanité, il a manqué de courage et a refusé

la nécessité de la destruction de l'histoire. Le *déluge* qu'il demande vise à noyer le monde, y

compris lui-même. L'arche « conserve toujours un caractère mystérieux. Jung découvre en elle l'image du sein maternel, de la mer dans laquelle le soleil est englouti pour renaître »

(Chevalier et Gheerbrant, 1973 : 124). Toutefois, explique Chevalier et Gheerbrant, l'arche est

« censée conserver la connaissance. Elle symbolise la connaissance sacrée. Noé a gardé la

connaissance antédiluvienne des anciens âges [...] » (Chevalier et Gheerbrant, 1973 : 124). À

la différence de Nietzsche qui envisageait la fin de l'humanité et de l'histoire pour un

renouvellement de celle-ci, Cioran est plus cruel, car il voudrait la fin de l'homme et de soi-

même sans envisager un nouveau monde.

b. *L'Apocalypse ou la déconstruction du monde*

L'Apocalypse suppose la fin de l'histoire et la fin du monde, explique la Bible :

> Les sept Anges aux sept trompettes s'apprêtèrent à sonner. [...] Il y eut alors de la grêle
> et du feu mêlés de sang qui furent jetés sur la terre : et le tiers des arbres fut consommé,
> et toute herbe verte fut consommée. [...] Alors tomba du ciel un grand astre, brûlant
> comme une torche. Il tomba sur les tiers des fleuves et sur les sources ; [...] Alors
> furent frappés le tiers du soleil du soleil et le tiers de la lune et le tiers des étoiles. [...]
> (La Bible : Apocalypse, v. 8-9 : 1932).

On voit ainsi que l'univers est bouleversé et que tous les éléments (le soleil, la lune, la terre, les

fleuves) y sont affectés. La fin du monde ressemble ainsi à un cataclysme universel. Mais le

but de cette annihilation mondiale est le retour :

> Puis je vis *un ciel nouveau* et *une terre nouvelle* – car le premier ciel et la première terre
> ont disparu, et de mer, il n'y en a plus. [...] : « Voici, je fais l'univers nouveau. » [...]
> Mais les lâches, les renégats, les dépravés, les assassins, les impurs, [...] tous les
> hommes de mensonge, leur lot se trouve dans l'étang brûlant de feu et de souffre : c'est
> la seconde mort. » (La Bible, Apocalypse 20-21 : 1943).

Dans cette belle citation, on peut observer la fin de l'histoire et la recréation de la communauté.

Dieu épouse son peuple préparé pour ce mariage éternel. Il crée d'ailleurs un univers nouveau.

Chez Cioran, notamment dans *La tentation d'exister*, l'horizon de l'Apocalypse est omniprésent, puisqu'il correspond au destin fatal de l'histoire et à la nécessité de la déconstruction du temps historique :

> [...] Issue d'une mythologie d'esclaves, l'*Apocalypse* représente le règlement de comptes le mieux camouflé qui se puisse concevoir. Tout y est vindicte, bile et avenir malsain. Ezéchiel, Isaïe, Jérémie avaient bien préparé le terrain... [...]. L'éternité était pour eux un prétexte à convulsions, un spasme ; vomissant des imprécations et des hymnes, ils se tortillaient sous l'œil d'un Dieu insatiable d'hystéries. [...] (TE, 877).

L'Apocalypse suppose un avenir noir, préparé par les prophètes, les porte-parole de Jésus. L'éternité était un mensonge dans leur bouche : « un prétexte à convulsions, un spasme », selon Cioran qui propose plutôt une autre sorte de prophète, emprunté à la peinture : « Dürer est mon prophète. Plus je contemple le défilé des siècles, plus je me persuade que l'unique image susceptible d'en révéler le sens est celle des *Cavaliers de l'Apocalypse* » (HU, 1007).

Pour Cioran, la vie est une honte, la mort une victoire, une épreuve de courage. D'où la juxtaposition de ces deux modèles mythiques religieux de la fin du temps, proposés par Cioran et vus à plusieurs reprises comme nécessaires.

Par conséquent, le mythe sert de double à l'homme moderne, mais la solution dépasse le mythe, car elle correspond chez Cioran à une pensée forcément négative de l'histoire. Si Nietzsche sympathise avec Jésus Christ qui est le référent de Zarathoustra, le prophète, par la guérison des malades, Cioran entrevoit plutôt la figure du traître, Judas, et l'optique du suicide ou de l'exil. Si l'on réfléchit bien, Zarathoustra lui-aussi est un exilé, car il vit dans la forêt, il a déjà laissé sa famille et se complaît dans un divorce métaphysique. La vie de Zarathoustra n'est-elle pas le chemin à suivre à l'invitation de Cioran de s'exiler ? Par le modèle de Zarathoustra, de Judas et de Bouddha, Cioran invite aussi l'homme moderne à se charger d'une transformation radicale qui passera par la destruction et la reconstruction. Mircea Eliade précise d'ailleurs que « L'*histoire vraie* lui révèle le Grand Temps, le temps mythique, qui est la véritable source de tout être et de tout événement cosmique. […]. Transcender le temps profane, retrouver le Grand Temps mythique, équivaut à une révélation de la réalité ultime » (Eliade, 1980 : 86).

CHAPITRE 6

La vie ou le temps existentiel

Avant d'interroger la notion de temps existentiel, ce que nous appellerons la *vie*, chez Cioran, rappelons d'abord certaines définitions issues du corpus principal.

1. Définitions de la vie et du temps existentiel.

Dans *Le livre des leurres*, Cioran définit en termes lyriques le rapport entre l'existence et l'instant (« Je veux vivre seulement pour ces instants, où je sens l'existence tout entière comme une mélodie […] » [LL, 114]), et ensuite la relation vie-mort (« Bien que la mort commence pour nous tous avec la vie, peu d'entre nous ont l'impression de mourir à chaque instant » [LL, 116]). Dans ce recueil Cioran explique d'ailleurs que « […] la tragédie de l'homme est de ne pouvoir vivre *dans*, mais seulement *en-deçà* ou *au-delà*. […] il ne peut vivre *dans* le monde, mais se débat en vain entre le paradis et l'enfer, entre l'élévation et la chute » (LL, 118). L'existence humaine serait donc comme une balançoire dont le mouvement ascendant et descendant lui ferait perdre la ligne droite, la segmenterait et la décomposerait provoquant sa solitude et sa fragmentation dans le temps. Malgré tout, le je-personnage est conscient de son pouvoir et voudrait faire un effort pour comprendre le sens entier de son existence : « […] je suis capable à tout instant par un effort dément d'être *tout en entier*, de rendre actuelles toutes mes réalités et mes possibilités ? » (LL, 124). La vie ressemble ainsi à une « maladie durable » (LL, 141) dont le sens est dérisoire (LL, 142). Par conséquent, le conseil fourni par l'essayiste dans *Le livre des leurres* est le renoncement à l'amour, à la vie et à l'histoire : « Vis comme un mythe, oublie l'histoire ; […] » (LL, 151). De la relation homme/temps/espace, on déduit que le temps est plus puissant que l'espace, qu'il nous transgresse, même s'il y a une distance entre l'individu et le temps en marge duquel il évolue :

« L'espace nous comble ; mais il ne passe pas *par nous* [...] Seul le temps passe à travers nous, seul le temps nous inonde ; il n'y a que lui que nous sentons nôtre » (LL, 200).

Chez Nietzsche, on se souviendra que Cioran désapprouve le primat de la volonté de puissance comme problème central de l'être : « La volonté de puissance n'est pas le problème essentiel de l'homme ; il peut être fort et ne rien posséder [...] » (LL 201). L'homme vit dans la tragédie, car « il ne peut vivre qu'au-dehors du temps », dans une existence fragmentée, décomposée. Toutefois, le présent détient la priorité devant l'éternité et les instants se résument à des « fractions d'éternité » (LL, 262). Le temps devient alors dans *Le Crépuscule des pensées* « une saison de l'éternité : un printemps funèbre » (CP, 437), la prière de Dieu « Sa prière » (CP, 500), « la croix sur laquelle l'ennui nous crucifie » (CP, 472). Chez Cioran, le désir crée donc à la fois la présence et l'absence du temps.

Dans ce rapport entre existence et temporalité, il faut préciser qu' : « [...] on ne peut ''vivre'' que dans le temps ; [...] » (CP, 370) et que « *L*es hommes ne vivent pas en eux, mais en autre chose, c'est pourquoi ils ont des préoccupations : car ils ne sauraient que faire du vide de chaque instant » (CP, 433). La mort comporte un statut particulier, autonome en prêtant ses qualités vitales aux êtres humains : « *J*e ne pense pas à la mort : c'est elle qui pense à soi. Tout ce qui en elle est possibilité de vie respire par moi, je n'existe quant à moi que par le *temps* dont son éternité est capable » (CP, 392-393). Rarement Cioran n'a été aussi clair sur le temps en montrant la décomposition dont il est l'image : « [...]. Je voudrais périr dans chaque astre, m'écraser contre chaque hauteur, et construire dans des étoiles pourries un abri mortuaire, pour un cadavre décomposé dans l'enchantement des sphères » (CP, 402).

Pour Cioran, la conception roumaine de la vie entraîne une soumission, une passivité et une fatalité, d'après lesquelles vivre serait un « surplus d'intensité » (CP, 388), une

« Apocalypse de la bêtise et de la vulgarité » (CP, 406), une « catégorie du possible, une chute dans le futur » (CP, 387). Dans *Le crépuscule des pensées*, la vie interagit d'une part avec la joie : « la joie est le réflexe psychique de l'existence pure – d'une existence qui n'est capable que d'elle-même » (CP, 416), et de l'autre avec l'éternité : « chaque jour pèse plus qu'une éternité » (CP, 443).

Le devenir est pour Cioran « un désir immanent de l'être, une dimension ontologique de la nostalgie. [...] » (CP, 430), une « [...] fuite loin de Dieu ? Sa marche déchirante, un retournement vers Lui ? » (CP, 430). Cioran explique ensuite qu'« on n'a de destin que dans la furie irrésistible de broyer les réserves de l'être, voluptueusement attiré par l'appel de sa propre ruine » (CP, 441). Et finalement, le destin « consiste à lutter au-dessus ou à côté de la vie, de la concurrencer en passion, révolte et souffrance » (CP, 441).

Il est aisé de concevoir dans le *Précis de décomposition*, par ailleurs, l'élaboration de certaines définitions de la vie et plus précisément de sa décomposition : la vie « n'est qu'une torpeur dans le clair-obscur, une inertie entre des lueurs et des ombres, une caricature de ce soleil intérieur, lequel nous fait croire illégitimement à notre excellence sur le reste de la matière » (PD, 627). D'autres définitions se rajoutent dans *Histoire et utopie* : la vie y est « rupture, hérésie, dérogation aux normes de la matière » et l'homme est « hérésie au second degré, victoire de l'individuel, du caprice, apparition aberrante [...] » (HU, 1039).

Ailleurs, l'essayiste avoue encore une fois son attitude de soumission envers la vie : « J'accepte la vie par politesse : la révolte perpétuelle est de mauvais goût comme le sublime du suicide » (PD, 675). Il donne dans ce volume d'autres formes à l'existence, comme celle de *l'attente* : « Vivre dans l'attente, dans ce qui n'est pas encore, c'est accepter le déséquilibre stimulant que suppose l'idée d'avenir » (PD, 607). Ces temps morts supposent peut-être un mécontentement devant le temps présent ; par ailleurs, ils nécessitent aussi un esprit agile, ingénieux, qui a des buts précis dans la vie, aventureux, qui prend en charge les risques et résout les problèmes et les situations difficiles ; toutefois, cet état d`attente implique une fuite hors du moment présent.

Dans ces écrits, le discours sur la mort la présente comme un phénomène qui nous renforce avant de nous détruire : « Car la mort, avant de trop nous y appesantir, nous enrichit, nos forces s'accroissent à son contact ; puis, elle exerce sur nous son œuvre de destruction » (PD, 656). Cette destruction implique une transformation qui mène à la décomposition de l`être (PD, 656).

Dans *La tentation d'exister*, le temps devient un élément dysphorique, la source même du mal. L'admirer nous mène à la chute ; celui-ci devient un objet magique à la vue duquel on est infesté de négativité. Par conséquent, le narrateur s'interroge : « […] je ne suis qu'un acolyte du temps, qu'un agent d'univers caducs » (TE, 823). Les fonctions « acolyte du temps » et

« agent de l`univers caduc » montrent la position inférieure et la complicité de l'homme par rapport au temps et au fort sentiment de dégradation qu'il engendre.

Les perspectives d'espoir y sont minces, car « en lutte avec le temps, nous sommes constitués d'éléments qui tous concourent à faire de nous des rebelles […]. […] notre position dans l'existence se situant au croisement de nos supplications et de nos sarcasmes, zone d'impureté où se mélangent soupirs et provocations » (TE, 827). L'homme produit du temps : « Deviner encore l'intemporel et savoir néanmoins que nous *sommes* temps, que nous produisons du temps, concevoir l'idée d'éternité et chérir notre rien ; […] » (TE, 831). À l'égard de la place de l'homme dans l'histoire présente/notre temps, Cioran explique : « […] je ne puis m'empêcher de vous répéter que je discerne mal la place que vous voulez occuper dans

notre temps ; pour vous y insérer, aurez-vous de souplesse ou de désir d'inconsistance ? […] »
(TE, 892). On observe ensuite le rapport de soumission entre l'homme et le temps : « ''Ce
n'est pas l'homme qui commande aux temps, mais les temps qui commandent à l'homme'' »
(TE, 853). Chacun est ainsi traversé par le temps, il est l'objet du temps, tandis que celui-ci est
le sujet premier de l'homme.

Par ailleurs, l'existence est vue comme « la sphère de chaque instant » (TE, 908) et
« Exister, c'est mettre à profit notre part d'irréalité, c'est vibrer au contact du vide qui est en
nous » (TE, 961). La destruction de l'être est directement proportionnelle avec l'âge : « […]
comment exister sans se détruire à chaque instant ? Et pourtant ce secret se laisse entrevoir
lorsque nous approchons de nous-mêmes, de notre dernière réalité […] » (TE, 957). La mort
est donc la clé de toute compréhension du temps, car elle « nous ouvre au vrai sens de notre
dimension temporelle, puisque, sans elle, être dans le temps ne signifierait rien pour nous ou,
tout au plus, autant qu'être dans l'éternité (TE, 962-963), tandis que la souffrance devient
l'élément à l'aide duquel on acquiert l'impression d'exister : « Souffrir : seule modalité
d'acquérir la sensation d'exister ; exister : unique façon de sauvegarder notre perte. Il en sera
ainsi tant qu'une cure d'éternité ne nous aura pas désintoxiqué du devenir, tant que nous
n'aurons pas approché de cet état où, selon un bouddhiste chinois, '' l'instant vaut dix mille
années'' » (TE, 831).

Pour Cioran, l'existence suppose le mouvement intérieur de l'être vers
l'accomplissement de soi (HU, 1022). Donc, le plus important dans la vie pour l'essayiste,
c'est l'affirmation de l'individu et de son côté social, et non celui intérieur, méditatif. Chez
Cioran, au premier plan dans la vie, ce n'est pas la volonté de puissance nietzschéenne ; c'est
plutôt l'affirmation de soi et la connaissance. Cioran explique que cette connaissance et cette

affirmation passent au second plan puisqu'au premier plan se trouve l'existence, tout simplement : « Nous sommes nés pour exister, non pour connaître ; pour être, non pour nous affirmer » (HU, 1008). Si « exister » fait partie du même champ lexical qu'« être », peut-on dire la même chose des verbes « connaître » et « s'affirmer » ? La connaissance implique-t-elle l'affirmation, ou l'affirmation la connaissance ? Dans quelle mesure ces deux éléments sont synonymes ou s'entrecroisent-ils ? La connaissance peut être un des éléments nécessaires à l'affirmation et ainsi on a une relation d'interdépendance entre les deux ; mais cet élément (la connaissance) n'est pas toujours obligatoire, car on peut s'affirmer sans avoir des connaissances, juste pour épater.

La suprématie de la mort sur la vie forme une pensée fondamentale dans toute l'œuvre cioranienne. Devant cette mortalité dominante, Cioran invoque alors la résignation : « Nous nous résignons à la supériorité d'un mort, jamais à celle d'un vivant, dont l'existence même constitue pour nous un reproche et un blâme, une invitation aux vertiges de la modestie » (HU, 1025). À l'inverse, Cioran explique les conditions de manifestation de la liberté dans cet aphorisme dont l'incipit ressemble à un conte :

> La liberté, je vous le disais, exige pour se manifester, le vide ; elle l'exige – et y succombe. […]. Les libertés ne prospèrent que dans un corps social malade : tolérance et impuissance sont synonymes. […]. Dans le cours des temps, la liberté n'occupe guère plus d'instants que l'extase dans la vie d'un mystique (HU, 987-988).

Fait éblouissant : on apprend que la liberté ne dure que quelques instants, comme « l'extase » et qu'elle exige « le vide » (pour se manifester) et un « corps malade ». La liberté résulte ainsi d'une durée fragmentée que seul un malade est capable de réaliser. L'éternel présent, « temps forgé par opposition à l'idée même de temps », peut toujours être atteint en commençant par « exécrer le devenir, en ressentir le poids et la calamité, désirer à tout prix s'en arracher » (HU,

1048). Plus proche du mythe, l'éternel présent s'oppose au temps historique et peut être rejoint par notre volonté d'agir.

La chute dans le temps « qui expose de la manière la plus magistrale la métaphysique de Cioran est indiscutablement le livre majeur de sa production et la clef de toute l'œuvre », précise Sylvie Jaudeau (Jaudeau, 1990 B : 59).

Le temps qui s'écoule est vu comme « tare de l'éternité » (IE, 1346) ou comme une forêt où l'on se perd : « *J'*ai toujours vécu avec la vision d'une immensité d'instants en marche contre moi. Le temps aura été ma forêt de Dunsinane » (IE, 1339). Cette image de Dunsinane fait allusion à la forêt de Birnam où les ennemis de Macbeth, cachés sous les feuilles, donnent l'impression d'une forêt mouvante qui se dirigerait vers lui. Les sorcières lui prédirent qu'il serait noble (Noble de Cawdor) et roi (d'Écosse), fait déjà réalisé. Comme Macbeth voulait en savoir plus sur son avenir, la deuxième fois les sorcières lui ont prédit que : « Tu seras vaincu seulement quand la forêt de Birnam sera ressuscitée et viendra contre toi » et qu'il ne sera tué par aucun homme né d'une femme. Cette attaque contre Macbeth représente pour Cioran l'avance des instants qui deviennent son ennemi en se vengeant contre lui. Montrant une attention particulière aux sens, la lucidité de perception cioranienne implique aussi la durée (« *C*haque fois qu'on se trouve à un tournant, le mieux est de s'allonger et de laisser passer les heures. […]. Couchés, on connaît toujours ces deux fléaux mais sous une forme plus atténuée, plus intemporelle » (IE, 1373) ; « Mais *je vois* les heures passer – ce qui vaut mieux qu'essayer de les remplir » (IE, 1272) ; « *C*et instant-ci, mieux encore, le voilà qui s'écoule, qui m'échappe, le voilà englouti. […]. Du matin au soir, fabriquer du passé ! » (IE, 1374). Le retour au passé et sa reconstruction montrent la stagnation de la vie existentielle, puisqu'il n'y a pas de différence entre le passé et le présent : « Tout étant devenu semblable, sans relief et sans

178

réalité, c'est quand je ne *sentais* rien que j'étais le plus près de la vérité, j'entends de mon état actuel où je récapitule mes expériences. À quoi bon avoir éprouvé quoi que ce soit ? Plus aucune ''extase'' que la mémoire ou l'imagination puisse ressusciter ! » (IE, 1366). Nous sommes donc loin de la mémoire récapitulative chez Bergson.

Le paradis ne coïncide pas avec l'enfance, sa place est plus ancienne dans le passé (car le paradis était avant la naissance) : « *À* mesure que le temps passe, je me persuade que mes premières années furent un paradis. Mais je me trompe sans doute. Si jamais paradis il y eut, il me faudrait le chercher avant toutes mes années » (IE, 1379). Cette idée de l'oubli de l'origine est crucial chez Cioran, il est indéniablement le moteur qui pousse et soutient la pensée cioranienne sur le temps.

Dans *De l'inconvénient d'être né*, Cioran relève encore dans ses boutades, d'une manière très convaincante, les tares de l'existence (« l'homme est un robot avec des failles, un robot *détraqué* » (IE, 1374) et le retour aux origines. Cioran remet en cause l'existence (« *V*ivre, c'est perdre du terrain » [IE, 1330], la définit comme « un accident » [IE, 1335]) et souligne la tragédie humaine qui implique cette irréversibilité du temps. C'est dans ce volume que Cioran montre de façon plus détaillée, par la multitude des aphorismes, l'insignifiance/la déconstruction de la vie (le but de la vie est « dérisoire » [IE, 1376] et par la suite, la souffrance d'être homme « *I*l faudrait se répéter chaque jour : Je suis l'un de ceux qui, par milliards, se traînent sur la surface du globe. L'un d'eux, et rien de plus [...] » IE, 1344) et paradoxalement son amour pour la vie (« *N*ul plus que moi n'a aimé ce monde [...] » IE, 1400). C'est l'instant, qui devient le point temporel le plus précieux, car on n'a besoin que de cette petite fraction pour s'arrêter et réfléchir à nous-mêmes : « ''*A*u milieu de vos activités les plus intenses, arrêtez-vous un moment pour *regarder* votre esprit'' » [...] » (IE, 1304-1305).

179

Dans ce recueil on trouve enfin l'interdépendance des trois dimensions temporelles dans un seul aphorisme circulaire : « […] le temps, une tare de l'éternité, l'histoire, une tare du temps ; la vie, tare encore, de la matière » (IE, 1346). On voit donc la répétition de certains thèmes rencontrés dans les volumes de début (dans *Le crépuscule des pensées* et *Des larmes et des saints*) : l'instant, l'existence, le paradis perdu, la chute. Sylvain David parle ainsi d'une « transition dans l'œuvre de Cioran », qui « correspond paradoxalement à une réapparition du même : retour à la forme aphoristique, ré-émergence de préoccupations antérieures, reprise de certaines techniques argumentatives. […] par là, ce retour du même, inévitable, après tout, chez quelqu'un qui prétend ne penser qu'à partir de ses obsessions […] (David, 2006 A : 298). Ce que Cioran change en fait, d'un volume à l'autre c'est la manière de s'exprimer, *l'intensité de la parole*, tout comme il le déclare dans *Exercices d'admiration* : « Ma vision de choses n'a pas changé fondamentalement ; ce qui a changé à coup sûr c'est le *ton* » (EA, 1627). Maintenant, après avoir revu ces définitions de la vie chez Cioran, où l'intensité des qualités aphoristiques du temps s'accroît, analysons maintenant minutieusement la vie ou le temps existentiel.

2. La vie comme existence

Revoyons avant d'aller plus loin les définitions de la vie chez Nietzsche et Bergson en ajoutant de nouveaux éléments. Chez Nietzsche, d'abord, la vie était synonyme de volonté de puissance, pour laquelle le temps représentait l'obstacle primordial : « Que le temps ne recule pas, c'est là sa colère ; ''ce qui fut'', – ainsi s'appelle la pierre que la volonté ne peut soulever » (AZ, 164) ; toutefois, elle constitue aussi la joie : « La vie est une source de joie » (AZ, 237). « Symphonie », elle est donc un élément euphorique :

La vie se compose de rares instants isolés, suprêmement chargés de sens, et d'intervalles infiniment nombreux dans lesquels nous frôlent tout juste les ombres de ces instants. L'amour, le printemps, une belle mélodie, la montagne, la lune, la mer – toutes choses ne parlent pleinement au cœur qu'une fois, à supposer qu'elles trouvent jamais à s'exprimer pleinement. Car beaucoup de gens ne connaissent absolument aucun de ces moments et sont eux-mêmes des intervalles, des silences dans la symphonie de la vie réelle (HH vol.1, 312).

Selon Nietzsche, la vie est composée ainsi de temps dissipé, fragmenté (« rares instants isolés ») et d'espace (intervalles). Ces instants représentent la quintessence de la vie, mais ils restent inconnus pour la plupart des hommes, car ils ne savent pas la déchiffrer. La nature qui nous entoure (la mer, les montagnes, la lune), le temps circulaire (le printemps), la musique et l'amour constituent cette symphonie qui transmet elle aussi une seule fois un message ; ce message « chargé de sens » ne peut pas être déchiffré, il ne passe pas, car « beaucoup de gens ne connaissent absolument aucun de ces moments ». Ainsi, au lieu de se transformer en note musicale, l'homme reste un silence (il nie les choses ou simplement ne s'implique pas), il ne s'affirme pas, il est spectateur et non pas acteur, et donc son être passif reste en opposition avec la vie. On pense ainsi que, d'après Nietzsche, l'homme existe, mais il *ne vit pas*, ce que montrent son silence et sa passivité.

C'est donc que *la vie* est différente de l'*existence*. Toutefois, ce n'est pas suffisant pour l'être humain d'*être*, il faut aussi s'affirmer, faire partie de la « symphonie » de la vie. Cette conception est tout à fait différente de celle de Cioran, qui expliquera qu'il est plus important d'être et non de s'affirmer : « Nous sommes nés pour exister, non pour connaître ; pour être, non pour nous affirmer (HU, 1008) », nous rappelle un bref passage déjà cité.

Nietzsche explique d'ailleurs que la vie est *sans valeur*, et la voix de Zarathoustra explique sa *vanité* : « ''À quoi bon vivre ? tout est vain ! Vivre – c'est battre de la paille ; vivre c'est se consumer sans se réchauffer.'' » (AZ, 235). Ces mêmes idées seront reprises et complétées par Cioran, pour qui la vie aussi n'aura pas de valeur : « La vie n'a pas de sens, elle *ne peut* en avoir. Nous devrions nous tuer sur le coup si une révélation imprévue nous persuadait du contraire » (PD, 676).

Chez Nietzsche, la voix prophétique de Zarathoustra explique que « La vie n'est que souffrance » et il nous ordonne même de « cesser d'être ; « ''Tu dois te tuer toi-même ! Tu dois t'échapper toi-même !'' » (AZ, 57). Pourtant, Zarathoustra prévoit une réhabilitation de la vie, il voit la vie comme une course d'alpinisme où chacun d'entre nous doit escalader sa montagne ; avec l'altitude, on surmonte un paysage de plus en plus beau : « La vie veut elle-même s'exhausser sur des piliers et des degrés : elle veut découvrir des horizons lointains et explorer des beautés bienheureuses, – c'est pourquoi il lui faut l'altitude » (AZ, 119). Tout comme Cioran, Nietzsche nous invite alors à nous résigner ou à *vivre à notre gré*, et à prendre la vie comme « un jeu » par le biais de l'art : « l'art est le seul moyen capable de transformer la misère même en jouissance » (HH vol.1, 137).

Par ailleurs, pour Nietzsche, la mort se présente de deux manières : d'une part, elle est « involontaire (naturelle) », « le suicide de la nature », elle arrive par hasard et « en dehors de la pensée religieuse, ne mérite aucunement d'être glorifiée », et d'autre part, la mort est un geste « volontaire (raisonnable), le suicide humain, artificiel » (HH vol. 2, 258). On comprend ainsi que la mort « volontaire ou raisonnable » doive être glorifiée et que le suicide soit vu comme une apogée de la vie. Nietzsche prêche-t-il la mort ? Les aphorismes cioraniens parlent des deux morts, comme on le verra plus tard ; mais la deuxième (la mort « volontaire ») est vue chez lui comme une victoire de l'être sur la vie et montrera son pouvoir de liberté.

Le paradoxe de Zarathoustra est qu'il aime la vie quand il la déteste : « je n'ai au fond de cœur que la vie, – et, en vérité, je ne l'aime jamais tant que quand je la déteste ! » (AZ,

127) ». La négation (« je la déteste ») est paradoxalement la condition de l'affirmation (je l'aime). L'amour et la haine vont de pair, tout comme chez Cioran, d'ailleurs. Malgré cette critique négativiste de la vie, Nietzsche explique qu'il faut avoir des buts précis pour réussir. Or, si Nietzsche explique qu'il y a une lumière au bout du chemin, Cioran quant à lui ne la voit pas ; pour lui, la vie est une souffrance sans espérance.

Ledure explique que Nietzsche établit une relation serrée entre Dieu et la vie : il donne à Dieu une dimension humaine (« Dieu est une réalité intérieure à l'homme ») et à la vie « une dimension divine ». Dieu n'a pas de statut personnel, il fait partie de l'homme et signifie une « condition de l'existence de l'homme » : « Avec Jésus, le divin jaillit comme qualité de la vie dont la personne n'est plus qu'une création particulière, fragmentaire, éphémère » (Ledure : 177). Ainsi, Dieu est au fond une création de l'imagination. Zarathoustra est l'homme de tous les temps : « ''Je suis d'aujourd'hui et de jadis'' » (AZ, 151). Il transgresse ainsi le passé et le futur, certainement par le biais de la métempsychose. En outre, Zarathoustra enseigne aux animaux l'éternel retour, donc la vie après la mort, le passage d'une vie à l'autre, l'homme étant en action continue. Par contre, il enseigne de vivre pour les autres, en se sacrifiant ; il explique à ses disciples qu'ils ne représentent que « des ponts », des « avant-coureurs », ou des « degrés » (AZ, 322). Zarathoustra conseille à ses amis de se résigner, de renoncer à tout combat.

Quant à Bergson, il présente l'homme (dans *L'évolution créatrice*) comme un principe actif : « En réalité, un être vivant est un centre d'action. Il représente une certaine somme de contingence s'introduisant dans le monde, c'est-à-dire une certaine quantité d'action possible, – quantité variable avec les individus et surtout avec les espèces » (EC, 262). Bergson spécifie aussi dans le même ouvrage, que « chaque espèce se comporte comme si le mouvement général de la vie s'arrêtait à elle au lieu de la traverser. Elle ne pense qu'à elle, elle ne vit que pour elle » (EC, 255).

Si Bergson caractérise l'être comme un « centre d'action » (EC, 262), et une « quantité d'action possible » (EC, 262), en critiquant la position de celui-ci au centre du monde, Nietzsche lui, enseigne à se résigner, à renoncer à la vengeance, attitude stoïque, pessimiste, bouddhiste, car l'homme ne pourra changer le monde, et par son silence l'autre va renoncer ainsi au monde (attitude reprise par Cioran, on le verra plus tard).

La vie dans son ensemble, explique Bergson dans le même volume, « envisagée comme une évolution créatrice, est quelque chose d'analogue : elle transcende la finalité, si l'on entend par la finalité la réalisation d'une idée conçue ou concevable par avance » (EC, 224-225). Donc, la vie est transformation et progression. L'existence apparaît au philosophe comme une lutte contre le néant (EC, 276), d'où l'humanité peut sortir victorieuse. Bergson compare ainsi l'être avec le néant (comme Sartre), l'homme s'emparant de cette dualité : de l'affirmation (être) et de la négation (ne pas être). La philosophie atteste que l'existence est venue après le néant et qu'elle est alors une victoire sur lui.

L'existence se définit chez Bergson comme un processus continu de transformation, de création (EC, 7). D'après Bergson, l'être humain meurt et renaît continuellement ; d'une part, nos faits et nos actions nous définissent, mais d'autre part, nous sommes la somme de ces faits ; il s'agit ainsi d'un cercle fermé où la personnalité se définit par l'interaction entre l'être et les actes. Et plus loin, Bergson affirme encore (EC, 202) que l'être humain vit dans un présent continu où il n'y a pas de durée réelle, que des instants. Cette idée est très importante pour ma lecture de Cioran ; elle contient la philosophie cioranienne de l'être et la structure même de l'instant aphoristique : *carpe diem* (vivre l'instant) que Cioran vit intensément.

184

La vie pour Bergson a, en outre, pour fonction de combler les interstices (EC, 297).

Cette signification peut nous aider dans notre lecture de Cioran, pour qui la vie d'une part est insignifiante, mais d'autre part, joue un rôle positif, remplit le vide, donc le temps *mort*, comme si l'être humain allait « du plein au vide » (du temps rempli au temps vide).

Après avoir vu ces caractéristiques de la vie chez Nietzsche et Bergson, je me propose d'analyser dans cette partie a) Le présent, temps destructeur ? L'existence – *chemin entre vie et mort* et deuxièmement b) La mort aphoristique.

a. *Le présent, temps destructeur ? L'existence – chemin entre vie et mort.*

Chez le je-personnage de Cioran, il n'y a pas d'éternel retour. On y observe plutôt une interdépendance entre naissance et mort : il juge la vie en fonction de la naissance et la naissance au moment de la mort, car c'est celle-ci qui lui ouvre les yeux sur le sens de la vie. Cioran suppose qu'on était *quelque chose* avant la naissance, il croit en la *métempsychose*, et que c'est **ce *quelque chose*** qu'on cherche toujours à l'âge adulte. Ainsi, la naissance n'a pas de sens, elle cherche continuellement à se déconstruire en tant qu'événement, tout autant que la vie qui est prise en dérision.

On voit chez Cioran tous les arguments d'un refus de lutter, car la mort serait pareille peu importe le combat pour chacun d'entre nous. Il faudrait plutôt être passif, accepter sa vie et la vivre joyeusement : « *Je* sais que ma naissance est un hasard, un accident risible, et cependant, dès que je m'oublie, je me comporte comme si elle était un événement capital, indispensable à la marche et à l'équilibre du monde » (IE, 1273).

Dans la *Tentation d'exister*, Cioran cite un important historien roumain, Miron Costin : « ''Ce n'est pas l'homme qui commande aux temps, mais les temps qui commandent à l'homme ''» (TE, 853). Donc, le temps est ce qui dirige notre vie et non inversement ; même si souvent nous avons l'impression que nous faisons avancer le monde, le temps nous envahit par sa durée qui s'impose à nous en nous vieillissant et nous menant vers la mort. Le temps est pérenne, tandis que la vie est éphémère, de longue ou courte durée.

L'affirmation « Le devenir est devenu » signifie que la durée est raccourcie, que le futur est toujours présent. Le temps et la durée deviennent ainsi les ennemis primordiaux des hommes (TE, 827). La position de l'homme dans l'existence est, on le voit, un mélange de sensations ironiques.

Il y a chez Cioran une lutte à finir entre le temps et la vie et cette lutte est la substance même de l'œuvre aphoristique :

> […] Plus les temps avancent, plus la conscience nous accapare, nous domine, et nous arrache à la vie ; nous voulons nous y accrocher de nouveau, et, faute d'y réussir, nous nous en prenons à l'une et à l'autre, puis en soupesons la signification et les données, pour, exaspérés, finir par nous en prendre à nous-mêmes (HU, 1049-1050).

La conscience devient ainsi l'ennemi de la vie, car elle maîtrise l'homme, le sépare de la vie par le vieillissement ; on peut ainsi s'imaginer un axe qui a comme point de départ la vie et comme point d'arrivée la mort ; avec l'âge, on se sépare de la vie et l'on avance vers la mort ; la conscience de vivre est directement proportionnelle avec la mort. Mais une fois dissocié de la vie, ne se sépare-t-on pas aussi de la durée-espace (le temps bergsonien) pour vivre dans la « durée pure », dans la conscience ? La vie est ainsi tristesse, et ce fait ne peut être compris, selon Cioran, qu'au moment du jugement final (LL, 156). C'est pourquoi l'exercice aphoristique du jugement est une manière de s'exercer à mourir. C'est la mort qui est la raison fondamentale de cette tristesse, car la mort fait partie de la vie (LL, 155). La mort représente ainsi l'élément qui donne profondeur à la vie. Elle en est le point culminant, car elle produit la « paralysie totale » de l'être humain. Toutefois, c'est par le biais de ces « étincelles » qu'on peut la transfigurer ; ce sont peut-être nos états de conscience, de réflexion sur la courte durée de la vie ; on ne peut pas être *le même* après avoir vu mourir ; voilà le message de l'essayiste. Mais, où se trouve l'esprit par rapport à cela ?

> Par rapport à l'esprit, la vie est originaire ; dans le vide de la vie, l'esprit est apparu ; la conscience a grandi au détriment de l'Éros. Dans le Logos, une forme d'existence a gagné en majesté et a perdu en éternité. La vie est éternelle pour l'esprit et éphémère pour la mort. Car la mort *précède et survit à la vie.* […]. (LL, 172).

L'esprit est apparu grâce au sein de la vie. Par « vide » peut-on comprendre « l'ennui ou la mélancolie ? L'esprit détient la fonction de remplir ces interstices en produisant des instants de conscience. La vie devient ainsi un segment à l'intérieur de la mort, l'interstice final.

En effet, elle a existé avant l'homme, d'où la raison pour la chercher dans le passé, explique Cioran dans *Le livre des leurres* :

> La vie, qui a été avant que *nous* ne soyons, nous l'aimons dans le *retour* ; nos yeux se tournent vers les commencements, vers l'anonymat initial. Nous revenons là où nous n'*avons* pas *été*, mais où tout a *été*, vers la potentialité infinie de la vie, d'où nous ont sortis l'actualité et les limitations inhérentes à l'individuation. […]. (LL, 204).

Les verbes *retourner* et *revenir* et la répétition des substantifs comme « le retour », « le revenir » montrent la nécessité de remonter aux commencements. La locution temporelle « chaque fois », confirme la circularité, l'itération de ce mouvement. Ce retour est nécessaire à l'être humain, car il aide à sa transformation, il est une « transfiguration vitale ». Il y a donc une différence entre *le retour* et *le revenir*. Si le retour est positif « transfiguration vitale », le revenir est négatif, il est un « défigurement métaphysique » ? Bergson rajoute à l'égard de ce mouvement : « C'est donc par l'intermédiaire du mouvement surtout que la durée prend la forme d'un milieu homogène, et que le temps se projette dans l'espace » (DI, 93). Si Bergson affirmait que le passé était toujours Cioran sera plus explicite et nous donnera l'exemple d'une vie qui est toujours « derrière nous » :

> La *vie* est derrière nous parce que nous sommes partis d'elle ; la vie est le *souvenir* suprême. L'individuation nous a tirés du monde des origines, c'est-à-dire de la potentialité, de l'éternité du devenir, d'un monde où les racines sont les arbres, et non les sources transitoires des arbres illusoires, et de l'être… (LL, 204).

La vie s'ouvre alors à nous comme un album photos où les souvenirs apparaissent l'un après l'autre sur chaque image. L'ensemble des souvenirs forment un « souvenir suprême », la vie dans son ensemble. Plus loin, dans *Le livre des leurres*, Cioran se demande pourquoi l'être humain pense toujours au temps et à l'espace, comme s'ils étaient différents de la dimension humaine (LL, 207). Le temps et l'espace n'adoptent pas la dimension humaine, ils ont un statut indépendant. Par contre, c'est l'être humain qui parfois est durée pure, quand il « se laisse vivre, quand il s'abstient d'établir une séparation entre l'état présent et les états antérieurs » (DI, 75), d'autres fois il est durée-espace (donc temps). Le temps et l'espace sont les dimensions dans lesquelles l'être humain se meut. La pensée de l'être humain sur la vie et la mort est en concordance avec la vie et la mort de la planète : la vie terrestre entretient la vie humaine, la fin du monde détermine celle de l'être humain ; donc, l'être humain ne peut pas être indifférent à la vie et à la mort autour de lui. Tout comme Cioran l'écrit, (une lecture de Nietzsche ?), le monde naît et disparaît à chaque instant : « […] Tout est à chaque instant : le monde naît maintenant et maintenant, il meurt : les rayons et l'obscurité ; la transfiguration et l'effondrement ; la mélancolie et l'horreur. Ce monde, nous pouvons le rendre absolu *en nous* » (LL, 208). Au bout du compte, penser à la mort transforme l'être humain (LL, 223). La mort est un phénomène troublant, car après l'avoir rêvé, on devient un *autre*, on se décompose. On a d'autres sensations, d'autres désirs, d'autres pensées.

Par conséquent, la vie et la mort ne peuvent pas être clairement définies selon Cioran (LL, 255). Nos perceptions sur la vie et sur la mort ne peuvent donc pas être claires. La mort, la souffrance et la vie sont mises dans le même panier, elles forment un sujet tabou sur lequel on reste dans l'ignorance. Ainsi, amour et haine vont de pair pour l'être humain. La mort est un processus qui nous transfigure : « Un seul pressentiment d'extase vaut une vie. Chaque fois que les limites du cœur dépassent celles du monde, nous entrons dans la mort par un excès de vie » (LL, 277). Si l'âne de Zarathoustra disait « oui » à la vie, pour Cioran on voit, de façon surprenante, le consentement à la mort. « Le grand oui c'est le oui à la mort. On peut le proférer de plusieurs manières… » (TE, 959).

Arrêtons-nous maintenant encore une fois à cette question de la mort, pour regarder de plus près sa signification dans l'analyse stylistique des aphorismes, élément crucial du système du temps chez Cioran.

b. *La mort aphoristique*

L'aphorisme représente la quintessence de la pensée cioranienne, la durée pure, qui est une « succession de changements qualitatifs qui se fondent, qui se pénètrent, sans contour précis, […] sans aucune parenté avec le nombre : ce serait l'hétérogénéité pure » (DI, 77) ; cette définition est celle de l'instant bergsonien, auquel il faut maintenant associer les aphorismes chez Cioran. Le thème de la plupart des aphorismes est le temps, et certainement la fin du temps existentiel, la mort, ce que j'analyserai maintenant. La mort est toujours une condition d'interprétation du temps chez Cioran et c'est elle qui détermine la forme brève de l'écriture. Mais, d'autre part, on ne pourrait jamais parler d'elle, sans avoir vécu une vie. Ainsi, vie et mort sont interdépendantes, liées, indispensables l'une à l'autre. Elles se ressemblent par le fait qu'elles s'attirent et elles sont différentes par le fait qu'elles se repoussent. Comme l'affirme Heidegger, « il faut prendre le train en marche car refuser la mort, c'est refuser de vivre une vie authentiquement humaine » (cité par Tiffreau : 101).

La mort a donc intéressé les auteurs et les critiques depuis le début de l'histoire de l'écriture. Homère parle d'elle dans l'*Iliade* et l'*Odyssée*, Eschyle dans *Prométhée enchaîné*. Pour Montaigne « philosopher c'est apprendre à mourir » ; Spinoza ajoute, soulignant le lien entre la mort et la liberté que « l'homme libre ne pense à rien moins qu'à la mort et sa sagesse est une méditation non de la mort, mais de la vie » (Tiffreau : 101). L'idée de la mort est pour Cioran du domaine de « l'utilitaire » et de la « logique », explique Philippe Tiffreau :

> Cioran n'est pas pascalien par rapport à la mort, il ne tente pas de l'oublier par le divertissement, par les plaisirs de la vie afin de ne plus s'en poser le problème. Non, il accepte son existence et s'en délecte avec un humour morbide de hyène aux abois (Tiffreau : 101).

Selon Cioran, dans *Syllogismes de l'amertume*, « *N*e cultivent l'aphorisme que ceux qui ont connu la peur *au milieu* des mots, cette peur de crouler avec *tous les mots* » (SL, 747). De l'avis de Philippe Moret, on peut considérer Cioran comme un « descendant *métèque* des moralistes français des XVIe siècle et XXVIIe siècle » (Moret : 234). Ainsi, Cioran reste fidèle à la tradition moraliste, lui qui pratique l'essai, plus ou moins bref, l'anecdote, l'apologue, le portrait, la note biographique et surtout l'aphorisme. Ce que vise Cioran, c'est « une forme d'écriture ''noir sur blanc'', par laquelle s'exprimerait directement une pensée en ce qu'elle a d' ''organique'', en tant qu'elle émane d'affects, d'humeurs, de sentiments auxquels l'écriture se doit de demeurer fidèle, sans les hypostasier en idées, sans les déployer en discours » (Moret : 235). Ainsi, la forme brève constitue une clé de lecture pour toutes les œuvres de Cioran.

Chez Cioran, la réflexion sur la mort se présente selon trois modes d'expression formelle : l'essai, le propos et l'aphorisme. Une analyse attentive permet cependant de réduire cette triade, car chaque essai est constitué d'un certain nombre de propos, qui, à leur tour, sont essentiellement charpentés autour d'une série d'aphorismes. L'aphorisme est bien la cellule ou l'unité première qui demeure à la base de l'écriture cioranienne de la mort. Dans cette partie, je voudrais montrer comment ces aphorismes sont construits grammaticalement et voir quelles sont les figures stylistiques et pragmatiques (l'ironie, l'insinuation, le sous-entendu) qui les composent négativement. L'aphorisme sera ce qui rompt la forme circulaire du mythe et, en même temps, ce qui la relance vers autre chose. Je m'interrogerai sur la manière de combiner les quatre formes aphoristiques de la mort : la forme itérative, l'anecdote, la citation, et l'opposition des pronoms tu/ vous[4]. Toutefois, j'observerai le rôle de la durée et du temps bergsonien et le langage employé par Cioran. L'aphorisme deviendra alors l'élément circulaire central dans la méthode de l'auteur.

b. 1. La forme itérative

Commençons par examiner la forme itérative, dont voici un exemple :

> *S*i la mort est aussi horrible qu'on le prétend, comment se fait-il qu'au bout d'un certain temps nous estimons *heureux* n'importe quel être, ami ou ennemi, qui a cessé de vivre (IE, 1290) ?

Dans l'exemple énoncé, il s'agit de la répétition du *procès* : d'estimer, de reprendre, de dire des choses sur le même sujet, après la mort de la personne en cause. Cette répétition est mise en évidence par le temps des verbes : le passé composé dans la locution verbale (« a cessé de vivre ») qui contraste avec le présent (« estimons »). Elle implique l'idée de

---

[4] Ces formes sont enoncés par Popescu Nicolae dans sa thèse de *L'écriture du crépuscule chez Emil Cioran et Nicolae Grigoruţ*, mais analysées sur un autre corpus

commémoration, faire l'éloge de quelqu'un en mettant en évidence ses qualités. On comprend ainsi qu'en fait, ce qui reste après la mort de quelqu'un, ce sont ses actions positives, son bon/ mauvais caractère. Dans cet exemple, la forme itérative nous fait voir un éternel retour vers la personne, vers ceux qu'on aime toujours, même s'ils sont morts. C'est seulement le moment de mourir qui est terrible, car le souvenir de ceux qu'on a aimés reste pour toujours dans notre mémoire, et il pourra toujours être commémoré par d'intéressantes paroles. Le procès de *mourir* entre donc en contradiction avec le souvenir des qualités des personnes disparues.

Cet autre passage montre la pensée de Cioran sur la futilité de la vie :

> *S*'il est vrai que par la mort on redevienne ce qu'on était avant d'être, n'aurait-il pas mieux valu s'en tenir à la pure possibilité, et n'en point bouger ? À quoi bon ce crochet, quand on pouvait demeurer pour toujours dans une plénitude irréalisée ? (IE, 1360)

Ici, la mort est un point maximum, elle joue un rôle primordial dans la vie, elle ferme le cycle de la vie terrestre et ouvre celui de la vie éternelle. La valeur itérative est exprimée par le verbe *transformatif* et de *mouvement* « redevienne », un composé du verbe *venir* et par le substantif *crochet,* dont la forme ronde, en cercle, est caractéristique. La mort réalise ainsi un cercle qui commence dans la vie et qui finit par rejoindre l'origine, celle d'avant la naissance, dans le ventre de la mère ; on a ainsi l'image d'un serpent qui se mord la queue. Cioran suppose qu'on était *quelque chose* avant de naître. Or, c'est ce *quelque chose* que l'aphorisme cherche à exprimer.

On a donc l'impression que Cioran tire un signal d'alarme, lance un cri de désespoir. D'après Moret, « l'aphorisme est mis en relation avec le cri, manifestation pourrait-on dire pré-langagière, pure émotivité qui fait fi de tout commentaire » (Moret : 236). Mais cette circularité est rompue par une pensée sceptique, comme le montrent, dans cet aphorisme *circulaire,* les verbes statiques : *rester, n'en point bouger, s'en tenir à la pure possibilité, demeurer pour toujours.* Cioran évoque ainsi le retour à l'origine, la vie parfaite dans le ventre de la mère, raison pour laquelle l'enfant pleure au moment de sa naissance. Cioran est l'adepte d'une « plénitude irréalisée », d'une vie jamais commencée. Le regret de la vie est montré aussi par le modalisateur morphologique, le conditionnel « n'aurait-il ». Pour cela, comme l'affirment les *Entretiens*, l'essayiste ne vit pas « à proprement parler hors de temps, mais […] comme un homme arrêté, métaphysiquement et non historiquement parlant » (*Entretiens*, 34).

Les signes représentatifs de l'ironie sont ainsi en partie présents dans chacun des aphorismes. L'ironie, expliquait Pierre Fontanier, « consiste à dire par une raillerie, ou plaisante, ou sérieuse, le contraire de ce qu'on pense, ou de ce qu'on veut faire penser » (Fontanier : 145-146). Elle est visible dans l'intonation et dans les formules employées, comme un clin d'œil au lecteur. L'ironie « est en effet souvent décrite comme une forme d'*antiphrase* » (Herschberg : 151). Elle dérive, dans notre aphorisme de l'inversion sujet-verbe, modalisé négatif (« n'aurait-il pas mieux valu »), et du ton interrogatif (« À quoi bon ? ») en montrant l'ironie du destin. Ainsi, la relation ironique est une relation d'antonymie, car il y a toujours une contradiction entre ce que le narrateur pense (il remet en question la vie) et la réalité : notre existence.

L'itération est relevée aussi par l'emploi des locutions temporelles qui impliquent l'idée de répétition « chaque fois » et « depuis toujours », comme dans l'exemple :

> *C*haque fois que je pense à la mort, il me semble que je veux mourir un peu moins, que je ne peux pas m'éteindre, ni disparaître, en sachant que je vais disparaître et m'éteindre…Et je disparais, m'éteins et meurs depuis toujours … (CP, 361).

193

On observe d'ailleurs que la pensée répétitive sur la mort (« chaque fois que je pense à la mort ») diminue le désir de mourir du locuteur. Le présent gnomique et sa valeur itérative rétablissent la réalité toujours valable par la suite : « et je disparais, m'éteins et meurs depuis toujours ».

La pensée de la mort provoque involontairement la peur de celle-ci, le désir de l'éviter. Cet état de réflexion entraîne sa négation, le détachement de celle-ci ; on peut dire ainsi qu'un certain état d'inconscience est plutôt accepté par le narrateur de Cioran. Seulement la pensée sur la mort nous rendrait plus conscient de ce qu'on est, par l'emploi des verbes « *terminatifs* » (Herschberg, 49) : « disparais, m'éteins et meurs » depuis toujours. La répétition du verbe terminatif *mourir* par les synonymes dysphoriques du verbe *mourir* (« je disparais, je m'éteins ») représente le présent itératif de cet aphorisme, car ce *processus* se répète à l'infini.

Mais la valeur itérative ne réside pas seulement dans les locutions temporelles : l'itération est employée, cette fois, dans la métaphore filée, composée de plusieurs métaphores lexicales (nominales et verbales) et de personnifications :

> *L*e temps se déchire en ondes vagues, comme une écume solennelle, chaque fois que la mort accable les sens de ses charmes en ruine, ou que les nuages descendent avec tout le ciel dans les pensées (CP, 479).

La décomposition du temps est exprimée dans cette métaphore verbale *in praesentia*. Il y a une incompatibilité sémantique entre le terme comparé, terme abstrait (thème) *le temps* et le comparant, terme concret, (phore) *écume*. Leur point d'interférence (entre *le temps* et l'*écume*) est l'irréversibilité, **la durée** : éphémérité, et **la quantité :** immense /énorme. Le temps, d'après Nicole Parfait, est d'ailleurs « un domaine infini d'ouverture de l'Être permettant aux hommes de réaliser leur existence dans le monde » (Parfait : 34).

On peut conclure de ce bref aperçu en disant que dans tous ces exemples les formules n'ouvrent et ne se retournent que sur elles-mêmes. On a l'impression qu'il s'agit d'une création, mais en réalité, c'est une rupture, une interruption : de la vie, de l'être humain, du temps.

b.2. L'anecdote

Cherchons maintenant du côté de l'anecdote (la signification de la vie et de la mort), autre forme privilégiée par Cioran. L'anecdote est un petit fait curieux, dont le récit peut éclairer le dessous des choses, la psychologie des hommes. Les anecdotes de Cioran sur la mort incitent le rire, l'ironie et le sous-entendu. Voyons une première anecdote tirée de *L'inconvénient d'être né* : *P*hilosophie à la Morgue. […] (IE, 1309).

Dans cette anecdote dont l'idée philosophique exprime l'ironie du sort, Cioran montre encore une fois la futilité de la vie. Non seulement l'ironie, mais aussi l'humour caractérise cet aphorisme. Le rire est déclenché par la situation comique entre l'acte de philosopher et l'espace pas du tout propice : « à la morgue » ; ensuite, par la caractérisation de la matrone qui est grosse. L'antiphrase « c'est clair », le modalisateur phrastique, l'inversion sujet-verbe (*ai-je répondu*) et le verbe psychique *vous savez* demandent l'accord/ la sympathie de l'interlocuteur. Par le biais de l'expression « vous avez raison », on sous-entend que notre interlocutrice sympathise avec le locuteur, elle approuve son évaluateur affectif : « cela revient au même ».

L'anecdote suivante tirée du même ouvrage repose sur le commentaire d'un cliché sur la mort. Ainsi, celle-ci est vue par notre interlocutrice comme un espace où l'on entre :

> *U*ne amie, après je ne sais combien d'années de
> silence, m'écrit qu'elle n'en a plus pour longtemps, qu'elle s'apprête à « entrer dans

l'Inconnu » ... Ce cliché m'a fait tiquer. Par la mort, je discerne mal *dans quoi* on peut entrer. Toute affirmation, ici, me paraît abusive. La mort n'est pas un état, elle n'est peut-être même pas un passage. Qu'est-elle donc ? Et par quel cliché, à mon tour, vais-je répondre à cette amie ? (IE, 1313)

La locution verbale *entrer dans l'Inconnu* n'est pas du tout une formule agréée par notre locuteur. La mort est vue ni comme état, ni comme passage. Et le narrateur ne sait pas lui non plus comment y répondre, fait montré par la modalisation dysphorique des verbes : « je discerne mal » et par la négation des verbes : « n'est pas un état,...n'est peut-être même pas un passage ». « Entrer dans l'Inconnu » est synonyme de *mourir*, dans le langage parlé, populaire, car la mort reste toujours un mystère indéchiffrable, un secret pour la pensée humaine et l'homme *passe* ainsi par un mystère. Le verbe « *inchoatif* » (Herschberg-Pierrot : 49) « entrer » est employé au sens figuratif. D'autre part, si on prend le sens propre du verbe « entrer », passer dans un autre endroit, on donne raison au narrateur, car la mort n'est pas un espace où on peut *entrer* ; il y a une incompatibilité sémantique entre le verbe *entrer* (verbe « *inchoatif* ») et *mourir* (verbe « *terminatif* »). Il s'agit plutôt d'un paradoxe, de deux verbes contraires qui sont mis en relation d'interdépendance, car en *finir* avec quelque chose signifie toujours *entrer* dans autre chose.

Examinons maintenant une autre anecdote sur la fin de la vie :

*E*nterrement dans un village normand. Je demande des détails à un paysan qui regardait de loin le cortège. « Il était encore jeune, à peine soixante ans. On l'a trouvé mort dans les champs. Que voulez-vous ? C'est comme ça…C'est comme ça…C'est comme ça…».
Ce refrain, qui me parut cocasse sur le coup, me harcela ensuite. Le bonhomme ne se doutait pas qu'il disait de la mort tout ce qu'on peut en dire et tout ce qu'on en sait (IE, 1328).

Dans cette anecdote, la triple répétition de l'expression « C'est comme ça », amplifie cette fois la réponse, c'est tout ce que l'homme connaît sur la mort. L'humour dérive de la fermeté du discours du paysan devant celui du narrateur-locuteur. La certitude du *paysan* sur la mort du jeune homme, sa capacité d'en connaître l'explication, montrée par la répétition d'une expression au présent *gnomique* (« C'est comme ça »), rend, par contre, immobile notre narrateur qui est mis dans l'impossibilité d'y répondre. Tout comme le dit Deleuze, « il y a un tragique et un comique dans la répétition » (Deleuze, 1968 : 25). On observe toutefois la fonction « autoréférentielle » des aphorismes (Prus : 2), qui représentent la vie de Cioran et son expérience personnelle.

En parlant de Cioran, Tiffreau explique, par ailleurs, que « son humour est donc une preuve de sa vitalité, de sa cruelle lucidité, de sa réalité violée, de son pessimisme triomphant, de son insolence imparable » (Tiffreau : 133). Toutes ces caractéristiques de Cioran transparaissent dans ses anecdotes et on voit que c'est lui qui tire les ficelles de cet humour noir et paradoxal.

b.3. La citation

La citation est un autre élément important dans la construction de l'aphorisme. Les guillemets encadrent un discours cité ou un emploi antonimique des signes. Dans ces deux cas, selon la linguiste Jacqueline Authier, les paroles constituent dans l'énoncé « un corps étranger, un objet *montré* au récepteur » ; elles sont tenues à distance au sens où « on tient à bout de bras un objet que l'on regarde et que l'on montre » (Authier : 27). Qui parle dans les citations, qui donne le ton, qui se charge de leur composition et pourquoi le narrateur y a-t-il recours, c'est ce que nous verrons maintenant.

La citation, au contraire de l'anecdote, ne comporte pas d'humour. Le ton est sérieux, méditatif, philosophique :

*S*i, autrefois, devant un mort, je me demandais : « À quoi cela a-t-il servi de naître ? », la même question, maintenant, je me la pose devant n'importe quel vivant (IE, 1282).

Dans cet aphorisme, Cioran décrit « la futilité de la vie ». Les guillemets appartiennent au même locuteur, ils encadrent un passage au discours direct. La citation reprend le discours autodiégétique, philosophique (« À quoi a-t-il servi de naître ? ») du narrateur pessimiste, élément rhétorique qui a commencé dans un « repérage anaphorique » (Herschberg-Pierrot : 67) (*autrefois*) et repris dans le « repérage déictique » (Herschberg-Pierrot : 67) (*maintenant*). La durée est ainsi raccourcie et annulée.

Examinons encore un autre extrait de *L'inconvénient d'être né* :

À l'égard de la mort, j'oscille sans arrêt entre le « mystère » et le « rien du tout », entre les Pyramides et la Morgue (IE, 1282).

Par les mots clés « mystère » et « rien du tout », le narrateur reprend ses propres paroles, le discours appartient à l'instance énonciatrice. Elles sont mises en exergue pour montrer leur importance. Anne Herschberg-Pierrot les appelle « guillemets *d'emphase* » (Herschberg-Pierrot : 102). On observe aussi que ces mots sont antinomiques : *mystère/ rien du tout*. Par « mystère »[5] on sous-entend : le Tout, l'Inconnu, la Résurrection. Par la suite, les citations sont formées d'un seul ou de deux ou trois mots. L'idée de dualité, du bien et du mal, apparaît d'ailleurs dans le bouddhisme : *tout est* et *rien n'est*.

Dans le passage suivant, Cioran reprend les paroles rapportées des religions :

*L*e bouddhisme appelle la colère « souillure de l'esprit » ; le manichéisme, « racine de l'arbre de mort ». Je le sais. Mais à quoi me sert-il de le savoir ? (IE, 1301).

---

[5] Philippe Moret considère le mot « mystère » comme un « mot-idole » (Moret : 239).

Le bouddhisme (souillure *de l'esprit*) et le manichéisme (*racine de l'arbre de mort*) apparaissent sous formes de métaphores lexicales pour définir la colère. Cette fois, les guillemets désignent des mots appartenant à un autre discours. Par l'emploi de la conjonction adversative mais, qui introduit sa question rhétorique et qui nie la phrase affirmative « Je le sais », le narrateur montre d'ailleurs le non-sens de son savoir et du savoir d'autrui.

Ainsi, on a observé que pour Cioran une citation peut être un mot (un nom), une expression (une locution pronominale négative- *rien du tout*), une métaphore (*la racine de l'arbre de la mort*) ou une phrase interrogative (« À quoi cela a-t-il servi de naître ? »).

b.4. L'opposition pronominale

Les oppositions entre les pronoms personnels *je/ nous* et *vous/je* dominent enfin les aphorismes cioraniens sur la mort et les images de la fin du temps :

1. Je/nous

Le « je » et le « vous » caractérisent l'aphorisme suivant :

> *E*lle m'était complètement indifférente. Songeant tout à coup, après tant d'années, que, quoi qu'il arrive, je ne la reverrais plus jamais, j'ai failli me trouver mal. Nous ne comprenons ce qu'est la mort qu'en nous rappelant soudain la figure de quelqu'un qui n'aura été rien pour nous (IE, 1302).

La première personne de singulier est représentée sous différentes formes : pronom personnel, forme accentuée ou inaccentuée. Dans cette citation, le narrateur est en même temps un personnage (récit homodiégétique et même auto-diégétique), je « désignant à la fois *le sujet de l'énonciation* (responsable du dire) et *le sujet de l'énoncé* ».

On observe aussi l'opposition : je/ nous. Entre **Je** et **nous**, il y a une équivalence, car la pensée du *je* est celle du *nous*. À partir d'une situation personnelle, celle de son désintérêt pour cette femme et ses conséquences, le narrateur offre une affirmation générale, en s'incluant : Nous « ne comprenons, nous rappelant...rien pour nous ». Ainsi, le locuteur et l'interlocuteur se trouvent associés dans le seul pluriel de la première personne. D'après Benveniste, « *Nous* n'est pas le pluriel de *je* ; *nous* est, non pas une multiplication d'objets identiques, mais une jonction entre *je* et le *non je* » (Benveniste : 233). « Nous peut être équivalent à « Je » + « tu », « je » = « il » à « je = tu + il » dit encore Anne Herschberg-Pierrot (Herschberg : 18). Cioran reproche aux autres, dans cette citation, l'incapacité de comprendre, malgré la religion bouddhiste qui dit, selon Tiffreau, que « l'homme est composé de cinq agrégats : matière, sensations, perceptions, formations mentales et conscience » (Tiffreau : 67). Nous reviendrons à cette question dans un instant.

2. Vous/ je

Si pour les pronoms *Je/nous* il s'agissait d'une relation d'inclusion entre les deux pronoms, cette fois le pronom *vous* contraste avec *je*. À partir d'une négation de la mort de *vous* (sous-entendu *le monde, les gens*), le narrateur *je* la confirme en rajoutant ses propres perspectives :

> *V*ous me disiez que la mort n'existe pas. J'y consens, à condition de préciser aussitôt que rien n'existe. Accorder la réalité à n'importe quoi et la refuser à ce qui paraît si manifestement réel, est pure extravagance (IE, 1361).

Il s'agit d'ailleurs d'une relation d'inclusion, car l'affirmation du *je* est incluse dans l'affirmation du *vous*. La locution concessive *à condition de* introduit une condition : je suis d'accord avec vous *à condition d'*accepter mon point de vue, qui est plus général que le vôtre et qui inclut aussi votre pensée.

200

Ainsi, on constate la pluralité des éléments qui construisent les aphorismes de Cioran sur la mort : la forme itérative, la citation, l'anecdote et l'opposition des pronoms. Le ton méditatif et philosophique brise tous ces éléments dans les citations dont le ton est seulement philosophique ; les autres formes (l'anecdote, la forme itérative) comportent toutefois de l'ironie et de l'humour. La méditation philosophique de Cioran impose une vision négative de la vie, du sens de l'homme sur la terre et montre sa pitié envers l'être humain, y compris soi-même. L'ironie, même l'humour, comporte un rire déconstructif, noir. Les anecdotes philosophiques, d'un ton triste, révèlent le sens caché, l'autre face de la vie, la mort. Le discours direct et indirect, par l'emploi des métaphores lexicales, des personnifications, des modalisateurs phrastiques (phrases interrogatives, négatives) et morphologiques (le conditionnel), le champ lexical de la mort, les évaluateurs affectifs tourne en dérision, renverse notre sens logique de la pensée. Ainsi, Cioran crée un nouveau mythe, un mythe renversé, car il ne chante pas la vie, il chante la mort. On peut parler dans ses aphorismes d'une remythisation de la vie, qui s'appuie sur les idées des anciens, mais la pensée paradoxale et à rebours construisent un nouvel édifice marqué par la brièveté : l'aphorisme cioranien.

Dans ces aphorismes il y a une durée pure, donc il n'y a pas de durée-espace (dans la conception bergsonienne). La durée est raccourcie, les mots sont réduits au minimum et on a la quintessence de la pensée cioranienne qui, dans son titre introduit directement « in medias res », résume le contenu de l'aphorisme et nous introduit directement le contexte. « Tout à la fois affirmatif et problématique, universel et subjectif, l'aphorisme apparaît ainsi comme le mode d'expression idéal, *le seul possible même*, d'une pensée qui, comme celle de Cioran, explorant sans fin ses propres limites, se confond avec l'acte de penser, s'équivaut à son processus, *n'est que* le rendu de son propre mouvement. [...] » (Bollon, 1997 : 158).

Après avoir examiné la vie comme existence (la vie comme de volonté de puissance chez Nietzsche, la vie comme segment à l'intérieur de la mort chez Cioran, la renaissance et la mort par le biais du mythe, la mort comme finitude et l'apogée de la vie et comme condition d'interprétation du temps chez Cioran, caractéristiques qui déterminent la forme brève de l'écriture dans l'analyse stylistiques des aphorismes sur la mort), analysons maintenant d'autres traits de la vie : sa courte durée, donc l'éphémérité.

3. La vie, durée temporaire (Cioran, Bergson et Nietzsche)

Dans cette partie, deux autres aspects nous intéressent : a) La vie comme affirmation ou reniement ? b) L'instant bergsonien et l'intensité de l'aphorisme (Bergson) d'après les règles de la logique classique et c) Bouddha, ou la beauté morale de l'existence.

a. *La vie comme affirmation ou reniement ?*

La vie peut donner lieu à une affirmation ou une négation. Voyons d'abord en quoi elle consiste en tant qu'affirmation et création, en consultant un passage du *Livre des leurres* (LL, 160). Si les ruines du passé nous ont fait voir notre identité présente, c'est néanmoins à nous qu'il revient de créer notre devenir. La *création ex nihilo*, ou « création à partir de rien » est toujours réalisable. Mais elle peut être meilleure ou pire que la vie d'avant. Il s'agit toujours d'un risque dans la répétition. Même si on n'a rien hérité, on a cependant la force que la souffrance nous a fournie et qui « ouvre les yeux, à voir des choses qu'on n'aurait pas perçues autrement » (IE, 1378). Comme l'explique l'essayiste, sa fonction est le réveil de la conscience humaine.

La vie doit être considérée un sacrifice, une douleur continue (LL, 155). Ainsi, la vie ne veut rien elle est vécue sans appréciation de notre part. Notre but doit être d'aller plus loin, au-delà de sa bonté, jusqu'au sacrifice.

Bien que la vie soit une aventure apparemment irrésistible, l'être humain doit y résister :

> Nul ne devrait s'aventurer dans la vie avant de s'être assuré d'en avoir la force. Par là, je n'entends ni la force physique ni l'affirmation brutale, directe, mais une accumulation d'énergie intérieure, devant laquelle toutes les forces physiques organisées ou non organisées semblent ternes. [...] (LL, 241).

Ce passage a de grands échos biographiques, car il explique cette force avec laquelle le je-narrateur regrette de ne pas être né ; cette force amène le succès de l'être dans la vie, l'optimisme dont il a besoin. La force intérieure n'est pas synonyme de « volonté de puissance » nietzschéenne. Bergson parle plutôt d'une énergie spirituelle. Dans *L'évolution créatrice*, il présente l'homme comme un désir agissant : « En réalité, un être vivant est un centre d'action. Il représente une certaine somme de contingence s'introduisant dans le monde, c'est-à-dire une certaine quantité d'action possible, – quantité variable avec les individus et surtout avec les espèces » (EC, 262). Il spécifie aussi, dans le même ouvrage, que « chaque espèce se comporte comme si le mouvement général de la vie s'arrêtait à elle au lieu de la traverser. Elle ne pense qu'à elle, elle ne vit que pour elle » (EC, 255). Ainsi, l'instant doit nécessairement être le cadre propice pour la création de cette source d'énergie. Cette force doit lutter contre le scepticisme, le désespoir et le pessimisme. La question qui se pose : si on n'a pas cette énergie intérieure, tombons-nous alors dans les mêmes états négatifs ? La vie chez Cioran est une lutte soutenue par une énergie frénétique. Cet « élan irrationnel » doit être le feu qui maintient l'être en vie : il « nous brûle d'une fièvre insupportable » (LL, 140-141). Malgré cette énergie qui soutient la vie, l'être humain sait qu'à la fin du chemin c'est la mort. Donc, où aller ? Devant cette question, la vie devient un dilemme shakespearien : être ou ne pas être ? Cioran est très négativiste, en affirmant que « Nous ne pouvons continuer à vivre, avec la peur de la mort [...] » (LL, 140-141). Conscient de la fin qui l'attend, et sans avoir trop le choix, chacun transforme la vie dans une course déraillée du droit chemin, en essayant

203

de « passer outre ». Il y a toujours une lutte entre la connaissance et la volonté humaine, entre *connaître* et *vouloir* : « résister aux tentations de la connaissance ». Agissez sans chercher à connaître, dirait Cioran (car la connaissance vous ouvrirait trop les yeux) ; vivez dans l'inconscience ! La connaissance serait l'ennemi de l'action. Contrairement à Nicole Parfait qui affirme que Cioran emprunte à Kierkegaard la relation entre conscience-moi-volonté (« Plus il y a de la conscience, plus il y a de moi ; plus il y a de la conscience, plus aussi il y a de la volonté » Parfait : 39), on observe que Cioran ne suit pas cette affirmation dans ce cas-ci. Au-delà de la souffrance et de la maladie, nous devons regarder dans notre âme pour créer la vie (LL, 156). Le chemin à suivre a comme point de départ les ténèbres et ensuite la lumière. Malgré toutes les souffrances, on doit chercher la quintessence de la vie. La répétition de la souffrance envisage comme but un acquiescement de la pensée.

Si la construction de la vie commence à l'intérieur de notre être, voyons ensuite quelle distance on a parcourue. L'un des buts de l'homme dans la vie est de l'aimer et de s'affirmer par son travail (LL, 190-191). Le dégoût et la tristesse du narrateur sont relevés dans la phrase négative : « aucune pierre n'en a encore été posée », qui démontre l'incapacité, l'incompétence de l'homme pour la création. La solution subsiste dans notre être et c'est la « volonté » du refus. Donc, la construction ou la déconstruction de la vie dépendent toujours de nous. La déconstruction de la vie se réalise par son rejet pur et simple (LL, 193). La vie est non seulement affirmation, elle est donc aussi destruction (TE, 957). La vie est ainsi une mosaïque de fragments, un morcellement du temps dont la durée est agaçante, lourde. Elle est une durée temporaire maléfique. Le silence, suivant une approche bouddhiste, reste le secret d'une vie constructive. On voit ainsi que l'éternel retour repose sur le « revenir » de la différence.

Ainsi, l'être humain n'as pas cette capacité de saisir les choses en elles-mêmes grâce à sa respiration, à son mouvement, qui le transforme en « générateur d'être » (TE, 825). On remarquera l'intensité de cet aphorisme, marqué par les verbes de mouvement « Je m'agite », « j'épouse le mouvement ». Bergson indique à l'égard du mouvement que « C'est donc par l'intermédiaire du mouvement surtout que la durée prend la forme d'un milieu homogène, et que le temps se projette dans l'espace » (DI, 93). L'être n'est finalement qu'un « acolyte du temps », un suivant, un serviteur du temps, en formant une paire comme le maître et son esclave. L'essayiste affirme ensuite l'inévitabilité de l'auto-destruction : « Tous les hommes finissent par détruire leur vie. Et selon la façon dont ils procèdent, on les nomme tantôt triomphateurs, tantôt ratés » (LL, 203). On comprend mieux cette citation à partir de la vision nietzschéenne, car la mort peut être soit volontaire (le suicide) ou involontaire (naturelle) ; ceux qui se suicident sont les triomphateurs, tandis que les autres sont les ratés, vision d'ailleurs avec laquelle Cioran sympathise.

Après avoir vu la vie *comme durée temporaire,* arrêtons-nous maintenant sur l'unité minimale du temps et jetons un regard sur l'instant bergsonien et l'intensité de l'aphorisme.

b. *L'instant bergsonien et l'intensité de l'aphorisme*

Henri Bergson fait la distinction entre durée (le temps) et durée *pure* qui peut être identifiée à l'instant. Répétons la définition de la durée pure chez Bergson : « La durée toute pure est la forme que prend la succession de nos états de conscience quand notre moi se laisse vivre, quand il s'abstient d'établir une séparation entre l'état présent et les états antérieurs (DI, 74-75) et plus loin, « [...] la pure durée pourrait bien n'être qu'une succession de changements qualitatifs qui se fondent, qui se pénètrent, sans contours précis, sans aucune tendance à s'extérioriser les uns par rapport aux autres, sans aucune parenté avec le nombre : ce serait l'hétérogénéité pure » (DI, 77).   Pour suggérer l'identité entre aphorisme et instant il suffirait de montrer la « succession de changements qualitatifs » des éléments de l'aphorisme temporels cioraniens (donc « l'hétérogénéité pure » de chaque parcelle d'écriture), changements réalisés par l'intuition immédiate. Cette réduction du temps signifie-t-elle « vider ou appauvrir les états de conscience qui s'y succèdent ? » (DI, 148), comme Bergson l'affirme ?   Bergson se demandait d'ailleurs : « Pourquoi recourir à une hypothèse métaphysique, si ingénieuse soit-elle, sur la nature de l'espace, du temps et du mouvement, alors que l'intuition immédiate nous montre le mouvement dans la durée, et la durée en dehors de l'espace ? » (DI, 85).   L'intuition immédiate, concrétisée dans l'aphorisme, illustre-t-elle le mouvement dans la durée et cette durée en dehors de l'espace chez Cioran ?   L'aphorisme, comme « donnée immédiate de la conscience », se réalise grâce à l'instant, puisqu'il est issu d'une pensée illuminée, sans durée-espace, d'une durée pure, avec un contenu philosophique, moral et littéraire riche.   Allons voir comment prennent naissance la plupart des aphorismes, leur contenu, et en quoi consiste cette brève durée pure dans l'œuvre de Cioran.

Bergson explique l'unicité du *moment* et de la *durée* : « la durée est chose réelle pour la conscience qui en conserve la trace, et l'on ne saurait parler ici de conditions identiques, parce que le même moment ne se présente pas deux fois » (DI, 150).   Tout comme Bergson, Cioran admire énormément le rapport insaisissable entre l'instant et la durée.   Il semble ainsi commenter Bergson, dans cet aphorisme qui explique la fuite du temps : « Cet instant-ci, mien encore, le voilà qui s'écoule, qui m'échappe, le voilà englouti […] (IE, 1374).   Ainsi l'inconstance de l'instant et le fait que celui-ci ne se présente pas deux fois de la même façon mènent à une hétérogénéité des éléments constitutifs de l'aphorisme, ce qui entraîne des degrés d'intensités (des affections qualitatives différentes).   Dans les pages qui suivent, je compte à mesurer l'intensité (des sensations affectives qualitatives) et la qualité des aphorismes montrée par l'emploi de modalisateurs axiologiques différents ; j'essaierai en même temps d'expliquer la conception de la durée chez Cioran.

Je voudrais relever maintenant l'intensité des aphorismes, et de façon concomitante, leur qualité. Je vais montrer ainsi la variété des modalisateurs axiologiques qui les composent, donc « hétérogénéité pure » (DI, 77) qui puisse certifier la naissance des aphorismes cioraniens, et leur qualité, par l'emploi de différents modalisateurs axiologiques trouvés dans les figures rhétoriques, pragmatiques et stylistiques.

Dans la proposition ouvertement composée et causale : « *Q*ue l'histoire n'a aucun sens, voilà de quoi nous réjouir » (PD, 709) Cioran nous prouve une vérité triste, mais, au lieu d'être triste, la proposition principale explique qu'on doit se réjouir. Donc, l'un des procédés auxquels le sophiste recourt est *le paradoxe*. Le déictique « voilà » introduit la phrase relative précédente (« *Q*ue l'histoire n'a aucun sens ») et introduit la conclusion : « nous réjouir ». L'adjectif indéfini « aucun » est un autre modalisateur qui montre l'intensité de cet aphorisme.

En ce qui concerne la question de la liberté, l'intensité des aphorismes se voit d'un volume à l'autre. Ainsi, dans *Précis de décomposition*, l'auteur affirme : « Nous ne nous sentons libres, nous ne comprenons nos chances et nos dangers que par sursaut » et il met en évidence la négation restrictive : ne...que. Plus tard, dans *De l'inconvénient d'être né*, il affirme : « Je *sens* que je suis libre, mais je *sais* que je ne le suis pas » (IE, 1327). Ce syllogisme remet en question la liberté et son intensité est totale, car la proposition affirmative est niée par le biais des modalisateurs (la négation, ici).

Dans l'aphorisme « Que la vie ne signifie rien, tout le monde le sait ou le pressent : qu'elle soit au moins sauvée par un tour verbal ! Une phrase aux tournants de leur vie, – voilà à peu près tout ce qu'on demande aux grands et aux petits. [...] » (PD, 651), on observe l'ironie du narrateur dans la proposition composée causale « Que la vie ne signifie rien, tout le monde le sait ou le pressent » par les verbes cognitifs (« sait ») ou de perception (« pressens »). Le dégoût et la douleur se déduisent de ces paroles qui montrent la tristesse cioranienne. À l'égard des sensations, Bergson souligne (DI, 25) que les qualités affectives (le plaisir et la douleur) n'indiquent pas seulement les états présents, mais aussi le futur.

Le renoncement, dans l'aphorisme suivant, représente l'intensité de la volonté : « *C*'est une grande force, et une grande chance, que de pouvoir vivre sans ambition aucune. Je m'y astreins. Mais le fait de m'y astreindre participe encore de l'ambition » (IE, 1366). Dans le syllogisme conditionnel suivant : « *S*'il est vrai que ce qui périt n'a jamais existé, la naissance, source du périssable, existe aussi peu que le reste (IE, 1371) », on observe l'intensité *minimale* du concept de l'existence, marquée par le modalisateur au degré comparatif d'égalité « aussi peu que ». Prenons le syllogisme suivant : « *S*i nous réussissons à durer malgré tout, c'est parce que nos infirmités sont si multiples et si contradictoires, qu'elles s'annulent les uns les autres » (IE, 1381). Par le biais de la caractérisation (la répétition binaire) de non infirmités : « multiples et contradictoire », précédés par l'adverbe de renforcement « si », on observe que la durée humaine est le résultat, la conséquence d'une annulation de ses multiples contradictions. Elle est ainsi directement proportionnelle avec les contradictions de l'homme. S'il n'y avait pas de contradiction, il n'y aurait pas de durée ! L'aphorisme suivant relève l'intensité de la mémoire par le biais des verbes « avertissent », l'itération « À chaque âge », et l'expression impersonnelle « il est temps », qui annonce un péril imminent (IE, 1380). Même si la perte de la mémoire (l'amnésie) (« qui nous avertit qu'il est temps de vider les lieux ») menace l'homme, celui-ci « hésite », n'est pas assez fort (« n'avons plus assez de vigueur »)

pour l'affronter.

Dans l'aphorisme suivant : « Dieu *est*, même s'il n'est pas » (IE, 1386) l'intensité des

paroles réside dans le sens philosophique qui se cache derrière ces paroles. La deuxième

proposition, même si elle est négative (« même s'il n'est pas »), elle est vraie, tandis que la

première, qui a l'air d'être vraie (par son aspect affirmatif : « Dieu *est* »), elle est fausse, car

Dieu, dans la conception cioranienne n'existe pas. Cioran joue avec l'existence de Dieu, tout

comme Voltaire, qui affirme que « Si Dieu n'existait pas, il faudrait l'inventer » (Epître 104 :

403).

Le syllogisme suivant « *O*n ne peut pas vivre sans mobiles. Je n'ai plus de mobiles, et

je vis » (IE, 1389), on part d'une proposition universelle, à une situation particulière, pour

démontrer le contraire, par le biais d'un paradoxe réalisé à l'aide du modalisateur adverbial qui

renforce la phrase négative « je n'ai *plus* » ; la conclusion paradoxale est le fait que : « et je

vis ». Le je-narrateur se particularise ainsi des autres ; il s'agit d'une coupure entre soi/monde,

où le *je* réussit à vivre sans être comme les autres : je ne me sers pas de mobiles, car il y a

d'autres possibilités d'existence, aurait-il dit. Le je-narrateur est différent d'autrui, mais il vit

sur la même ligne que les autres.

Dans l'aphorisme suivant « ''*O*n n'y peut rien'' », ne cessait de répondre cette

nonagénaire à tout ce que je lui disais, à tout ce que je hurlais dans ses oreilles, sur le présent,

sur l'avenir, sur la marche des choses...» (IE, 1370) l'intensité réside dans le verbe « ne

cessait de répondre », qui rend la proposition universelle négative itérative, circulaire « On n'y

peut rien » et qui montre l'impuissance de l'homme dans la vie, le fait qu'on est limité. Le verbe « hurlais » reflète l'itération d'un état d'âme qui est arrivé à l'apogée : le hurlement. Ces phrases négatives expliquent le non-sens de la vie dans l'univers des aphorismes cioraniens.

L'intensité de l'aphorisme suivant suggérée dans la répétition de la conjonction adversative « mais » qui aide à l'argumentation : « Mais l'histoire est nostalgie de l'espace et horreur du chez soi, rêve vagabond et besoin de mourir au loin..., mais l'histoire est précisément ce que nous voyons plus alentour » (TE, 841). L'histoire, le temps passé reste dans la mémoire comme espace (« nostalgie », « rêve vagabond »), comme « temps-quantité », d'après Bergson (DI, 96). L'existence dans le passé est donc une existence dans l'espace.

En conclusion, on retient d'ailleurs une **intensité** (par laquelle j'entends des mots plus forts) **et une qualité langagière** (au niveau des répétitions, métaphores, paradoxes, ironie...e.a) et une autre (Intensité et qualité) au niveau de **contenu/de la parole** (Saussure : 23-25) (que j'appelle *intra-textuelle*). Donc, on arrive à la même conclusion que Bergson, d'après lequel « [...] notre conception de la durée ne tend à rien moins qu'à affirmer l'hétérogénéité radicale des faits psychologiques profonds, et l'impossibilité pour deux d'entre eux de se ressembler tout à fait, puisqu'il constituent deux moments différents d'une histoire » (DI, 150). Toutefois, ces aphorismes, dans toutes leurs dimensions temporelles instantanées, se dissocient grâce à leurs contenus philosophiques ou grâce au style langagier. L'aphorisme se confond d'ailleurs avec la durée, qui, « [...] rendue à sa pureté originelle, apparaîtra comme une multiplicité qualitative, une hétérogénéité absolue d'éléments qui viennent se fondre les uns dans les autres » (DI, 172). Cette mosaïque d'aphorismes créée par la diversité de souvenirs de la mémoire forme le procédé que Bergson appelle « endosmose » (DI : 171) : « l'idée mixte d'un temps mesurable, qui est espace en temps qu'homogénéité et durée en tant que succession, c'est-à-dire, au fond, l'idée contradictoire de la succession dans la simultanéité » (DI, 172).

Après avoir vu la vie comme affirmation ou reniement et identifié les aphorismes à la durée pure, en observant leur intensité et leur qualité langagières, passons maintenant à l'analyse du temps et de ses possibilités existentielles, d'abord dans la rencontre entre la pensée cioranienne et le bouddhisme.

c. *Bouddha, ou la beauté morale de l'existence*

Le mythe bouddhiste joue un rôle majeur dans la pensée cioranienne, surtout dans les textes les plus tardifs. Bouddha est le modèle religieux mythique préféré par Cioran, justement pour son renoncement à *tout* : amis, famille, richesse et vie. Karl Jaspers décrit ainsi la démarche de Bouddha :

> Il part de la croyance encore obscure que toute existence est souffrance et qu'il importe de se délivrer de la souffrance. Une fois prise la résolution d'une vie droite en paroles et en actes, il s'enfonce par degrés dans la méditation, à partir de laquelle il atteint la connaissance [...] : la vérité de la souffrance élucidée. Le chemin parcouru ne s'éclaire que grâce à la connaissance. [...] » (Jaspers : 169).

Cioran voit l'incarnation de Bouddha dans l'homme futur : « Un Judas avec l'âme de Bouddha, quel modèle à l'humanité future et finissante ! » (PD, 631). Afin d'appuyer le renoncement au passé, Cioran fait appel à la tradition bouddhiste (IE, 1336). On voit donc que la conception cioranienne du temps mythique de la re-création est liée à la lecture que fait Cioran de la tradition bouddhiste. On apprend ainsi que le renoncement mène l'homme à la renaissance : une fois l'homme ancien tué, la vie recommence pour le mieux. Cioran invite l'homme moderne à rompre avec le passé, tout comme Bouddha (LL, 151). Mais qui est Bouddha et en quoi consiste son enseignement ? Quel portrait moral propose-t-il? Dans quelle mesure peut-on rapprocher Cioran de celui-ci ? Dans quelle mesure le temps mythique conduit à la négation du passé ? Bouddha, « dont le nom personnel était Siddhattha, (Siddhârtha en sanskrit) et le nom de famille Gotama (Skt. Gautama), a vécu dans le Nord de l'Inde au VIᵉ siècle av. J.C » (Rahula : 15).

Chez Bouddha, l'inexistence de la liberté et le conditionnement de la volonté sont des sujets fondamentaux :

> La question du libre arbitre (libre volonté) a occupé une place importante dans la pensée et la philosophie occidentales, mais du fait de la Production conditionnée cette question ne se pose pas, et ne peut pas se poser dans la philosophie bouddhiste. […]. La volonté, comme toute autre pensée, est conditionnée. La prétendue « liberté » elle-même est une chose conditionnée et relative. […]. Le libre arbitre implique une volonté indépendante de conditions, indépendante de cause et d'effets (Rahula : 79).

Cioran embrassera cette idée, car pour lui aussi il n'y aura aucune liberté, comme il l'indique dans *Le crépuscule des pensées* : « […] seul le désastre dévoile la petitesse de l'individuation ; car il nous fait comprendre, sans espoir de consolation, que nous sommes limités en tout, et d'abord à nous-mêmes » (CP, 423). Dans *La chute dans le temps*, Cioran explique encore sa position à l'égard de la liberté :

> […]. Comment agir en se sachant déterminé, comment vouloir en *automate* ? Dans nos actes il existe par bonheur une marge d'indétermination, dans nos actes seulement : je peux différer de faire telle ou telle chose ; il m'est en revanche impossible d'être autre que je suis. Si, en surface, j'ai une certaine latitude de manœuvrer, tout est, en profondeur, à jamais *arrêté*. […] (CT, 1155).

Cioran suppose qu'il y a une relation directe entre liberté et identité. L'identité constitue l'élément qui fait tomber l'être, le fait sortir de la temporalité. La volonté peut choisir entre tel ou tel acte libre, mais elle ne peut pas changer l'être entier. Chaque individu, d'après Cioran, est un « *automate* » qui respecte les règles générales, imposées par autrui, et qui est enfermé dans un espace bien défini. Au-delà de cet espace, il ne peut plus prendre de décisions ou plutôt les décisions ne lui appartiennent plus.

Un autre sujet cher à Bouddha et à Cioran est la question du *moi*. Dans son étude sur le bouddhisme, Rahula explique que « Ce que nous nommons ''être'', ''individu'', ou ''moi '', c`est seulement, selon la philosophie bouddhiste, une combinaison de forces ou d`énergies physiques et mentales en perpétuel changement, qu`on peut diviser en cinq groupes ou agrégats (pancakkhandha) » (Rahula : 39).

Ces cinq agrégats sont « l'Agrégat de la matière » (Rahula : 40), « l'Agrégat des Sensations » (Rahula : 40), « l'Agrégat des Perceptions » (Rahula : 41), « l'Agrégat des Formations Mentales » (Rahula : 42), l'Agrégat de la Conscience » (Rahula : 42).

Pour Bouddha, un homme est composé de

six éléments : solidité, fluidité, chaleur, mouvement, espace, et conscience. Il analyse ces éléments et découvre qu`aucun n`est « moi » ou « mien ». Il comprend comment la conscience apparaît et disparaît, comment les sensations plaisantes, déplaisantes ou neutres, apparaissent et comment elles disparaissent. Par suite de cette connaissance son esprit devient détaché. [...] (Rahula : 61).

Selon la philosophie bouddhiste, l'homme est constitué de qualités qui tiennent de l'être humain, mais aussi de son environnement (la nature), notamment la solidité (la pierre), la fluidité (la rivière) mais aussi la physique (le mouvement, l'espace). Seule la conscience lui appartient en propre.

Arrêtons-nous ensuite sur un autre sujet cher aux deux philosophes : la vie, que Bouddha explique par rapport au mouvement, à l'action : « Ce n`est pas correct de dire que c`est la vie qui se meut, ce qui est vrai, c`est que la vie est le mouvement lui-même. Vie et mouvement ne sont pas deux choses différentes. Il n`y a pas de penseur derrière la pensée. La

213

pensée est elle-même le penseur [...] (Rahula : 47). Ainsi, d'après Bouddha, la vie se confond avec le mouvement, tout comme chez Bergson, d'ailleurs. Représentons maintenant cette symbiose entre vie et mouvement au détriment de la mort. La vie et le mouvement forment un cercle, tandis que la mort s'inscrit au milieu comme un centre vide et immobile.

Cioran, cherche à son tour à définir la vie : « *S*ouffrir : une façon d'être actif sans faire quoi que ce soit. Correctement, on ne peut demander ce *qu'est* la vie, mais ce qu'elle *n'est pas* » (CP, 385). On comprend ainsi que la vie est avant tout mouvement. Et plus loin dans *Le crépuscule des pensées* : « *P*ar rapport à la matière, la vie représente un surplus d'intensité. Ainsi la maladie par rapport à la vie, avec cette différence que nous nous trouvons en présence d'une intensité négative » (CP, 388). Cioran poursuit dans le même volume : « [...] Je cherche la vie même dans la mort, et n'ai autre but que de la découvrir en tout ce qui n'est pas elle » (CP, 393). Si pour Bouddha la vie se confond avec le mouvement, pour Cioran, l'existence est tourment, comme il l'indique dans *De l'inconvénient d'être né* :

> *E*xistence = Tourment. L'équation me paraît évidente. Elle ne l'est pas pour tel de mes amis. Comment l'en convaincre ? Je ne peux lui *prêter* mes sensations ; or, elles seules auraient le pouvoir de le persuader, de lui apporter ce supplément de mal-être qu'il réclame avec insistance depuis si longtemps (IE, 1342).

Le « mouvement » d'abord associé au bouddhisme devient tragiquement « tourment » répétitif et sans but.

Rahula explique ainsi la philosophie du temps chez Bouddha :

> Les hommes, généralement, ne vivent pas dans leurs actes, dans le présent, mais ils vivent dans le passé ou dans le futur. [...] . Ils ne vivent donc pas dans ce qu'ils font à l'instant même, ils n'en jouissent pas. Aussi sont-ils malheureux, mécontents du présent, de leur travail ; ils sont naturellement incapables de se donner entièrement à ce qu'ils ont l'air d'être occupés à faire (Rahula : 99).

Les individus des temps modernes ne vivent pas dans le présent, mais bien dans le passé ou dans le futur, où ils se sentent toujours perdus, malheureux. À l'inverse, le fait de se concentrer sur l'acte qu'on accomplit, d'être conscient de cet acte réalisé, et de vivre l'instant les rend heureux, explique la philosophie bouddhiste.

Cioran, pour sa part, explique que « Les hommes ne vivent pas en eux, mais en autre chose. C'est pourquoi ils ont des préoccupations : car ils ne sauraient que faire du vide de chaque instant. Seul le poète *est* en soi avec soi-même. Et les choses, ne lui tombent-elles pas tout droit sur le cœur ? » (CP, 433). Cioran nie l'existence de l'homme dans le temps, car pour lui il ne vit pas *dans le présent*, dans l'imminent, ou l'« immédiat » (CP, 124-125) et à l'extérieur, « en-dehors d'elle » (CP, 441) mais « dans l'attente » (PC, 607) et « à l'intérieur de l'*existence* » (CP, 441). Cioran complète ainsi l'affirmation du Bouddha sur les hommes qui « ne vivent pas dans leurs actes, dans le présent, mais ils vivent dans le passé, ou dans le futur » (Rahula : 99).

Dans *Le livre des leurres*, Cioran nous incite à nous consacrer à une méditation intérieure qui nous ramène à l'intériorité du temps bouddhiste :

> N'avez-vous pas senti un jour la vie s'arrêter en vous ? N'avez-vous jamais souffert que la vie *se taise* ? […]. Il est donc mis en face du problème suivant : vivre dans l'existence à côté ou au-delà de la vie. Toute la tragédie de l'homme est de ne pouvoir vivre *dans*, mais seulement *en deçà* ou *au-delà*. Il ne peut ainsi parler que du triomphe et de la défaite, du profit et de la perte ; de même, il ne peut vivre *dans* le monde, mais se débat en vain entre le paradis et l'enfer, entre l'élévation et la chute (LL, 118).

Cependant, Cioran se renie lui-même, car la vie n'est plus mouvement ou tourment. Elle semble pouvoir s'arrêter : cet arrêt coïncide avec la souffrance et parfois avec la mort. Mais comme la mort est troublante, l'être humain choisit des chemins plus faciles, en faisant des détours. La vie est ainsi un train qui s'arrête de temps en temps dans une gare pour que les passagers descendent.

Une autre qualité morale est la force de vivre le présent. Selon Rahula, le message bouddhiste sur l'inévitabilité de la vie est particulièrement captivant :

> Tant que vous vivrez, vous ne pourrez pas échapper à la vie, quoi que vous fassiez, que vous résidiez dans une ville ou que vous soyez retiré dans une grotte. Vous devez la regarder en face et la vivre. La vie vraie, c'est le moment présent – non pas les souvenirs d'un passé qui est mort et enfui, ni les rêves d'un futur qui n'est pas encore né. Celui qui vit dans le présent se trouve dans la vie réelle et il est le plus heureux (Rahula : 100).

Ainsi, le présent devrait nous satisfaire ; mais ce n'est pas suffisant d'observer le quotidien, la vie, il faudrait « la regarder en face et la vivre ». La locution verbale « regarder en face » suggère d'ailleurs l'essence du modèle existentiel : cela signifie affronter le mal, les dangers, être conscient de ce qui se passe autour de soi, être préparé pour le pire, être vigilant. Sur cette question, Rahula explique que « La vigilance est le chemin de l'immortalité. La négligence est le sentier de la mort. Ceux qui sont vigilants ne meurent pas. Ceux qui sont négligents sont déjà morts » (Rahula : 168). Quant à Cioran, il sympathise avec l'idée du bouddhisme et la complète en expliquant que « [...] *Vivre*, demeurer à l'intérieur de *l'existence*, signifie ne pouvoir rien ajouter à la vie. Mais lorsque nous sommes en dehors d'elle, engagés sur une voie dangereuse, poursuivis par le scandale ininterrompu de la fatalité, [...] – alors nous chargeons la vie de tout ce qu'elle n'a pas été en nous-mêmes » (CP, 440-441). Dans *L'inconvénient d'être né*, Cioran avoue d'ailleurs avoir vécu cet instant bouddhiste :

> *P*endant une seconde, je crois avoir ressenti ce que l'absorption dans le Brahman peut bien signifier pour un fervent du Védânta. J'aurais tant voulu que cette seconde fût extensible, indéfiniment ! (IE, 1369).

Cioran exprimait toutefois, dans *Le livre des leurres*, son amour pour les instants :

216

Je veux vivre seulement pour ces instants, où je sens l'existence tout entière comme une mélodie, où toutes les plaies de mon être, tous mes saignements intérieurs, toutes mes larmes retenues et tous les pressentiments de bonheur que j'ai eus sous les cieux d'été à l'éternel azur, se sont rassemblés pour se fondre en une convergence de sons, en un élan mélodieux et une communion universelle, chaude et sonore [...] (LL, 114).

L'instant représente *tout* pour Cioran, car c'est lui qui le mène vers la musique et qui transforme tous ses sentiments négatifs (« les plaies », « saignements », « larmes »), en sons. L'instant devient l'élément primordial pour la réalisation d'une communion dans l'univers ; il est ainsi un élément constructif.

Par ailleurs, selon Rahula, le bouddhisme insiste sur l'existence dans le présent (Rahula : 99). Le moment présent, profondément ressenti, doit être ainsi le point de repère toute la vie. C'est par rapport à lui que chacun doit s'orienter dans ses actions. Cette insistance sur le présent trouve un très grand écho chez Cioran qui nous propose, dans *De l'inconvénient d'être né,* de nous arrêter au milieu des activités pour observer notre esprit (IE, 1304-1305). Cet accent mis sur l'instant est très fort chez Cioran, non seulement comme élément constructif, mais aussi destructeur : « Je laisse à chaque instant la latitude de me détruire [...] » (PC, 689). On observe chez lui une véritable soif de l'instant, car il le cherche : « Où est l'instant sans fin et sans désir, et cette vacance primordiale, insensible aux pressentiments des chutes et de la vie ? » (PD, 632) et il veut le ressentir : « Si je ne *sens* pas le temps, si j'en suis plus éloigné que personne, je le connais en revanche, je l'observe sans cesse : il occupe le centre de ma conscience [...] (PD, 1153). Pour lui, la vie a de valeur seulement pour la durée condensée de l'instant.

De la même manière, un peu à la manière de Zarathoustra, la tradition bouddhiste rapportée par Rahula insiste sur l'origine (Rahula : 47). Il n'y a donc pas de commencement des êtres et de Dieu. Rahula explique la vie par un cycle de continuité (samsara) qui se répète éternellement, tout comme chez Nietzsche et Cioran (Rahula : 54-55). Grâce à la naissance et disparition des agrégats, l'homme change continuellement ; il n'est donc pas le même deux instants consécutifs. Bergson parle de la « table rase du temps » (EC, 46) et il explique que « La durée réelle est celle qui mord sur les choses et qui y laisse l'empreinte de sa dent. Si tout est dans le temps, tout change intérieurement, et la même réalité concrète ne se répète jamais. La répétition n'est donc possible que dans l'abstrait ; [...] Nous *ne pensons* pas le temps réel. Mais nous le vivons, parce que la vie déborde l'intelligence » (EC, 46). Si « tout est dans le temps » Cioran explique d'ailleurs pour sa part dans *Le livre des leurres* que chaque instant doit être pensé comme une « accumulation » (LL, 241). La vie devient d'ailleurs une rivière sur laquelle on ne devrait pas s'aventurer sans avoir un canot de sauvetage (ici l'énergie) sur nous. Bergson parle d'une « voie de condensation, et qu'il faudrait se servir de tout, du fluide autant et plus que du condensé, pour ressaisir le mouvement intérieur de la vie » (EC, 46).

Rahula enseigne ensuite la théorie d'après laquelle on est toujours le même, mais en même temps un *autre*. La différence entre la vie et la mort est une question d'instant, donc de « pure durée » (DI, 77). La soif d'être et de devenir maintient le cycle de continuité (samsãra). La circularité de la vie est également présente dans les aphorismes de Cioran : « *S*'il est vrai que par la mort on redevienne ce qu'on était avant de naître, n'aurait-il pas mieux valu s'en tenir à la pure possibilité, et n'en point bouger ? » (IE, 1360).

En conclusion de cette incursion dans le bouddhisme, on peut affirmer que la beauté morale de l'existence se manifeste en un désir de l'instant. Même si Cioran déclare avoir été attaché au bouddhisme (« [...] c'est vrai que mon expérience de la vie rejoint celle du Bouddha » (*Entretiens*, 82), en fait il explique dans une autre interview qu'il ne sentait aucune affiliation avec celui-ci « J'ai finalement compris que je n'avais rien de bouddhiste, et que j'étais prisonnier de mes contradictions, dues à mon tempérament. J'ai alors renoncé à cette orgueilleuse illusion, puis je me suis dit que je devais m'accepter tel que j'étais, qu'il ne valait pas la peine de parler tout le temps de détachement, puisque je suis plutôt un frénétique » (*Entretiens*, 109). Dans *Le livre des leurres*, Cioran souligne qu'« on ne peut parler de renoncement sans être soucieux, tourmenté et triste. Le renoncement représente pour nous un drame infini ; [...] nous ne renonçons pas ; nous *voulons* renoncer » (LL, 151). Et plus loin, il explique que « Seul un esprit déchiré d'amour peut encore réhabiliter ce monde vulgaire, mesquin et écœurant. Un grand amour n'existe pas sans grand renoncement » (LL, 152).

4. La fuite de temps ou les possibilités existentielles

On a vu que Bergson fait la distinction entre durée pure « la forme que prend la succession de nos états de conscience quand notre moi se laisse vivre » et durée-espace, quand « il s'abstient d'établir une séparation entre l'état présent et les états antérieurs ». Toutefois, il nous parle dans *Matière et mémoire* de la possibilité d'une existence dans *l'immédiat*, dans le présent :

> Il faut donc que l'état psychologique que j'appelle « mon présent » soit tout à la fois une perception du passé immédiat et une détermination de l'avenir immédiat. [...] mon présent consiste dans un système combiné de sensations et de mouvements. Mon présent est, par essence, sensori-moteur (MM, 152-153).

Ce présent est ainsi difficile à saisir, il n'y a pas un moyen de le repérer : il occupe une courte durée comprise entre le passé et l'avenir ; donc il n'y a pas de délimitation nette entre ces deux parties de la vie. Mais comme la durée occupe un temps (le présent) et un espace en même temps, on en déduit que le temps est espace ; toutefois, on observe que le présent comprend deux fois plus de temps (passé *immédiat* et futur *immédiat*) qu'espace : deux tiers de temps et un tiers d'espace.

Quant à l'évolution de la vie, Bergson explique que « nous ne pensons pas le temps réel » :

> La durée réelle est celle qui mord sur les choses et qui y laisse l'empreinte de sa dent. Si tout est dans le temps, tout change intérieurement, et la même réalité concrète ne se répète jamais. […]. Ainsi, concentrée sur ce qui se répète, uniquement préoccupée de souder le même au même, l'intelligence se détourne de la vision du temps. […]. Nous *ne pensons pas* le temps réel. Mais nous le vivons, parce que la vie déborde l'intelligence. […] (EC, 46).

Bergson répond en fait à Nietzsche, en ce qui concerne la répétition des choses, en avançant qu'il n'y a pas de répétition (elle n'existe « que dans l'abstrait ») et que la même réalité ne se répète jamais. Le temps change les choses et les êtres. Les éléments de la vie reviennent, mais ils sont toujours différents. Le fait que la mémoire se concentre sur la soudure des choses pareilles est un empêchement pour l'intelligence, qui ne peut pas se concentrer sur le temps différencié, qui le perd de vue. L'ennemi du saisissement du temps, c'est donc la mémoire qui s'arrête sur la répétition du Même. C'est comme dans une lutte, où la stratégie serait d'attirer l'ennemi dans une course : là où il y aurait une fête (nourriture et boisson) les ennemis danseraient, fêteraient, perdant de vue qu'ils ont perdu du terrain, du temps, et peut-être la lutte.

Quant à la forme que prend l'existence, Bergson affirme :

> Si notre existence se composait d'états séparés dont un « moi » impassible eût à faire la synthèse, il n'y aurait pas pour nous de durée. Car un moi qui ne change pas ne dure pas, et un état psychologique qui reste identique à lui-même tant qu'il n'est pas remplacé par l'état suivant ne dure pas davantage (EC, 4).

Pour Bergson, si la condition durative du *moi* est le changement (« un moi qui ne change pas ne dure pas »), l'état psychologique devra changer lui-aussi. L'inaction mène l'être humain à la chute. L'action est ainsi la condition de la durée.

En s'interrogeant sur l'être humain, le philosophe explique encore (EC, 5) que chaque être humain est le résultat de son histoire depuis la naissance et même avant. Le passé détient un rôle important dans la formation de la personnalité, il met l'emphase sur le temps présent et sur le futur de l'être, car c'est par lui qu'on agit. La pensée ne se sert que d'une « petite » partie du passé, tandis que la volonté, le désir et nos actions sont déterminés par tout notre passé. Ce qui importe dans cette analyse et pour toute lecture de Cioran, c'est la pensée de Bergson selon laquelle on a vécu une histoire « depuis notre naissance, avant notre naissance même, puisque nous apportons avec nous des dispositions prénatales ? ». Il y a donc une prédisposition à la vie. Une fois frappé par la conscience de la pure durée, le passé se décompose, explique Bergson dans *L'évolution créatrice* :

> Plus nous prenons conscience de notre progrès dans la pure durée, plus nous sentons les diverses parties de notre être entier les unes dans les autres et notre personnalité tout entière se concentrer en un point, ou mieux en une pointe, qui s'insère dans l'avenir en l'entamant sans cesse. En cela consistent la vie et l'action libres. [...]. Notre personnalité redescend ainsi dans la direction de l'espace. Elle le côtoie sans cesse, d'ailleurs, dans la sensation [...] (EC, 202-203).

D'après Bergson, il y a donc deux possibilités existentielles : d'une part la vie et l'action, qui considèrent l'être comme un tout, et qui ont leur correspondant dans l'avenir, et d'autre part le rêve, qui décompose l'être en souvenirs et le rapproche de l'espace. Le passage ci-dessus est pertinent pour la lecture de Cioran car il insiste sur la fragmentation du temps, l'analyse minutieuse du fragment, la relation temps/espace (« *V*ivre, c'est perdre du terrain » - IE, 1330), la scission du moi (« *J*e ferme les rideaux, et j'attends. En fait je n'attends rien, je me rends seulement *absent*. Nettoyé, ne serait-ce que pour quelques minutes, des impuretés qui ternissent et encombrent l'esprit, j'accède à une conscience d'où le moi est évacué, et je suis aussi apaisé que si je reposais en dehors de l'univers » IE, 1334), et le rappel des souvenirs, des éléments du temps passé.

Pour Bergson, chacun est confronté à l'existence de deux présents : 1) un présent général : « ce qui m'intéresse, ce qui vit pour moi, [...], ce qui me provoque à l'action, au lieu que [sic] mon passé est essentiellement impuissant » (MM, 152) et 2) un présent « réel, concret » idéal, qui est « la limite indivisible qui séparerait le passé de l'avenir [...] celui-là occupe nécessairement une durée » (MM, 152). On observe ainsi que le présent est le facteur le plus important pour l'être humain, ce qui le pousse à agir, et que le passé est impuissant de ce point de vue ; le passé est un temps mort et il ne peut plus nous pousser à l'action. C'est dans le présent qu'on est en mesure d'agir tandis que le passé agit plutôt sur nous ; l'homme est sujet du présent et objet du passé :

> Notre vie psychologique passée, tout entière, conditionne notre état présent, sans le déterminer d'une manière nécessaire ; tout entière aussi elle se révèle dans notre caractère, quoique aucun des états passés ne se manifeste dans le caractère explicitement. Réunies, ces deux conditions assurent à chacun des états psychologiques passés une existence réelle, quoique inconsciente (MM, 164-165).

Le passé est impuissant en ce qui concerne l'action, n'a pas d'impact. Comme on ne peut pas changer le passé, c'est le présent qui nous incite à l'action. Par contre, notre passé n'est pas tout à fait oublié. Il est ainsi comme une ombre qui nous suit, qui est là, un présent dans l'ombre, mais qui n'influence pas nos décisions, une ombre passive ; elle conditionne le présent, mais ne le détermine pas.

Par ailleurs, Bergson identifie la présence de « deux moi différents » (DI, 173-174) : un *moi* de surface et l'autre de profondeur et nous explique que notre liberté se manifeste en fonction d'un *ressaisissement*, représenté par le « moi de profondeur », rarement manifesté (DI, 174). À cause de notre incapacité de voir (presque toujours) au-delà des apparences (le « fantôme décoloré ») de notre moi et non son essence (le vrai *moi*), notre existence se déroule plutôt *dans l'espace* que *dans le temps*, vu ici comme une intériorité du moi ; nous vivons pour

222

le monde extérieur « extérieurement à nous-mêmes », pour *autrui* plus que pour nous, nous parlons plutôt que nous ne pensons, nous « *sommes agis* » par autrui, nous n'avons pas de liberté. Ainsi, nous ne sommes libres que rarement, car nous vivons dans l'*espace* ; pour être libres il nous faudrait vivre *dans le temps*, être « soi » d'abord, d'après la théorie bergsonienne. Le temps et l'espace sont autant « en dedans qu'en dehors de nous », précise encore Bergson. Si le temps est « en dedans de nous », il n'existe pas objectivement, il est incorporé au *je* ; si le temps est « au dehors de nous », il y a donc une séparation entre l'être et le temps. Nous vivons donc « dans l'espace », et « en dehors du temps » car nous ne sommes pas conscients de nous-mêmes. Ainsi, d'après Bergson, il n'y pas de liberté, puisque chacun est déterminé et les moments de liberté sont rares, ces moments ne survenant que « quand nous nous ressaisissons nous-mêmes ». On verra bientôt si pour Cioran l'être humain vit dans le temps ou dans l'espace, s'il est libre ou contraint, s'il agit ou s'il est agi, s'il perçoit les apparences ou la réalité.

Dans *Essai sur les données immédiates de la conscience*, Bergson constate que la liberté est « le rapport du moi concret à l'acte qu'il accomplit » (DI, 165), donc un rapport directement proportionnel de réussite parfaite entre l'acte proposé et son accomplissement, qui suppose l'implication *seulement* du *moi* (pas d'autrui). Mais finalement, on se rend compte que notre action a été faite suite à une nécessité. Cette liberté semble être identique à un processus de création, elle est une création individuelle/personnelle. Bergson démontre en fait qu'il n'y a pas de liberté et que l'homme est toujours soumis : « en approfondissant cette […] définition de la liberté, on aboutira donc encore au déterminisme » (DI, 165).

Bergson explique encore, dans *Matière et mémoire*, que l'acte libre « peut s'appeler une synthèse de sentiments et d'idées, et l'évolution qui y conduit une évolution raisonnable (MM,

207). Worms montre d'ailleurs qu'il y a plusieurs sortes de liberté et que la liberté a des degrés ; si l'acte a mobilisé toute la personne, il s'agit d'un acte libre. L'acte libre peut devenir automatisme, par le biais de la répétition. L'échelle des degrés des actes libres commence ainsi par des décisions moins graves (« les automatismes ») et monte jusqu'aux décisions les plus profondes.

a. *Vivre à l'intérieur/à l'extérieur de l'existence (à coté/ par le temps/ dans l'immédiat-Cioran/Nietzsche/ Bergson).*

Quelles sont les possibilités d'existence pour Cioran ? Pour l'essayiste, l'existence « n'est supportable que dans l'équilibre entre vie et temps » (CP, 370). Si les hommes vivent en *autre chose*, il choisit de s'affirmer autrement : « Je n'existe quant à moi que par *le temps*, dont son éternité est capable » (CP, 393). On ose affirmer ainsi que Cioran, chaque fois qu'il vit au dehors du temps, est un *mort vivant*, car il n'existe que s'il transgresse le temps, « par *le temps* ». Cioran rêve d'une métamorphose, d'une transgression *par* le temps, dans d'autres époques, pour se sentir vivant. Mais où voudrait-il aller ? En quoi voudrait-il se transformer, exactement ? Il dirait en toute *autre chose*, tout plutôt que l'humanité. C'est ce que nous allons voir maintenant à la lumière des concepts élaborés par Bergson.

Cioran sent vraiment qu'il existe seulement dans la nuit, quand il se sent aussi marcher parallèlement, si l'on peut dire, à son temps :

> *J*e me souviens que je *suis* uniquement en entendant mes pas sur le pavé, tard dans la nuit. Serai-je encore longtemps voisin de mon cœur ? Combien de temps vais-je marcher à côté de mon *temps* ? Et qui m'aurait exilé loin de moi ? (CP, 405).

Parce qu'il se demande combien de temps il marche « à côté de » son temps, il ne peut plus vivre le moment. A-t-il peur d'être détruit par le temps ? Il vit en marge du temps, car le temps est une souffrance qu'il ne peut plus supporter ; c'est plus facile d'évoluer *à côté*. Mais est-ce vraiment son libre choix de vivre ainsi, ou cette double existence est-elle prédéterminée ? Le *je* est un *autre*, pourrait-on dire, dans le cas de Cioran, car la notion du *je* devrait appartenir au temps, mais en fait, elle n'y appartient pas ; elle est éloignée de son *moi*.

On peut voir ainsi que Cioran est le double de Zarathoustra, un voyageur dans le temps, comme lui vivant dans plusieurs époques, se métamorphosant plusieurs fois et désireux d'atteindre l'éternité. L'existence *par* le temps serait ainsi une transgression du temps. De la même manière, Cioran est à la recherche d'un « temps pur » sans compromis :

> *L*e temps pur, le temps décanté, libéré d'événements, d'êtres et de choses, ne se signale qu'à certains moments de la nuit, quand vous le sentez avancer, avec l'unique souci de vous entraîner vers une catastrophe exemplaire (IE, 1295).

Une autre possibilité d'existence chez Cioran est l'*attente*. Cioran évoque comme un désir d'autres possibilités de *vivre* (PD, 607). Ainsi, pour l'auteur du *Précis de décomposition*, il y a aussi la possibilité de vivre *dans l'attente*, attendre un meilleur futur, une vie supérieure ou dans *le passé*, par le biais de la nostalgie ou du regret. Cioran nous fait comprendre que la vie dans le passé ou dans le futur, cette *violation du temps* est du même ordre, car c'est un acte volontaire et possible. Le cerveau est toujours en mouvement analeptique ou proleptique. La nostalgie pourrait représenter nos souvenirs du passé. Toutefois, Cioran nous explique encore que celle-ci : « […] nous empêche de nous reposer dans l'existence ou dans l'absolu ; elle nous oblige à flotter dans l'indistinct, à perdre nos assises, à vivre à *découver*t dans le temps (PD, 608). Par le biais de la nostalgie, nous désirons « une réintégration dans les sources originelles d'avant la séparation et la déchirure. La nostalgie, c'est justement « se sentir éternellement loin de chez soi ; [...] une sorte de chaleur abstraite, hétérogène au temps et proche d'un pressentiment paradisiaque (PD, 609). La nostalgie est ainsi un rappel du temps passé, d'un temps irréversible, mais cher et regretté au je-cioranien.

Une autre possibilité serait celle de vivre en dehors de l'existence, comme chance de changement d'être :

> *L*'homme ne peut rien créer sans un penchant secret à se détruire. *Vivre*, demeurer à l'intérieur de *l'existence*, signifie ne pouvoir rien ajouter à la vie. Mais lorsque nous sommes en dehors d'elle, engagés sur une voie dangereuse, poursuivis par le scandale ininterrompu de la fatalité, rongés par la fierté désespérée du sort implacable, vulnérables, comme un printemps, à la chute, les yeux fixés vers le crime et fous ou bleuis sous le poids de la grandeur, – alors nous chargeons la vie de tout ce qu'elle n'a pas été en nous-mêmes (CP, 440-441).

Quel serait l'avantage de changer la vie si elle n'était que souffrance et douleur ? Une autre aventure nous apporterait-elle le bonheur ?

On peut déduire que, dans la pensée de l'essayiste, nous ne vivons pas *dans le temps*, nous vivons, par contre, *à l'extérieur du temps*, car vivre dans le temps, ce serait vivre en nous-mêmes, puisque le temps est en nous également. On voit chez Cioran-narrateur et chez Zarathoustra que l'homme vit plutôt *dans un immédiat* toujours en retrait : dans le *passé proche* ou dans le *futur* proche.

Pour Nietzsche, l'homme est le prisonnier du temps, explique par ailleurs Fink (Fink : 137). Selon celui-ci, le temps devient ainsi « le chemin de l'existence », « le médium de notre vie », « l'air que nous respirons » ; même s'il est partout, nous « ne le connaissons pas », il est l'inconnu de partout. Pour Cioran aussi, l'homme reste prisonnier du temps, il ne peut vivre que *dans* le temps (CP, 369-370). Par conséquent, si la vision de Nietzsche s'apparente à celle de Cioran, leur perception temporelle étant la même, ils vivent certainement dans des espaces

226

différents et leur existence change par rapport au temps. D'ailleurs, ce sont des *jumeaux dizygotes* : ils ont la même mère, mais leurs traits physiques et psychiques sont divergents. Ce qui différencie les deux écrivains, ce sont le ton, l'expérience de la vie et leur message. Simona Modreanu en citant Constantin Barbu parle d'ailleurs de la différence entre Nietzsche et Cioran en ce qui concerne le nihilisme en notant que Nietzsche « s'y rapporte par l'*adiaphora*, donc la non-différence ou l'indifférence (les choses ne sont ni bonnes ni mauvaises), alors que le penseur roumain semble inabordable autrement que dans une perspective *diaphorique* (selon laquelle les choses peuvent être ou bonnes ou mauvaises, mais aussi bonnes *et* mauvaises) » (Modreanu, 2003 B : 21). Modreanu conclut ainsi : « on pourrait dire que la première partie de son œuvre, celle roumaine notamment, est redevable à la partie critique du nihilisme de Nietzsche, tandis que la suite se situerait davantage sous le signe d'un malaisé débat (dont les influences bouddhistes ne sont pas absentes) autour de la dernière délivrance, celle de la transvaluation des valeurs justement » (Modreanu, 2003 B : 21), pensée avec laquelle je serais tout à fait d'accord dans le contexte de cette étude.

Le je-narrateur du *Livre des leurres* ne comprend pas non plus la place que l'être veut occuper dans le temps :

> […] Tel que vous êtes, il vous reste du chemin à faire. Pour liquider votre passé, vos innocences, il vous faut une initiation au vertige. […]. Il n'y a pas de temps, il n'y a que cette peur qui se déroule et se déguise en instants…, qui est là, en nous et hors de nous, omniprésente et invisible, mystère de nos silences et de nos cris, de nos prières et de nos blasphèmes (TE, 892-893).

Vivre dans le temps suppose une observation minutieuse. On cette position d'observateur conduit à la nostalgie : « Le poids du temps et de la souffrance de l'homme tombé dans le temps accroissent la nostalgie pour des mondes purs, mais ne suffisent pas à nous y transporter (LL, 175), et cette existence appelle involontairement le sentiment aigu du déclin :

*S*i je ne *sens* pas le temps, si j'en suis plus éloigné que personne, je le connais en revanche, je l'observe sans cesse : il occupe le centre de ma conscience. Celui même qui en est l'auteur, comment croire qu'il l'ait pensé et qu'il y ait songé autant ? Dieu, s'il est exact qu'il l'ait créé ne saurait le connaître en profondeur, parce qu'il n'entre pas dans ses habitudes d'en faire l'objet de ses ruminations. [...] (CT, 1153).

Cette citation comprend la clé de la pensée cioranienne, car le je-narrateur explique son exclusion du temps. Ressentant une sorte de honte, le narrateur veut se réinstaller, dans le temps d'autrefois, afin de réintégrer ce temps perdu.

Précisons d'ailleurs que l'existence en dehors du temps échappe à la durée « pure », c'est une « durée-espace » (pour utiliser le vocabulaire de Bergson). L'existence du *moi* dans l'espace pousse le narrateur à « s'affilier au temps » [CT, 1153]), (TE, 952). Ces passages s'expliquent à l'aide d'une lecture de Bergson qui affirme que « L'intensité des sensations affectives ne serait donc que la conscience que nous prenons des mouvements involontaires qui commencent, qui se dessinent en quelque sorte dans ces états, et qui auraient suivi leur libre cours si la nature eût fait de nous des automates, et non des êtres conscients (DI, 26). On voit chez Cioran cette même intensité des sensations : « Le souffle est nié, l'idée se tait, l'esprit fut » ; et cela du fait que l'individu est un être conscient, et non un « automate », le cours de ces sensations est arrêté.

L'horizon est au dehors du temps, ce qui suppose son annihilation. Ainsi, ce sont les prophètes qui envisagent sa fin (LL, 162-163). Cioran adopte une voix prophétique, car elle est une voie enviée. La prophétie suppose la coupure et la disparition de la durée, tandis qu'elle convoque le futur dans le présent. Cette observation trahit le désir du narrateur de transgresser le temps présent et de vivre dans le futur.

228

Dans *Le livre des leurres*, le je-narrateur devient violent à l'égard des êtres qui « attendent de vivre » (LL, 163). Ainsi, la haine du narrateur se lève contre ceux qui n'agissent pas et qui veulent que le temps arrange leur vie et « disperse les miettes de leur existence » (LL, 163). Les hommes sont ainsi des fragments de vie, « des miettes d'existence » sur l'océan du temps.

Dans *Le livre des leurres*, Cioran consacre donc des passages très importants à la conception du temps (LL, 163). Le temps devient ainsi un oracle mythique dont l'homme espère tout : que les idéaux et les espoirs s'accomplissent et que la mort vienne un jour. Le temps est guérisseur et bienfaisant ; il résout tous les problèmes ou plutôt les choses se résolvent en lui. D'ailleurs, dans la conception roumaine, il y a une vielle maxime qui dit que : « Timpul le descurca/rezolva pe toate ».

En se déclarant « le fanatique d'une charogne » (TE, 830-831), le je narrateur remet en question le temps historique dans *La chute dans le temps* : « [...]. Aspirer à la considération, cela se défend à la rigueur ; mais quand il n'y a *personne* devant qui on veuille faire bonne figure, pourquoi s'épuiser à être quelqu'un, pourquoi même s'épuiser à être ? » CT, 1116-1117). L'inappartenance à aucune époque, (car on n'a plus à qui s'adresser, ou personne ne mérite notre attention) rend le je-narrateur passif, immobile, sans raison d'action. Il semble de cette façon répondre à Nietzsche et à sa « volonté de puissance ».

Après avoir vu le rapport de l'être humain à l'existence (*dans* le temps, *par* le temps, *en attente*, dans *l'immédiat, dans le futur, dans la prophétie*) dans toutes ses manifestations, analysons maintenant la capacité qui conditionne notre cerveau (volontairement ou involontairement), à vivre dans le passé, ce processus psychique qui s'appelle la mémoire.

b. *Ordre bergsonien de la mémoire chez Cioran*

Henri Bergson a laissé, on l'a vu, une empreinte profonde sur l'écriture d'Emil Cioran. En effet, dans *Matière et mémoire*, Bergson définit la mémoire comme « survivance des images passées » (MM, 68) et explique le rôle important joué par celle-ci dans la vie : « [...] elle retient et aligne à la suite les uns des autres tous nos états au fur et à mesure qu'ils se produisent » (MM : 168).

Dans les paragraphes qui suivent, mon analyse portera cette fois uniquement sur *De l'inconvénient d'être né*. La mémoire régressive est le rappel des images passées ; mais chez Cioran il n'est pas sûr que ces images soient classées par ordre chronologique comme pour Bergson. Chez Cioran, la mémoire est ou conservatrice ou identique à elle-même : « *C*e que je sais à soixante, je le savais aussi bien à vingt. Quarante ans d'un long, d'un superflu travail de vérification » (IE, 1274). La destruction de la mémoire régressive est la condition nécessaire à l'avancement dans le futur : « On ne peut rester en communion avec soi-même et ses pensées, si on permet aux revenants de se manifester, de sévir. Le *désert* ne signifie pas tant une vie nouvelle que la mort du passé : on s'est enfin évadé de sa propre histoire » (IE, 1391), explique Cioran. Mais peut-on contrôler la mémoire ou nous contrôle-t-elle ? Peut-on volontairement et retourner au passé et librement ?

Dans ce contexte, je tenterai d'expliquer dans cette partie, qui jettera un regard sur les théories de Cioran et de Bergson sur la fragmentation, dans quelle mesure on retrouve dans cette œuvre étudiée une mémoire régressive bergsonienne qui enregistre tous les événements et les place en ordre alphabétique. J'analyserai ainsi l'ordre et le désordre de la mémoire datée et de la mémoire des lieux et les conséquences d'une telle mémoire sur la vie telle qu'elle est imaginée dans les textes de Cioran.

On comprend d'abord l'importance de la mémoire pour la connaissance :

> Bref, la mémoire sous ces deux formes, en tant qu'elle recouvre d'une nappe de souvenirs un fond de perception immédiate et en tant aussi qu'elle contracte une multiplicité de moments, constitue le principal apport de la conscience individuelle dans la perception, le côté subjectif de notre connaissance des choses ; [...] (MM, 31).

Cette métaphore de la « nappe de souvenirs » présente la mémoire comme un toit qui rassemble les images dans un tout (celle-ci étant la mémoire-habitude) ; la réunion de la diversité des moments rassemblés (mémoire-souvenir) constitue le monde intérieur de chaque être humain, la connaissance des choses, qui, bien sûr, diffère d'un individu à l'autre.

La mémoire pure bergsonienne conserve indistincts tous les moments du temps, comme l'explique Worms :

> La représentation de moments du passé ne pouvant s'expliquer ni par la perception, ni par la mémoire du corps qui ne fait que la prolonger en dispositifs moteurs, Bergson suppose une mémoire pure, qui conserve indistincts tous les moments du temps, chaque perception de quelque chose devenant le souvenir de quelqu'un. La relation entre les deux, par l'intermédiaire de la conscience comme synthèse temporelle ou de la durée comme mémoire immédiate, est alors le principe même de toute notre vie psychologique. Ainsi la mémoire devient-elle la notion centrale à la fois d'une psychologie générale (à travers les plans de conscience et de conduite), d'une théorie de la connaissance (toutes nos idées étant ainsi engendrées) et d'une métaphysique (à travers la durée) (Worms, 2000 : 43-44).

La mémoire pure contient les souvenirs qui proviennent des perceptions par le biais de la conscience. La mémoire est pour Bergson un concept psychologique, cognitif et métaphysique.

Bergson nous offre aussi une définition plus explicite du concept d'ordre, dans *L'évolution créatrice* :

> L'ordre est donc un certain accord entre le sujet et l'objet. C'est l'esprit se retrouvant dans les choses. Mais l'esprit, disions-nous, peut marcher dans deux sens opposés. Tantôt il suit sa direction naturelle : c'est alors le progrès sous forme de tension, la création continue, l'activité libre (EC, 224).

En parlant d'ordre chez Leibnitz, le critique Schnell rapporte le discours de Jean-Pascal Anfrey et explique que : « La notion d'ordre est cruciale pour définir l'espace et le temps. L'ordre est un genre particulier de relation » (Anfrey cité par Schnell : 95). Leibnitz définit l'ordre comme une « relation discriminante parmi plusieurs termes » (Anfrey cité par Schnell : 100).

Commençons maintenant par une analyse de la mémoire des lieux et des dates (1), suivie par les chapitres sur la circularité temporelle de l'enfance (2), et le refuge dans la mémoire et le temps historique (3).

b.1. La mémoire des lieux et des dates

La mémoire des lieux et des dates est introduite dans l'aphorisme suivant par la locution conjonctionelle « à mesure que », qui montre que le retour au passé se réalise graduellement : « *À* mesure que les années passent, le nombre décroît de ceux avec lesquels on peut s'entendre. Quand on n'aura plus personne à qui s'adresser, on sera enfin tel qu'on était avant de choisir un nom » (IE, 1277). Dans cet exemple, il s'agit d'une relation inversement proportionnelle entre l'écoulement des années et notre relation avec nos amis. On observe ainsi qu'avec le passage du temps, on a une image de plus en plus effacée, et que les amis diminuent avec l'accumulation des années. Donc, le temps est un agent destructeur.

Le futur s'abrège avec l'âge : « *À* mesure qu'on accumule les années, on se forme une image de plus en plus sombre de l'avenir. Est-ce seulement pour se consoler d'en être exclu ? » (IE, 1281).

La locution conjonctionelle progressive « à mesure que », développe cette fois-ci la relation indirectement proportionnelle avec le temps, « à mesure qu'on accumule les années », le futur est plus « sombre ». La conclusion est que, durant la vieillesse, on vit plus dans le passé qu'au présent. L'avenir y est réduit au maximum. Sur une ligne AB on s'imagine le passé et le futur.

Dès qu'on se rapproche de B tout se concentre dans le passé. Ainsi, l'ordre temporel est inversé.

Dans le passage suivant, la mémoire-souvenir ne se rappelle pas des lieux précis (par le référent spatial « dehors » on comprend tous les espaces ouverts, peut être partout) : « *C*ertains matins, à peine ai-je mis le pied dehors, que j'entends des voix qui m'appellent par mon nom. Suis-je vraiment moi ? Est-ce bien mon nom ? C'est lui, en effet, il remplit l'espace, il est sur les lèvres des passants. Tous l'articulent, même cette femme dans la cabine voisine, au bureau de poste. [...] » (IE, 1306). Le temps n'est pas non plus précis, fait montré par le pronom indéfini au pluriel (« certains ») qui caractérise les « matins ». Le temps et l'espace se mêlent dans cet aphorisme. C'est à cause de la solitude que le je-narrateur entend des voix, qu'il perçoit son double. Le temps est devenu espace, tout comme Bergson le dit, il n'est que : « le fantôme de l'espace obsédant la conscience réfléchie » (IE, 74).

La mémoire-souvenir évoque en outre le temps (la nuit : « à une heure tardive ») et l'espace « dans cette allée bordée d'arbres » par l'emploi d'une action interrompue (l'imparfait et le passé composé) :

> *C*omme je me promenais à une heure tardive dans cette allée bordée d'arbres, une châtaigne tomba à mes pieds. Le bruit qu'elle fit en éclatant, l'écho qu'il suscita en moi, et un saisissement hors de proportion avec cet incident infime, me plongèrent dans le miracle, dans l'ébriété du définitif, comme s'il n'y avait plus de questions, rien que des réponses. J'étais ivre de mille évidences inattendues, dont je ne savais que faire ....
> C'est ainsi que je faillis toucher au suprême. Mais je crus préférable de continuer ma promenade (IE, 1279).

La mémoire rappelle des événements comme la chute d'une châtaigne dont « le bruit » et « l'écho » ne sont que des moments de la conscience, selon la conception bergsonienne : « Notre perception pure, en effet, si rapide qu'on la suppose, occupe une certaine épaisseur de durée, de sorte que nos perceptions successives ne sont jamais des moments réels des choses, […] mais des moments de notre conscience » (MM, 72).

De plus, le temps se confond avec l'espace, car la conscience est devenue « un milieu où nos états de conscience se succèdent distinctement de manière à pouvoir se compter, et si, d'autre part, notre conception du nombre aboutit à éparpiller dans l'espace tout ce qui se compte directement, il est à présumer que le temps, entendu au sens d'un milieu où l'on distingue et où l'on compte, n'est que de l'espace » (DI, 68). Ainsi, le temps et le lieu des souvenirs apparaissent dans un ordre aléatoire, car il n'y a pas d'indice qui montre leur enchaînement.

b.2. La circularité temporelle (de l'enfance)

Dans *L'inconvénient d'être né*, c'est par le biais de la mémoire répétitive que le lieu et le temps reviennent sans cesse dans la pensée de Cioran, comme c'est le cas de l'enfance dans la citation suivante :

> *D*ès l'enfance, je percevais l'écoulement des heures, indépendantes de toute référence, de tout acte et de tout événement, la disjonction du temps de ce qui n'était pas lui, son existence autonome, son statut particulier, son empire, sa tyrannie. Je me rappelle on ne peut plus clairement cet après-midi où, pour la première fois, en face de l'univers vacant, je n'étais plus que fuite d'instants rebelles à remplir encore leur fonction propre. Le temps se décollait de l'être *à mes dépens* (IE, 1274).

La circularité du temps est visible par le rappel à un espace anaphorique (« dès l'enfance ») et par l'imparfait du verbe psychique : « Je percevais » (le temps de la description) ; ce retour au passé annonce d'ailleurs la désintégration de l'être. Le temps devient clair, précis, comme le montre le modalisateur adverbial « on ne peut plus *clairement* ». Par le biais de la mémoire, la durée est raccourcie et le passé devient présent. Le temps devient espace extérieur : « le temps se décollait de l'être à mes dépens ».

Bien plus, la mémoire répétitive évoque encore une fois la naissance :

> *L*'obsession de la naissance procède d'une exacerbation de la mémoire, d'une omniprésence du passé, ainsi que d'une avidité de l'impasse, de la *première* impasse. – Point d'ouverture, ni partant de joie, qui vienne du révolu mais uniquement du présent, et d'un avenir *émancipé du temps* (IE, 1283).

Ainsi, c'est la naissance qui revient toujours comme un leitmotiv dans la pensée du narrateur, comme une « obsession » qui envahit la pensée petit à petit. On donne raison à Bergson, en disant que « La mémoire a donc bien ses degrés successifs et distincts de tension ou de vitalité, malaisés de définir, sans doute, mais que le peintre de l'âme ne peut pas brouiller entre eux impunément » (MM, 189). Ici, la joie est un de ces degrés successifs, une qualité de l'âme.

La mémoire-souvenir est encore une fois évoquée dans la citation suivante par le biais du verbe psychique : « rappeler » : « *C*omme nous ne nous rappelons avec précision que nos épreuves, les malades, les persécutés, les victimes de toute sorte auront vécu, en fin de compte, avec le maximum de profit. Les autres, les chanceux, ont bien une vie mais non le *souvenir* d'une vie (IE, 1317). Ce qui reste du passé, (pour ceux qui sont malheureux), ce sont leurs actions, leurs maladies ; la souffrance est ce qui reste du passé. Le groupe nominal « avec précision » montre que ces actions, retenues par la mémoire, occupent une place exacte, dans un passé précis. D'autre part, les heureux ont une vie, mais elle n'a jamais été vécue, car ils n'en ont plus le souvenir.

Dans le passage suivant, un autre verbe psychique, « penser » nous fait entrer dans un espace anaphorique qui est amené progressivement au présent :

> *D*u temps que je partais en vélo pour des mois à travers la France, mon plus grand plaisir était de m'arrêter dans des cimetières de campagne, de m'allonger entre deux tombes, et de fumer ainsi des heures durant. J'y pense comme à l'époque la plus active de ma vie (IE, 1306).

Une fois de plus, le souvenir du passé inonde présent. La description du temps passé n'indique ni un temps précis (« Du temps que je partais ») ni le lieu exact (« À travers la France »). La mémoire cioranienne se présente tout comme la mémoire bergsonienne : « actualisation avant d'être réminiscence. Inversement, en s'inscrivant dans la conscience immédiate, le *passé* de l'individu donne à celui-ci la profondeur d'une histoire personnelle qui enrichit ses actes et le sens de sa liberté » (Worms, 2004 : 192). La durée est raccourcie, car le narrateur revient au présent. Bergson explique en fait cette juxtaposition du temps : « La durée *où nous nous regardons agir*, et où il est utile que nous nous regardions, est une durée dont les éléments se dissocient et se juxtaposent ; [...] » (MM, 207).

> Le contexte nous indique les référents temporel et spatial :

> *V*ers minuit une femme en pleurs m'aborde dans la rue : « Ils ont zigouillé mon mari, la France est dégueulasse, heureusement que je suis bretonne, ils m'ont enlevé mes enfants, ils m'ont drogué pendant six mois… ». Ne m'étant pas aperçu tout de suite qu'elle était folle, tant son chagrin paraissait réel [...], je l'ai laissé monologuer pendant une bonne demi-heure : parler lui faisait du bien. Puis, je l'ai abandonnée en me disant que la différence entre elle et moi serait bien mince si, à mon tour, je me mettais à débiter mes récriminations devant le premier venu (IE, 1307).

On connait ainsi l'heure « Vers minuit », et l'espace : « dans la rue » du contexte et on observe que le temps et l'espace sont propices à des moments uniques : le témoignage d'une femme avec laquelle le narrateur-personnage s'identifie presque et communique mutuellement (même s'il écoute seulement). La durée de son monologue entraîne la réflexion, mais elle provoque aussi un désordre mental chez celui qui écoute. Il s'agit ainsi d'une circularité mutuelle qui se déclenche entre les deux interlocuteurs.

Dans la citation suivante, par contre, le référent temporel est constitué par la caractérisation nominale « Telle nuit », tandis que le référent spatial est représenté par « l'escalier » et « la place » : « *T*elle nuit, en montant l'escalier, en pleine obscurité, je fus arrêté par une force invincible, surgie du dehors et du dedans. Incapable de faire un pas de plus, je restai là cloué sur place, pétrifié. [...] (IE, 1308). L'adjectif indéfini « telle » confirme l'inexactitude du temps (quelle nuit ? quel jour ?), tandis que les locutions de lieu « du dedans » et « du dehors » séparent l'espace intérieur de l'espace extérieur. L'espace agit sur l'être humain qui reste bloqué. Peut-on parler dans ce cas d'une sensation de « déjà vu » ou d'une « juxtaposition ou d'une fusion entre le souvenir et la perception » (MM : 97) ?

Du temps circulaire (de l'enfance), passons maintenant au refuge de l'être humain dans la mémoire et à sa fuite hors du temps historique.

b.3. Le refuge dans la mémoire et le temps historique

a. Le refuge de l'être dans la mémoire

On observe chez Cioran l'importance de la réactualisation des souvenirs : « *S*i, à mesure qu'on vieillit, on fouille de plus en plus son propre passé au détriment des ''problèmes'', c'est sans doute parce qu'il est plus facile de remuer des souvenirs que des idées (IE, 1300). La vieillesse nous mène de plus en plus à la recherche des souvenirs passés. Donc, le rôle de la mémoire est principalement important une fois avec l'avancement en âge. Le fait que le souvenir est plus facile à ressusciter que l'idée est intéressant ; entre image et parole, c'est l'image qui vient plus vite à l'esprit. La mémoire est ainsi le lieu où l'être se cache, elle joue le rôle d'une mère protectrice. En ce qui concerne la relation entre temps (passé et présent) et mémoire, Bergson explique que : « La vérité est que la mémoire ne consiste pas dans une régression du présent au passé, mais au contraire dans un progrès du passé au présent. C'est dans le passé que nous nous plaçons d'emblée » (MM, 269). Cette conception bergsonienne est valable dans le cas où les souvenirs représentent un objet concret : des lettres, des photos anciennes ; mais quand il s'agit de souvenirs, la conscience est déjà dans le présent et elle se dirige progressivement vers le passé.

b. L'évasion de l'histoire par le biais de la mémoire.

Le passé, une fois désamorcé de l'être, devient histoire : « Ce sur quoi nous ne pouvons plus nous apitoyer, ne compte et n'existe plus. On s'aperçoit pourquoi notre passé cesse si vite de nous appartenir, pour prendre figure d'histoire, de quelque chose qui ne regarde plus personne (IE, 1274). Mais s'évader de l'histoire, signifie aussi ne pas charger la mémoire, et entraîne la libération :

> Un moine d'Égypte, après quinze ans de solitude complète, reçut de ses parents et de ses amis tout un paquet de lettres. Il ne les ouvrit pas, il les jeta au feu, pour échapper à l'agression des souvenirs. On ne peut rester en communion avec soi-même et ses pensées, si on permet aux revenants de se manifester, de sévir. Le *désert* ne signifie pas tant une vie nouvelle que la mort du passé : on s'est enfin évadé de sa propre histoire. Dans le siècle, non moins que dans les thébaïdes, les lettres qu'on écrit, comme celles qu'on reçoit, témoignent qu'on est enchaîné, qu'on n'a brisé aucun lien, qu'on n'est qu'un esclave et qu'on mérite de l'être (IE, 1391).

On a ainsi la séparation entre le présent de l'être et un passé déterminant. Pourquoi ce refus des souvenirs ? Dans la mesure où les nouvelles du passé arrivent trop tard, (dans notre citation, « après quinze ans de solitude complète »), il vaut mieux les détruire, car ces nouvelles peuvent nous décevoir, troubler notre présent, produire de la souffrance et même nous détruire psychiquement, en changeant notre façon de pensée actuelle. La longue durée peut rendre ainsi les souvenirs violents, « agressifs ».

Les souvenirs, apportés au présent par le biais des lettres (dans ce cas), peuvent nous faire revivre des images douloureuses, dont on s'est déjà séparé, car au moment présent on est un autre, on n'est plus celui d'antan ; le temps a ainsi un effet guérisseur, qui cicatrise les douleurs du passé. D'après Bergson, si « le souvenir d'une grande douleur, par exemple, n'est qu'une douleur faible, inversement une douleur intense que j'éprouve finira, en diminuant, par être une grande douleur remémorée » (MM, 151). Une douleur passée n'est donc jamais effacée, car elle revient sous la forme d'une douleur faible. Pour cela, le locuteur (le moine égyptien) préfère rompre cette liaison avec le passé. Par suite, Bergson commente ainsi l'impuissance du passé : « Mon présent est ce qui m'intéresse, ce qui vit pour moi, et, pour tout dire, ce qui me provoque à l'action, au lieu que mon passé est essentiellement impuissant » (MM, 152). Par conséquent, le passé a de la valeur, mais on ne peut plus le changer ; il nous est seulement exposé comme la monnaie ancienne dans un musée. Par le biais des souvenirs, il peut nous faire agir, réagir, mais toujours dans le présent.

Enfin, la pensée, en s'orientant vers le futur, essaie de se débarrasser de la mémoire, des souvenirs, comme nous l'explique la citation suivante :

> *N*os pensées, à la solde de notre panique, s'orientent vers le futur, suivent le chemin de toute crainte, débouchent sur la mort. Et c'est inverser leurs cours, c'est les faire reculer, que de les diriger vers la naissance et de les obliger à s'y fixer. Elles perdent par là même cette vigueur, cette tension inapaisable qui gît au fond de l'horreur de la mort, et qui est utile à nos pensées si elles veulent se dilater, s'enrichir, gagner en force. On comprend alors pourquoi, en parcourant un trajet contraire, elles manquent d'allant, et sont si lasses quand elles butent enfin contre leur frontière primitive, qu'elles n'ont plus d'énergie pour regarder par-delà, vers le jamais-né (IE, 1280).

Pour Bergson, la mémoire vraie « retient et aligne à la suite les uns des autres tous nos états au fur et à mesure qu'ils se produisent, laissant à chaque fait sa place et par conséquent lui marquant sa date, se mouvant bien réellement dans un passé définitif, et non pas, comme la première, dans un présent qui recommence sans cesse » (MM, 168). Chez Cioran, la mémoire-régressive lui rappelle des souvenirs sans ordre, tout étant aléatoire. La conséquence est la perte de direction de la pensée, elle n'a plus « d'allant », elles « n'ont plus d'énergie pour regarder par-delà, vers le jamais-né ».

On conclut que la mémoire peut être refusée, acceptée, car elle est un refuge, elle peut être « obsessive », en revenant toujours ; on observe ainsi, comme Bergson le dit, que « la mémoire est toujours présente » (MM, 115). Chez Cioran, il n'y a pas d'ordre chronologique dans la mémoire ; les souvenirs n'ont pas toujours une date et un lieu précis, et ils ne s'enchaînent pas sur une ligne ayant une date et un lieu précis : ils reviennent et disparaissent dans un ordre aléatoire, en se mouvant toujours, progressivement, vers le présent.

CHAPITRE 7

L'éternité et l'instant

1. Définitions de l'éternité

Faisons d'abord une révision des idées et définitions de l'éternité énoncées déjà dans la présentation du corpus principal. Dans *Le livre des leurres* nous avons vu la relation entre le temps et l'éternel (« L'homme aspire à l'éternité mais préfère encore le temps » LL, 201), le primat du temps sur l'éternité « vue comme une perte » et l'amour étonnant du narrateur pour la vie, qui est méprisée en même temps. La grande différence entre les deux éternités, celle terrestre et la chrétienne lui fait refuser cette dernière : « […] je ne l'accepterai pas, parce que l'éternité qui me resterait à vivre ne pourrait [sic] me consoler de l'absence de celle qui m'a précédé » (LL, 245-246). De ce fait résulte l'éternelle souffrance de l'être humain : qui est comme « un dieu qui souffre et se réjouit *humainement* » (LL, 263), dont la condition divine est « la tragédie humaine même » (LL 263), qui « ne peut vivre qu'avec des fractions d'éternité » (LL, 262) (avec les instants), car la vie est périssable, « *in*-éternelle » (LL, 262). L'éternité se présente toutefois comme un espace : elle est « trop petite pour une âme immense et folle, désaccordée, par son infinité, à l'existence » (CP, 424). Il y a ainsi une séparation entre éternité et existence. L'éternité ressemble à un point minuscule sur la ligne de la vie, elle est insignifiante. Elle est mise en relation avec le devenir : « la lucidité du devenir », en imitant le temps : « *L*'éternité n'est que le fardeau, l'absence du temps. […]. L'éternité s'étend sur les silences de la vitalité » (CP, 495). L'éternité est donc une qualité de l'avenir, de sa lucidité.

Dans le *Précis de décomposition*, on remarque les définitions dysphoriques de l'éternité, vue comme une « funèbre immortalité » (PD, 637), un « lieu commun » (PD, 620), une « banalité » : « les hommes disent : ''tout passe'', – mais combien saisissent la portée de cette terrifiante banalité ? » (PD, 621). Dieu devient ainsi un produit de notre état déséquilibré, selon Cioran. La caractérisation dysphorique binaire « branlante et rachitique » montre que Dieu n'est pas du tout une personne parfaite, car il n'est pas stable ni sain. La relation homme/dieu est critiquée durement par Cioran dans *Histoire et utopie*. L'homme s'attache ainsi à Dieu pour se séparer de la société et des autres hommes, et l'embrasse pour « se venger de la vie, pour la châtier ». Cioran rajoute que « si nous rampons devant Lui c'est pour n'avoir pas à ramper devant eux (HU, 1028). Par conséquent, Dieu est pour le chrétien, meilleur que la vie, la société et les hommes, et constitue une bouée de sauvetage pour celui-ci.

Ce qui attirera mon attention, dans le même recueil, c'est donc l'existence de deux éternités : positive et négative. Cioran explique ainsi

> Il est une éternité vraie, positive, qui s'étend au-delà du temps ; il en est une autre, négative, fausse, qui se situe en deçà : celle même où nous croupissons, loin du salut, hors de la compétence d'un rédempteur, et qui nous libère de tout en nous privant de tout. […]. (HU, 1051).

Donc, l'éternité positive s'étend plus que le temps, elle ne s'identifie pas au temps, elle est composée de temps et d'autre chose, un temps prolongé. À l'opposé, il y a une éternité « négative, fausse » (tout comme l'observent Kluback et Finkenthall : 108) où le temps est fragmenté. Celle-ci est plus proche, accessible à l'homme, dirait-on.

Voyons maintenant d'autres caractéristiques de l'éternité et tentons de saisir la différence entre temps, éternité et existence (LL, 175-176). Ainsi, l'éternité est opposée au temps, elle est son ennemi ; elle suppose l'absence de référent temporel (« défaite complète du temps ») ; elle est toutefois différente de l'existence. La séparation entre éternité et temps est relevée toutefois dans la musique de Bach, le compositeur préféré de Cioran. L'éternité n'est pas conçue comme « une infinité d'instants », il y a une éternité dans le temps, « une totalité immanente du devenir » ; elle est vue « comme un instant sans centre et sans limites ». On observe d'ailleurs certains échos bergsoniens dans la pensée de Cioran, alors que l'éternité est « une durée […] différente de temps » (Maritain, 244), et qu'elle coïncide avec la durée pure : « Les choses rentrent les unes dans les autres. Ce qui était détendu dans l'espace se retend en forme pure. Et passé, présent, avenir se rétractent en un moment unique, qui est l'éternité » (EC, 319). Et Cioran et Bergson voient l'éternité comme une durée pure, mais Cioran est plus spécifique. Pour lui l'instant absolu, la durée pure, c'est le paradis, « une boucle où tout est *actuel* », « un monde sans temps, sans douleur, sans péché ». Voyons plus amplement la signification de l'éternité dans la section qui suit.

2. Construction et déconstruction de l'éternité.

On a déjà vu chez Cioran la distinction entre l'« éternité positive » et l'« éternité négative » ; tout comme l'explique Pierre Nepveu, ce « lyrisme de dégoût » (Nepveu : 13) montre que l'éternité n'est plus « *l'éternité vraie* (le paradis perdu, le bonheur auquel l'extase momentanée peut nous conduire) » (Nepveu : 17), mais l'éternité fausse, la « *mauvaise éternité* de l'ennui », là où le vide domine : « il n'y a aucun salut » (Nepveu : 17). L'éternité négative est représentée par un temps fragmenté :

> Tombés sans recours dans l'éternité négative, dans ce temps éparpillé qui ne s'affirme qu'en s'annulant, essence réduite à une série de destructions, somme d'ambiguïtés, plénitude dont le principe réside dans le néant, nous vivons et mourons dans chacun de ces instants, sans savoir *quand* il est, car à la vérité, il n'est jamais (HU, 1051).

Ce temps « éparpillé » est constitué de caractéristiques dysphoriques : « destructions », « ambiguïtés », « plénitude » ; la vie et la mort se produisent à chaque instant, tout comme chez Nietzsche, où tout apparaît et disparaît. L'éternité négative n'est-elle pas l'existence dans la durée-espace, dans le temps où le moi est fragmenté, « éparpillé » et vit dans l'espace ?

Dans *La chute dans le temps*, l'homme n'a pas de « vocation » pour l'éternité (CT, 1073). On se demande si l'éternité est un métier pour lequel on a besoin d'aptitudes, de vocation. Et lequel exactement ? L'attachement de l'homme à Dieu montrerait l'affiliation à une éternité qui serait la sienne. Par son renoncement à Dieu et implicitement à l'éternité, chaque individu « aspira à s'en émanciper, à s'en arracher, et y a réussi au-delà de ses espérances » (CT, 1073). Et le paradis et la terre ont été détruits par la volonté et le pouvoir. Le but de cette catastrophe universelle était de « détruire l'ordonnance et l'anonymat » (CT, 1073), donc de dépasser l'état d'homogénéité. L'humanité a de grandes aspirations (tout comme l'enseignement de Zarathoustra le prévoyait). Donc la liberté et le pouvoir de l'homme, son espérance exacerbée peuvent détruire la planète. La définition de l'espérance chez Bergson vise à expliquer ce comportement (DI, 7). Ainsi, pour Bergson l'espérance suppose l'idée d'un avenir glorieux, d'une pluralité de possibilités, de voies, et c'est pour cela que l'homme y aspire. L'éternité n'existe même pas en arrière-plan et ne peut aider l'individu dans son élan pour réaliser ses aspirations : « Avec l'éternité à l'arrière-plan, la gloire pouvait avoir un sens ; elle n'en a plus aucun dans un monde où règne le temps, où, surcroît de malchance, le temps même est *menacé* » (CT, 1120).

Cette aspiration à l'éternité-durée est une lutte dérisoire :

> À mesure que nous y aspirons, nous nous débattons dans l'insoluble : nous voulons vaincre le temps avec les moyens du temps, durer dans l'éphémère, atteindre à l'indestructible à travers l'histoire, et, comble de dérision, nous faire applaudir par ceux-là mêmes que nous vomissons. [...]. Mais qui est capable de s'y implanter, quand on n'est *homme* que parce qu'on ne peut y réussir ? (CT, 1121).

Pour que son désir soit réalisable, chacun suit des démarches à rebours et se bat contre le temps (mais « avec les moyen du temps » : on sait que la durée-espace coïncide avec le temps, d'après Bergson), il veut « durer dans l'éphémère », « atteindre à l'indestructible à travers l'histoire ». Chez Cioran l'histoire mène à la chute de l'homme dans le temps : c'est être loué par ceux que nous haïssons. L'essayiste fournit donc toutes les raisons pour ne pas accéder à cette éternité « négative », pour ne pas espérer.

Ainsi, l'humanité, y compris le narrateur, est toujours dans la souffrance, dans le « malheur », car au lieu de l'éternité, on ne trouve que « cette lamentable hantise ». D'où vient cette lutte pour l'éternité ? Bergson apportait d'ailleurs une explication dans *L'évolution créatrice* :

> Et il faut se rappeler, surtout, que chaque espèce se comporte comme si le mouvement général de la vie s'arrêtait à elle au lieu de la traverser. Elle ne pense qu'à elle, elle ne vit que pour elle. De là, les luttes sans nombre dont la nature est le théâtre. De là, une désharmonie frappante et choquante, mais dont nous ne devons pas rendre responsable le principe même de la vie (EC, 255).

Le fait que l'homme pense qu'il est le centre du monde et plus précisément que lui seul monopolise l'humanité le mène à exercer plusieurs luttes dans la nature, qui représente « le théâtre » de son désir de puissance. Ainsi on observe « une disharmonie frappante et choquante », une brisure entre désir et réalisations, entre paraître et être, entre volonté et puissance. Le chemin de l'éternité s'apparente métaphoriquement à la circulation sanguine, lit-on dans *Le livre des leurres* :

> Plus le sang se dilue, plus l'homme est proche de l'éternité. Toute l'éternité n'est qu'une question de globules rouges… [...].
> La *voix du sang* est la voix du temps, des choses qui commencent et des choses qui finissent. Pourquoi le sang perd-il voix au chapitre dans la pensée ? Parce que les pensées sucent le sang ? Ainsi naissent les *passions abstraites*.
> L'éternité ? Une *anémie* de l'esprit (LL, 210).

Ainsi, ces deux métaphores parallèles « voix du sang » et « voix du temps » (certainement une lecture du romancier Liviu Rebreanu, 1885-1944, qui dans son roman *Jean* « Ion », paru en 1920 parle de « la voix de la terre » et de « la voix de l'amour ») ont comme élément commun la durée-espace, l'éphémérité, la non-circularité ; l'essayiste montre le primat de la pensée contre le sang et son abus. L'éternité-durée est ainsi une « *anémie* de l'esprit », donc un affaiblissement de l'intelligence, de la pensée. Dans le même volume, *Le livre des leurres*, on apprend que c'est l'attachement à l'éternité-durée qui nous sépare de la vie :

« Plus nous sommes près de l'éternité, plus nous sommes loin de la vie. […] » (LL, 211).

Autre métaphore : l'éternité-durée est ici un sédatif qui nous « paralyse », une maladie débilitante. Cioran arrive à la conclusion que l'éternité n'est finalement pour nous qu'un « mot et un regret » :

> À tort ou à raison, j'ai fini par en rendre responsable tout un genre, par l'envelopper de ma rage, par y voir un obstacle à moi-même, l'agent de mon effritement et de celui des autres, une manœuvre du Temps pour s'infiltrer dans notre substance, la preuve enfin acquise que l'éternité ne sera jamais pour nous qu'un mot et un regret. « Comme tout le monde, tu es fils du roman », telle est ma rengaine, et ma défaite. […] (TE, 907).

L'éternité-durée est donc absolument déconstruite dans la conception cioranienne. Elle ne peut être un horizon souhaitable. C'est un « temps éparpillé » pour lequel l'homme n'a pas de « vocation ». Parce qu'il va beaucoup plus haut dans ses aspirations (il a de l'altitude, comme le dirait Nietzsche), et que dans son espérance, il ne rejoint même pas Dieu, c'est pour cela que sa souffrance est déclenchée. Voyons maintenant cette relation entre éternité et pensée chrétienne chez Cioran.

3. Éternité et christianisme chez Cioran

On a vu que, pour Nietzsche, l'éternité se confond avec le temps. Pour lui, la vie fusionne aussi avec l'éternité. On ne peut pas parler d'événement unique, car l'éternité est une « répétition infinie », même si elle semble avoir une seule courbe, n'être que « circulaire ». Nietzsche voit aussi la vie comme un « éternel retour du même », car pour Zarathoustra, il n'y a pas de différence entre le passé, le présent et le futur : « [...] Le centre est partout. Tortueux est le sentier de l'éternité » (AZ, 252). Quand Zarathoustra s'exclame : « *Car je t'aime, ô Éternité !* » (AZ, 264), en fait il aime et la vie et le temps du retour. Pour Nietzsche, chacun arrive à l'éternité par le biais de la joie. L'éternité répond ainsi à un désir humain. La soif de divinité de Zarathoustra dérive de son amour pour l'éternité, vue comme sa femme ou sa fiancée. Par conséquent, la « grande année » ressemble à un sablier qui s'écoule sans cesse. Ce processus a pour but l'homogénéisation des années (« ces années se ressemblent entre elles » (AZ, 255) et de l'identité humaine (l'homme doit ressembler à lui-même et non pas à autrui). Fink explique qu'il y a un lien entre éternité, vue comme infinité du temps, et éternel retour du même : « l'éternel retour des choses rend problématique l'éternité » (Fink : 123). Et, par conséquent, c'est l'éternité qui est la base, le pylône de l'éternel retour. Ainsi, chez Nietzsche, l'éternité est vue comme temps est sans importance à cause de son inexistence, de son inaccessibilité, de son identification avec l'éternel retour du même. Elle n'existe pas, seul le devenir existe. D'une part, l'éternité coïncide avec la femme, le matériel, le périssable, l'immédiat, et de l'autre, c'est le devenir qui s'identifie à l'éternité.

Chez Bergson, l'éternité est la « pièce d'or », tandis que le temps est la « menue monnaie » (EC, 317). L'éternité (le delta) se rapporte toujours au temps (le fleuve), car c'est lui qui la constitue toujours ; l'éternité a ainsi beaucoup plus de valeur, tout comme la pièce d'or, tandis que le temps n'en a pas, il reste une menue monnaie. L'éternité est la juxtaposition du « passé, présent et avenir », dans un moment unique qui coïncide avec la durée pure. Le temps tourne autour de l'éternité. Si pour Nietzsche l'éternité est le passé, le présent et le futur, pour Bergson, explique Maritain (dans sa lecture de Bergson) est une « durée, mais différente du temps » (Maritain, 244).

Or Cioran utilise d'autres termes et expressions dans ses fragments pour définir l'éternité. L'aphorisme comme modalité d'expression stylistique montre sa « régression obsessive vers le vide » (Popescu : 50). Ces aphorismes prennent la forme de l'essai-bref avec un titre thématique : *Tournant le dos au temps, Les dogmes inconscients, Idolâtrie du malheur, La vie sans objet, Les avantages de la débilité, Tribulations d'un métèque, Visages de la décadence, Genèse de la tristesse, Théorie de la bonté, Aux funérailles du désir, Procession des sous-hommes, La croix inclinée.*

a. *Éternité et religion* (ou *Les facettes de la religion*)

Dans son étude sur Cioran, Pierre Nepveu définit l'éternité comme : « absolu, infini, immortalité » (Nepveu : 11). Or ce concept est une clé centrale de la pensée chrétienne. L. Fauerbach considère que « la religion met en scène le rêve humain de perfection, qui, irréalisé sur la terre, est projeté et personnalisé aux cieux » (Cité par Cattin : 45). Quant à Nietzsche, « il dénonce la religion pour la revanche des faibles contre les puissants, contre la libre manifestation de l'activité de ceux puissants » (Cattin : 45). Nietzsche explique « qu'à l'origine de la religion se trouve la pitié, qui n'est pas un sentiment positif (comme chez J.J Rousseau), mais par contre, une perversion du sentiment, une ''négation de la vie'' qui donne naissance à la souffrance, à la faiblesse et à la décadence » (Cattin : 46). Les chrétiens adoptent les deux volets de ces définitions, car ils respectent la parole, les lois de l'église et ils insistent sur la résurrection de Jésus Christ. Cette perspective chrétienne accorde une place primordiale à l'éternité ; elle détermine à être optimiste, à avoir confiance en soi, à lutter pour un idéal, à respecter les préceptes de la religion pour atteindre la sainteté.

Mais Cioran n'est pas tout à fait d'accord avec cette perspective du christianisme, car d'après lui, « vivre signifie croire et espérer – mentir et se mentir » (dans le fragment « Le mensonge immanent » du *Précis de décomposition* :

> *V*ivre signifie croire et espérer – mentir et *se* mentir. C'est pourquoi l'image la plus véridique qu'on ait jamais créée de l'homme demeure celle du chevalier de la Triste Figure, ce chevalier qu'on retrouve même dans le sage le plus accompli. [...].
> Une poussière éprise de fantômes, – tel est l'homme : son image absolue, idéalement ressemblante, s'incarnerait dans un Don Quichotte vu par Eschyle... (PD, 657).

Pour faire valoir cette opinion, Cioran adopte la technique du parallélisme et de l'antonymie entre les quatre termes. *Croire et espérer* sont des termes complémentaires, euphoriques, optimistes, tandis que *mentir* et *se mentir* sont des termes contradictoires, dysphoriques et pessimistes. On observe aussi une relation d'inclusion et de dépendance entre les deux paires :

Croire ----------------------espérer

 Mentir -------------------- se mentir

Croire signifie pour Cioran *mentir* ; *espérer* signifie aussi *se mentir*.

Pour Mircea Eliade, l'éternité, c'est le présent continu, l'annulation du passé et du futur :

> Tout recommence à son début à chaque instant. Le passé n'est que la préfiguration du futur. Aucun événement n'est irréversible et aucune transformation n'est définitive. [...]. Le temps ne fait que rendre possible l'apparition et l'existence des choses. Il n'a aucune influence décisive sur cette existence – puisque lui-même se régénère sans cesse (Eliade, 1969 A : 108).

C'est l'homme archaïque qui pense que « tout passe » et qui vit le présent, alors que l'homme moderne espère et se ment toujours.

Dans *Interview à Tübingen*, Cioran affirme que « L'homme étant un aventurier, il ne peut que mal finir. Son destin est clairement défini dans la Genèse. La vérité de la chute, cette certitude des premiers temps, est devenue notre vérité, notre certitude » (Sora : 103). Pour Cioran, l'homme tourne en rond toute sa vie et son destin était prévu avant même sa naissance.

Si l'espace de la religion est le sacré chez Mircea Eliade, Cioran explique que pour arriver à la sacralité « l'homme prend connaissance de l'existence divine par le mal dont il souffre, par ses tares, sa faiblesse, son incapacité de se suffire à soi-même » (Sora : 60). Nietzsche va plus loin, il « annonce la mort du Dieu ou plutôt *le meurtre de Dieu* qui va libérer l'homme de son esclavage religieux et qui va le faire disponible pour l'arrivée de Surhomme » (Cattin : 51). Cioran ne va jamais aussi loin.

b. *Le chevalier de la Triste Figure*

Pour Cioran, la religion est donc un mensonge. L'éternité en tant que durée infinie est une fausseté aussi, pour lui. Avec l'essayiste roumain, explique Sora, « nous sommes dans la lignée des mystiques tels que Eckart et Boehme qui conçoivent l'Éternel comme le tout qui est aussi le néant » (Sora : 51). Dans le même entretien, Cioran manifeste son « regret de ne pas être un saint ou un criminel », mais non pas pour arriver à l'éternité, car pour lui, ce sont deux modes de se détruire : « Vouloir se tuer c'est d'ailleurs vouloir tuer le monde, tout au moins celui que l'on porte en soi » (Sora : 61). Par l'emploi du superlatif, Cioran montre les sentiments de tristesse de l'homme, malgré son amour pour la vie : « C'est pourquoi l'image la plus véridique qu'on ait jamais créée de l'homme demeure celle du chevalier de la Triste Figure, ce chevalier qu'on retrouve même dans le sage le plus accompli » (PD, 657), en démasquant les tréfonds de son âme. Ainsi, Cioran nous invite à enlever les masques et à

251

reconnaître la « Triste Figure », car cette tristesse irrémédiable ne pardonne à personne, elle se « retrouve même dans le sage le plus accompli » (PD, 657).

La comparaison « poussière éprise de fantômes - tel est l'homme » relève par son terme comparant la petitesse de l'homme, son éphémérité et son insignifiance. On observe dans cette métaphore une incompatibilité sémantique entre fantôme, terme abstrait, et homme, terme concret. Mais l'éphémérité, la disparition et l'inconstance sont leurs points communs. Tout comme la « poussière », qui est emportée par le vent, la vie de l'homme lui est enlevée par la mort. Ainsi, pour Cioran, non seulement l'éternité est insignifiante, mais aussi la vie humaine elle-même. L'homme ressemblerait ainsi à « Don Quichotte vu par Eschyle » (PD, 657). Ce qui les rassemble, c'est leur énergie, leur pouvoir et leur volonté de dépasser les limites, d'affronter autrui. Ce qui les différencie, c'est que Don Quichotte vit dans un monde illusoire, il est lié aux choses abstraites (à ses rêves), il affronte le monde terrestre et il bénéficie de la vie tandis que le Prométhée d'Eschyle, qui affronte et prend la place de Dieu, qui leur vole le feu et qui veut le bien des mortels, aura eu un destin tragique, car il aura trouvé sa mort après avoir été prisonnier. La comédie, l'humour et l'ironie de Don Quichotte seront remplacés chez Cioran par la tragédie classique (*Prométhée enchaîné*). D'une certaine façon, Cioran incarne le rôle de la mère de Prométhée, Bia, car elle avait prédit l'avenir à son fils : « durant la lutte, ce sont les hommes intelligents qui vont gagner et non ceux avec de forts muscles ». Tout comme Prométhée, qui aux yeux des penseurs et des poètes passe pour un « Martyr de l'intelligence » l'homme moderne passe pour une victime de sa pensée et de son destin ; mais, face au destin, l'intelligence est inférieure (*Prométhée enchaîné*).

c. *L'éternité comme lieu commun et comme banalité*

Dans sa critique de la pensée chrétienne sur le temps, Cioran voit l'éternel comme un lieu commun, comme une banalité, un stéréotype, un truisme. Elle est insignifiante, à cause de sa popularité, elle est très connue. C'est grâce à sa répétition machinale qu'elle est oubliée par la pensée humaine. Mais l'éternité ne peut être ni palpable, ni visible, ni mesurable, elle est seulement désirée dans nos pensées, vue comme un idéal rêvé. Mais pourquoi alors s'entêter à rechercher l'éternité si elle est si insignifiante ?

Cioran prouve que l'*éternité* devient *banalité*, comme le montre le passage suivant qui fait partie du fragment « Immunité contre le renoncement » du *Précis de décomposition* :

> *T*out ce qui a trait à l'éternité tourne inévitablement en lieu commun. Le monde finit par accepter n'importe quelle révélation et se résigne à n'importe quel frisson, pourvu que la formule en ait été trouvée. L'idée de la futilité universelle – plus dangereuse que tous les fléaux, s'est dégradée en évidence : […]. (PD, 620-621).

L'expression « tout passe » synonyme de *fortuna labilis*[6] est devenue aussi un lieu commun par sa répétition machinale, qui implique non seulement l'irréversibilité du temps mais aussi l'idée d'oubli du passé : tout passe, tout est oubliable, même la vie de l'homme et implicitement le temps, qui est/vit en nous. Cioran, nous fait-il ainsi une invitation à vivre le moment et à ne pas penser à une possible vie éternelle ? Pour montrer que la vie n'a pas de sens, sa non-valeur, son insignifiance, Cioran évoque « la futilité universelle » et nous invite ainsi à un renoncement de soi et à une interrogation sur le sens de la vie. Dans son étude sur Cioran, Sora affirme à l'égard du destin :

---

[6] Fortuna labilis (< lat.) = « the passing fate, changing destiny; long gone bravery, the brightness of the ancient fortresses disappeared, the popes and the kings have come to dust. It became an artistic leitmotiv in many literary works » (www. Glosarlatinroman.doc, p.46).

[…] Contrairement à *l'amor fati* de Nietzsche comme assentiment dionysiaque, et loin de l'acceptation du sort par *amor dei* dans le sens de Spinoza, l'amour de destin apparaît ici comme joie maligne, à l'instar des romantiques vouant un culte morbide à leurs propres déchirements (Sora : 62).

L'éternité inspire l'homme, le mène à « affronter les suites » explique Cioran (PD, 621). Elle est un signe puissant pour le chrétien, malgré son invisibilité et son absence. Pourrait-on condamner l'homme pour sa pensée ? Même si chacun connaît le fait que sa vie est passagère, éphémère (les choses, les êtres et le temps) il est « imbu de la conviction que *tout est vain* » ; ils la « chantent ou la pleurent » (PD, 620). On voit ainsi qu'il sait dépasser sa condition, qu'il espère toujours, il est persévérant dans sa quête, même s'il sait que sa vie aura un fin. Malgré son esprit pénétré de la certitude que rien ne compte plus, il ne renonce pas, il lutte avec acharnement pour son idéal. Nous voyons ainsi le rapport étroit entre l'éternité et la métaphysique, la transcendance de l'homme et son accès à autre monde. L'éternité est ainsi « un mot, un cri et une promesse » (comme Pierre Nepveu le dit) ; rajoutons que c'est aussi une issue.

Normalement, l'éternité ne peut surgir que d'une pensée vitale, primordiale pour l'être humain. Mais dans toute l'œuvre de Cioran, au contraire, cette intuition est caractérisée comme « antivitale ». Par le biais de cette personnification de la pensée qui vient de Miguel de Unamuno (car dans les *Entretiens* Cioran affirme avoir lu Miguel de Unamuno, *Entretiens* : 123), on observe la séparation de deux termes qui devrait être réunis (pensée + vie = pensée vitale) et toutefois le fait que, pour Cioran, l'éternité est l'invention seulement de la raison humaine, et non des deux : la raison et la vie. La vie est exclue de cette dualité, car la raison n'est pas liée à elle. L'éternité devient ainsi une banalité, car elle est née pour Cioran d'une « pensée antivitale », d'une pensée contre la vie.

d. *L'éternité et l'instant*

Expliquons d'abord cette relation instant-éternité. L'instant, explique Élie Blanc est comme « un point dont le mouvement produit le temps » (Blanc : 1152). Et plus loin, il rajoute :

> Nous savons seulement que le temps est une succession de choses, tandis que l'éternité est la stabilité. L'éternité existe toute entière et à la fois, d'où il suit qu'elle a toujours été qu'elle est aujourd'hui et qu'elle sera toujours. Le temps, au contraire, n'existe que successivement, car le temps passé n'est plus et le temps futur n'est pas encore : il n'y a de réel que le présent. L'éternité qui est réelle, actuelle par essence, est donc toujours présente, sans que le passé ni l'avenir lui soient étrangers (Blanc, 1152).

Le conflit éternité (durée)-instant repose en fait sur la dichotomie entre la quantité (la durée, la succession) et la qualité (l'instant, la multiplication).

Dans *Sur les cimes du désespoir* Cioran oppose enfin l'intensité de l'instant à l'éternité elle-même : « On accède à l'éternité qu'en supprimant toute corrélation, en vivant chaque instant de manière absolue …En parlant de la vie, nous mentionnons des instants ; en parlant de l'éternité – l'instant » (CD, 63). Cette éternité comme instantanéité est plus importante que l'éternité comme durée, car elle est mesurable, visible, irréversible, même regrettable. Esprit épicurien, Cioran nous invite à savourer et à profiter de chaque instant qui passe, de cette durée très courte que la conscience saisit comme un tout ; il nous suggère d'ailleurs à suivre le concept latin *carpe diem*.

L'éternité comme durée est donc décrite par Cioran d'une manière toujours négative. Elle n'existe pas (mais il s'y intéresse) ; la foi ne détient pas un rôle important pour lui, car il apporte des contre-arguments, il tourne en dérision ses lois et démasque le rôle insignifiant joué par celle-ci dans la société. Il sympathise avec Nietzsche pour qui *Dieu est mort*. L'éternité-durée est vue comme indifférente et sans importance à cause de son inaccessibilité et de la nostalgie qu'elle provoque, mais très peu se rendent compte de ce fait qui reste une vérité toujours valable pour Cioran. En fait, elle est le cœur de la métaphysique, car c'est autour d'elle que les grandes questions existentielles se créent. L'homme moderne devient ainsi un homme archaïque, un Prométhée enchaîné à ses propres pensées obsessionnelles, qui suivra son destin fatal, même si les rochers ne l'ont pas encore atteint.

4. L'amour de l'instant

Dans la partie précédente, pour Cioran l'instant s'opposait à l'éternité (comme durée). En rejetant l'éternité, l'essayiste s'adonne à l'exercice de l'instant, à la pratique de la « durée pure ». Cet amour de l'instant est une thérapeutique, une guérison de l'âme, comme il avoue dans cet aphorisme : « [...] Mieux qu'avec Socrate, c'est avec Épicure que la philosophie glissa vers la thérapeutique. Guérir et surtout se guérir, telle était son ambition : bien qu'il voulût délivrer les hommes de la peur de la mort et de celle des dieux, il les éprouvait lui-même l'une et l'autre. [...] (TE, 928). À cet égard, Bergson rajoute qu'« il y a *dans l'instantané*, une reconnaissance dont le corps tout seul est capable, sans qu'aucun souvenir explicite intervienne. Elle consiste dans une action, et non dans une représentation » (MM, 100). Ainsi, la quête des instants cioranienne est en fait une recherche d'action.

L'amour de l'instant semble supposer un écoulement audible du temps (LL, 273). Ce bruit du temps rend accessible la voie vers l'expérience de l'instantané : « je glisse sur le vacarme de son passage », tandis que le silence déconnecte le je-narrateur de ces moments. Il s'installe alors au bord du temps comme au bord d'une rivière pour entendre son écoulement. Cette métaphore montre la caractéristique principale de l'instant, son éphémérité :

À nous asseoir au bord des instants pour en contempler le passage, nous finissions par ne plus y démêler qu'une succession sans contenu, temps qui a perdu sa substance,

256

temps abstrait, variété de notre vide. Encore un coup, et, d'abstraction en abstraction, il s'amenuise par notre faute et se dissout en *temporalité,* en ombre de lui-même [...] (CT, 1153).

On trouve encore ici des échos bergsoniens : l'instant, la « durée pure », un second « moi où succession implique fusion st organisation » (DI, 95). À ce titre, Cioran semble compléter Bergson en disant qu'il est suffisant de regarder, admirer, contempler les instants (sans avoir besoin de vivre l'instant comme Bergson l'affirme dans *L'évolution créatrice*) pour que le résultat, l'état vécu soit pareil : la « succession sans contenu » (CT, 1153).

Chez Cioran on voit cette « succession sans contenu » que sont les instants qui devient une « multiplicité qualitative, une hétérogénéité d'éléments qui viennent se fondre les uns dans les autres » (DI, 172) à la manière de Bergson :

> *J*'ai trop *désiré* le temps pour ne pas en fausser la nature, je l'ai isolé du monde, en ai fait une réalité indépendante de toute autre réalité, un univers solitaire, un succédané d'absolu [...]. Qu'il ait réussi à m'obnubiler, je ne saurais le nier. Il n'en demeure pas moins qu'il n'a pas prévu qu'un jour je passerais à son égard de l'obsession à la lucidité ; avec tout ce que cela implique de menace pour lui (CT, 1154).

L'instant devient l'élément primordial dans la vie du narrateur qui affiche sa lucidité inconditionnelle, comme le montre l'adverbe restrictif « seulement » dans le passage suivant du *Livre des leurres* :

> Je veux vivre seulement pour ces instants, où je sens l'existence toute entière comme une mélodie, où toutes les plaies de mon être, tous mes saignements intérieurs, toutes mes larmes retenues et tous les pressentiments de bonheur que j'ai eus sous les cieux d'été à l'éternel azur, se sont rassemblés pour se fondre en une convergence de sons, en un élan mélodieux et une communion universelle, chaude et sonore. [...] (LL, 114).

Ainsi, le personnage cioranien veut se confondre avec les instants et sentir l'existence comme une mélodie, tout comme Nietzsche (la vie comme « symphonie »). Cette existence instantanée est très dangereuse d'ailleurs pour l'être humain, qui (pour avoir abusé de temps) devient un obsédé, un malade d'instants qui vit l'éternel présent au maximum et qui ne s'intéresse plus aux êtres et aux choses qui se passent autour de lui. *Vivre l'instant* signifie vivre seulement pour *soi* et en dualité avec l'instant, d'où l'égoïsme et la supériorité de l'être qui devient un *être-instant* situé au centre du monde. Cet *être-instant* cioranien s'identifie à l'espèce bergsonienne pour qui « le mouvement général de l'être s'arrêterait à elle au lieu de la traverser. Elle ne pense qu'à elle, elle ne vit que pour elle » (EC, 255). Cioran ne semble pas se retrouver dans la théorie de Bergson d'après laquelle : « Vivre dans le présent tout pur, répondre à une excitation par une réaction immédiate qui la prolonge, est le propre d'un animal inférieur : l'homme qui procède ainsi est un *impulsif*. Mais celui-là n'est guère mieux adapté à l'action qui vit dans le passé pour le plaisir de vivre [...] ce n'est plus un *impulsif*, mais un *rêveur* » (MM, 170). Pourtant, Cioran incarne ces deux types : tantôt l'impulsif, tantôt le rêveur, jamais les deux à la fois. Cioran avoue d'ailleurs être « violent » plutôt que pessimiste : « Je crois que cela vient de la *passion* : je ne suis pas pessimiste, mais *violent*...c'est ce qui rend ma négation vivifiante. [...]. Mes livres ne sont pas dépressifs ni déprimants. Je les écris avec fureur et passion. Si mes livres pouvaient être écrits *à froid*, ce serait dangereux. Mais je ne peux écrire à froid, je suis comme un malade qui, en toute circonstance, surmonte fébrilement son infirmité » (*Entretiens*, 21-22). Aurélien Demars le caractérise plutôt comme un « pessimiste forcené, jubilant et vital, c'est-à-dire capable d'un certain amour de la vie, malgré ou grâce à sa dévalorisation, sa douleur, ses faiblesses » (Demars : 76) qui aime l'action et le moment, fier de sa personnalité active.

L'intensité de l'instant et la supériorité de l'être vont de pair et se résument dans cette espèce d'idéal qu'est la musicalité du temps (LL, 181). L'existence dans l'instant élève donc l'esprit à la hauteur de Dieu. En effet, dans ce passage du *Livre des leurres*, la caractérisation de l'instant repose sur des adjectifs ou groupes nominaux euphoriques : « d'invasion lamineuse », « uniques », « inoubliables », ce qui mène l'être humain sur les cimes du bonheur et de la royauté, en le faisant se sentir accompli. L'inversion dans la question rhétorique « ne vous êtes-vous » et la triple caractérisation des êtres humains :

« ultimes, définitifs, clos » expriment cet état d'extase total, de bonheur pur, d'existence couronnée, que le je-narrateur partage avec le lecteur, extase marquée aussi par les questions rhétoriques et les inversions.

Dans l'aphorisme suivant, le bonheur et la souffrance se conjuguent :

> Dans mon océan intérieur, coulent autant de larmes que de vibrations qui ont immatérialisé mon être. Si je mourais à cet instant, je serais le plus heureux des hommes. J'ai trop souffert pour que certains bonheurs ne me soient pas insupportables. Et mon bonheur est si fragile, cerné de flammes, traversé de tourbillons, de quiétudes, de transparences et de désespoirs unis dans des élans mélodiques qu'il me transporte dans une béatitude d'une intensité bestiale et d'une originalité démoniaque [...] (LL, 115).

La métaphore filée de « l'océan intérieur », d'où « coulent autant de larmes que de vibrations » représente le cadre d'un bonheur pur et éternel. Le je-narrateur ne se contente pas d'un bonheur quelconque, car sa souffrance lui a fait distinguer les multiples facettes du bonheur. Pour cela, il opte pour la fragilité, l'inflammabilité, le silence et la transparence qui-provoquent chez lui un bonheur original : « qu'il me transporte dans une béatitude d'une intensité bestiale et d'une originalité démoniaque ». Tout comme le disait Eugen Simion, « [...]. Emil Cioran arrive et raconte, d'après la suggestion de Nietzsche, que l'univers est plutôt l'univers musical et que nous sommes des sourds, que nous n'entendons pas les grands chants du monde » (Simion : 50). Dans l'entretien avec Sylvie Jaudeau, Cioran explique en fait que « L'extase musicale rejoint l'extase mystique. On éprouve le sentiment de toucher à des extrémités, de ne pouvoir aller au-delà. Plus rien d'autre ne compte et n'existe. On se trouve immergé dans un univers de pureté vertigineuse. La musique est le langage de la transcendance » (Jaudeau, 1990 B : 28-29). À la question de Jaudeau si la musique nous confronte au paradoxe d'une éternité entrevue dans le temps », Cioran répond : « – C'est en effet l'absolu saisi dans le temps, mais incapable d'y demeurer, un contact à la fois suprême et fugitif. Pour qu'il demeure il faudrait une émotion musicale ininterrompue. La fragilité de l'extase mystique est identique. Dans les deux cas le même sentiment d'inachèvement, accompagné d'un regret déchirant, d'une nostalgie sans bornes » (Cioran cité par Jaudeau, 1990 B : 30). Si l'on pense bien, c'est en fait ce sentiment « d'inachèvement », de continuum, d'éternel que Cioran cherche dans toutes les dimensions temporelles étudiées ici : dans l'histoire (le passé glorieux), dans la vie (la joie, l'affirmation), dans le mythe (la répétition cyclique, nostalgie), dans l'éternité (l'instant, la musique).

La suite des questions rhétoriques trahit l'invasion du temps chez l'être humain et le narrateur veut partager ces sentiments d'étonnement avec le lecteur (LL, 185). L'intériorisation du temps envahit peu à peu l'être humain et le transforme. La métaphore de la spirale explique le fait que chaque moment temporel est unique, que l'instant est différent du prochain, et qu'il ne se répète jamais : « La durée est chose réelle pour la conscience qui en conserve la trace, et l'on ne saurait parler ici de conditions identiques, parce que le même moment ne se répète pas deux fois » (DI, 150) ou « [...] le temps n'est pas une ligne sur laquelle on repasse » (DI, 136). Le grand ennemi de l'instant pourrait alors être le devenir (LL, 185). Oui, le devenir, l'ennemi de l'éternité-instantanée, le futur « se vengerait » sur le présent, et plus précisément sur nos instants absolus. Maritain (dans sa lecture de Bergson) précise en fait que le devenir est le rebut de la vie : « le devenir, le changement n'est qu'une suite de l'imperfection de toute vie créée, et surtout de toute vie matérielle. Ce qui constitue la vie, c'est l'activité immanente, l'activité dont le principe est dans le sujet qui agit, et dont le terme demeure dans le sujet qui agit » (Maritain : 245). Le temps est un élément aide-mémoire, car il conserve nos souvenirs et introduit le passé dans le présent. Tout comme Bergson le constate, la « mémoire pratiquement inséparable de la perception, intercale le passé dans le présent, contracte aussi dans une intuition unique des moments multiples de la durée, et ainsi, par sa double opération, est cause qu'en fait nous percevons la matière en nous, alors qu'en droit nous la percevons en elle » (MM, 76). Et plus loin, Bergson précise que la mémoire « ne nous présente plus notre passé, elle le joue ; […] elle prolonge l'effet utile jusqu'au moment présent » (MM, 87). Par conséquent, l'existence dans l'instant est périlleuse, dangereuse pour l'être humain, à cause des conséquences graves qu'elle pourrait provoquer : l'oubli de soi, d'autrui ou de la mémoire.

Le serpent, tout comme chez Nietzsche dans *Ainsi parlait Zarathoustra*, est également le symbole du temps pour Cioran (LL, 185).

Ces métaphores servent à personnaliser le temps, à lui conférer des sentiments de vengeance (CT, 1155). Donc finalement Agent destructeur, le temps est sensible et se retourne contre ceux qui méditent trop. L'éternel présent vécu dans l'instant reste pour toujours un temps euphorique, dionysiaque, mais seulement si on y médite une courte période de temps. Cet état euphorique sous l'abri des instants sollicite « la conscience pure » et force « la personnalité toute entière à se concentrer en un point, ou mieux en une pointe » et un « progrès dans la pure durée » (dans « l'avenir ») en constituant un « être total ». Par contre, si l'on analyse trop le temps, on a la surprise imprévue qu'il se retourne contre nous, comme un boumerang et ainsi se déclenche la chute : « notre moi s'éparpille ; notre passé, qui jusque-là se ramassait sur lui-même dans l'impulsion indivisible qu'il nous communiquait, se décompose en mille et mille souvenirs qui s'extériorisent les uns par rapport aux autres. […]. Notre personnalité redescend ainsi dans la direction de l'espace. Elle le côtoie sans cesse, d'ailleurs, dans la sensation. [...] (EC, 202-203). Par conséquent, pour avoir fait l'usage de temps, l'être-instant tombe facilement d'un état à l'autre, sans s'en rendre compte, où épanouissement et décadence forment le couple antithétique dominant.

Enfin, dans *Le livre des leurres*, l'éternité est comme une mère éducatrice (LL, 194).

Même dans l'éternité, la recherche de la notoriété n'a plus de sens : « Avec l'éternité à l'arrière plan, la gloire pouvait avoir un sens ; elle n'en a plus aucun dans un monde où règne le temps, où, surcroît de malchance, le temps même est *menacé* » (CT, 1120). Le règne du temps détruit ainsi même les vertus. Pour Cioran, la fatalité est incontournable. Ce qu'importe pour le je cioranien est la joie paradoxale de la mort (LL, 115). Paradoxalement, la joie de mourir est le sentiment que Cioran atteint, elle est l'apogée dans sa quête de la musique (et implicitement de l'instant) et de l'amour. Ce sont d'ailleurs « la fuite devant la mort » et le « rejet de la mort » (Entretiens, 101), les caractéristiques que Cioran reproche à l'Occident (dans l'interview avec Luis Jorge Jalfen). Il rajoute que « plus on est civilisé (au mauvais sens du terme), plus on refuse la mort. Pour l'homme de la campagne, pour les anciens habitants de la terre, la vie et la mort étaient situées sur le même plan. Le citadin, au contraire, met la mort de côté, l'escamote » (Entretiens, 101). Par conséquent, cette joie de mourir individualise Cioran et le rend solitaire et sceptique.

L'existence dans la durée, donc dans le temps, est insupportable (LL, 130). Cioran reprend en fait la théorie de Bergson sur la mémoire. Ainsi, l'existence dans la durée, (où on comprend la durée-espace, donc l'étendue du temps) enchaîne nos souvenirs dans la mémoire comme le linge sur une corde, « en un maillon d'une chaîne, en un fragment partiel et symbolique » (LL, 130). Ainsi, toutes nos activités sont inscrites dans notre pensée, au détriment du *moi*, qui se sent inutile. Cioran donne alors la solution : « *Le tout est de pouvoir être total sans avoir de mémoire* » (LL, 130). Pour cela on doit réaliser « intégralement » chaque acte de la vie sans s'intéresser aux autres. Vivre de manière absolue dans l'instant signifie prospérer et renouer avec sa vie.

Les instants doivent être vécus de manière absolue, en totale liberté « sans commencement ni fin ». Le but est « d'avoir *notre propre temps* », le présent, la durée pure, telle que Cioran la comprenait de sa lecture de Bergson :

> Mon présent est donc à la fois sensation et mouvement ; et puisque mon présent forme un tout indivisé, ce mouvement doit tenir à cette sensation, la prolonger en action. D'où je conclus que mon présent consiste dans un système combiné de sensations et de mouvements. Mon présent est, par essence, sensori-moteur (MM, 153).

Et plus tard, dans *Le livre des leurres*, Cioran résumera toute sa pensée de l'instant dans l'éternité (LL, 130). Ainsi, l'idéal dans la vie est de ne rien commencer et de ne rien finir, de laisser les choses à moitié ; de vivre « in medias res ». Vivre chaque instant jusqu'au bout, au maximum. La vie sera composée ainsi d'une succession de moments ressentis comme uniques. L'essayiste explique d'ailleurs que le secret est de rester à moitié compris, de respecter le monde comme énigme : « *R*ègle d'or : laisser une image incomplète de soi (IE, 1379).

Et plus loin encore dans *Le livre des leurres*, on lit des passages importants sur le commencement et la signification de cet *instant absolu* de notre existence (LL, 181). La naissance de *l'instant absolu* a lieu avec la séparation entre clair-obscur et lumière, entre mensonge et vérité, par le renoncement aux ombres. S'emparer de la lumière suppose toutefois oublier le passé. Alexandra Gruzinska écrit d'ailleurs à l'égard de *l'éternel présent* cioranien : « which represents privileged moments in time that project us outside of History and affords us an unexpected foretaste of immortality in our lifetime » (Gruzinska, 20). Et plus

263

loin dans le même chapitre, on comprend le but suprême de l'existence (LL, 182). La musique constitue ainsi l'élément clef dans la création de l'aphorisme pour Cioran, l'apogée de la joie et de la mort, l'inspiration, l'éternel instant transposé en variations, la « durée pure », la « succession sans contenu » bergsonienne dans laquelle l'instant trouve son bonheur, comme si les instants avaient pu signifier des notes musicales.

Conclusion générale

Au terme de ce travail, répondons aux questions posées dans l'introduction et résumons la pensée de Cioran à l'égard des quatre dimensions temporelles examinées. Commençons par une courte incursion dans chaque chapitre.

Dans un premier chapitre, nous avons établi le rôle du temps dans la littérature et dans la philosophie en montrant l'interdépendance de ces deux disciplines. Que ce soit dans la prose, la poésie ou dans la dramaturgie, la philosophie s'insère de plus en plus dans les œuvres contemporaines. À l'époque des premiers écrits de Cioran, cette interpénétration est cruciale. Malgré sa naissance tardive, après la littérature, la philosophie est devenue la discipline la plus incitante, dont les sujets ont été créés petit à petit par les auteurs des siècles anciens et par les contemporains : pensons à la fatalité chez Diderot (dans *Jacques le fataliste*), à l'allégorie du mythe de la caverne de Platon, reprise par Michel Tournier (dans *Vendredi ou les Limbes du Pacifique*), à l'absurde chez Albert Camus (dans *L'étranger*), au temps perdu chez Marcel Proust (dans *À la recherche du temps perdu*). La relation entre la littérature et la philosophie se voit de plus en plus chez les auteurs du XXᵉ siècle, car les œuvres littéraires comportent une part plus grande de philosophie. Vus par Cioran comme « des généralités instantanées » et comme « une pensée qui ne contient pas beaucoup de vérité, mais qui contient un peu d'avenir » (*Entretiens*, 78), les aphorismes sont ainsi compris comme une « systematic philosophy », a « vehicle of escape, the spontaneous and unexpected emergence of ideas » (Finkenthal and Kluback : 10-11).

Nous nous sommes arrêtés ensuite sur le temps comme concept philosophique, en analysant sa signification roumaine et son emploi dans la littérature universelle en concluant que la notion de temps est subjective et qu'on peut parler du temps comme intervalle entre deux événements, comme étendue où surviennent les événements (synonyme de l'espace) et

266

comme donnée physique ou comme expérience subjective. La lecture d'Augustin nous a permis de rajouter la fonction créatrice du temps, car « il fait de fortes impressions sur nos sens » (Augustin : 127). Pour sa part, Leibnitz expliquait que « le temps est non seulement l'ordre des choses successives, mais aussi la quantité de la durée qui intervient entre chacune des choses particulières qui se succèdent dans cette œuvre » (cité par Jacques : 488). Pour Kant, le temps était « […] une forme pure de l'intuition sensible. Différents temps ne sont que des parties du même temps » (Kant : 126-127).

C'est alors que nous avons pu établir le corpus et les quatre aspects du temps qui faisaient l'objet de notre étude : le temps historique, le temps mythique, le temps existentiel, le temps éternel, à partir des textes de deux philosophes importants pour la lecture de Cioran : Nietzsche et Bergson.

Le deuxième chapitre a été consacré à un survol de l'œuvre d'Emil Cioran et au corpus principal dont faisaient partie *Le livre des leurres* (1936r/- 1992fr.), *Le crépuscule des pensées* (1937r.-1991fr.), *Précis de décomposition* (1949), *La tentation d'exister* (1956), *Histoire et utopie* (1960), *La chute dans le temps* (1964), *De l'inconvénient d'être né* (1973). Ensuite, le corpus secondaire était constitué par : *Sur les cimes du désespoir, Des larmes et des saints* (1937), *Syllogisme de l'amertume* (1952), *Le mauvais démiurge* (1969), *Exercices d'admiration* (1986).

Sylvie Jaudeau considérait Cioran comme un « émigré de l'histoire et de l'éternité » (Jaudeau 1990 A : 26), qui imitait le philosophe Spengler et qui « rompt avec l'idée d'un cours linéaire de l'histoire » : caractéristiques que j'ai montré dans mon travail. Le temps était vu comme un « principe du mal, exclusion de l'être » (Jaudeau, 1990 A : 33), vision principale des gnostiques et déterminait toute la pensée sur la fin l'histoire et l'Apocalypse chez Cioran,

d'ailleurs. La « discontinuité du fragment », le « morcellement de l'être », (Jaudeau, 1990 A :
49) étant les traits de l'écriture cioranienne, traits des aphorismes qui sont finalement
hétérogènes par leur formes et homogènes dans leur contenu.

Nous avons tenté également de démontrer le caractère lyrique de l'écriture cioranienne
(« personnelle », « aphoristique », « autobiographique », « opposée à l'esprit de système »,
Grigore-Mureşan : 250) dans les aphorismes et l'influence de Nietzsche sur l'œuvre de Cioran.
Grogore-Mureşan comparait Heidegger et Cioran en disant que si Cioran « ne valorise ni la
temporalité ni l'historicité de l'être », Heidegger « valorise les deux dimensions » (Grigore-
Mureşan : 220). Au terme de cette étude, je classifierais plutôt Cioran comme l'ombre vague
de Heidegger (et non son opposé), car Cioran valorise une partie minimale de la temporalité (la
durée pure qui est l'instant) et de l'histoire (le passé historique et la souffrance). Comme
Grigore-Mureşan, nous avons envisagé la figure *oraculaire* de Cioran qui prédisait « une
Apocalypse future provoquée par la soif de pouvoir et par les actions meurtrières de ses
contemporains ».

Les références au mythe sont moins nombreuses dans la critique de l'œuvre de Cioran.
Ainsi, Eugen Simion établissait de nombreux rapports entre l'œuvre cioranienne et le mythe.
Tout mon travail arrive à la conclusion de Simion, que Cioran est un « mythe en soi », un
« mythe valah » (Simion : 69), un mythe à rebours réalisé par la destruction et la dé-création du
monde. Puis, dans la partie sur *Le livre des leurres*, Simion expliquait que les premiers écrits
de Cioran avaient « scandalisé » les philosophes de l'école roumaine. Par le biais du mythe de
la création du monde, Cioran nous expliquait qu'on revivait sans espérance, dans la peur, étant
les doubles d'Adam et Ève, chassés du paradis. Si le passé est aujourd'hui derrière eux, nous,
les modernes, n'avons pas cette chance. Nous avons proposé une perspective sur la

déconstruction des quatre dimensions temporelles en spécifiant que chez Cioran cette déconstruction avait pour but la construction des dimensions temporelles qui finalement se rejoignent dans le mythe.

Nous avons aussi noté plusieurs différences entre Cioran et Nietzsche, bien que Cioran se soit nettement inspiré de Zarathoustra : Cioran voyait l'histoire sans but, sans sens, tandis que pour Nietzsche l'histoire « assurait à l'homme un rôle essentiel » (Mitroiu : 10), l'éternité était opposée à l'instant la femme. Une autre différence la constitue la conception de l'éternel retour : l'éternel retour du même comme action, comme affirmation et puissance chez Nietzsche et sous forme « d'immobilisme » (Guerrini : 4), statique, instantané, chez Cioran. Si pour Nietzsche, Dieu était mort, pour Cioran ce n'est pas Dieu qui est mort, il n'est même pas nié, c'est plutôt le je-cioranien qui est absent de la divinité.

Si Yann Porte parlait de « nihilisme » cioranien (« nihilisme involontaire et qui s'ignore ») différent de celui de Nietzsche (« nihilisme négateur »), je dirais plutôt que Cioran est un joueur sceptico-ironique. J'ai montré par des exemples concrets la méthode de Cioran qui « procède à une déconceptualisation des *moments* nietzschéens » (Porte : 5) et les « thèmes-antithétiques » qui lient les deux écrivains : « force-faiblesse, santé-maladie, l'ironie grinçante, l'ambivalence à l'égard de la vocation poétique, l'attrait de la conscience religieuse, l'hostilité envers l'Histoire et les formes diverses de la modernité » (Porte : 6).

Dans le troisième chapitre, nous avons montré les conceptions du temps chez Nietzsche, Bergson et Eliade les définitions des quatre catégories temporelles : histoire, mythe, vie, éternité. Nietzsche a apporté de nouveaux concepts à notre étude de Cioran : historique (le Surhomme, la mort de Dieu, l'admiration des ancêtres) ; vital (l'éternel retour, l'instant, la volonté de puissance, le vécu, l'âge de la vie, le lien destin-instant, la joie maligne, le libre arbitre, la relation homme-moi), mythique. Bergson, à son tour, introduisait les notions de durée, d'instant, d'éternité, de vie, de joie, et s'est intéressé aux dimensions de la vie (y inclus la mémoire). Nous avons présenté ensuite toutes ces dimensions chez Nietzsche et Bergson.

Dans le chapitre 4, nous avons observé que l'histoire restait toujours le lieu du passé irréversible, décomposé par l'essayiste en relevant chacune de ses facettes. En critiquant le parcours déterminé de l'histoire, l'essayiste montrait que l'humanité avait réussi à faire d'elle une force destructrice ; par contre, ses débuts étaient admirés au détriment du « passé immédiat », toujours assimilé par le présent. Il s'agissait ainsi de peser le temps passé, présent et futur ; la balance inclinait vers le passé, car le déclin de l'histoire avait commencé une fois pour toutes au début adamique de l'humanité : « La première larme d'Adam a mis l'histoire en branle » (CP 501). Le futur restait une « durée inépuisable et pourtant achevée, comme une *histoire intemporelle* (HU, 1041). D'une part, le temps historique était un produit des actions humaines, car l'homme la préparait, et d'autre part il était lui-même un produit de l'histoire ; celle-ci influençait chaque individu, car la liberté humaine était profondément déterminée chez Cioran. Sujet et objet de l'histoire, à tour de rôle, chaque individu déterminait l'histoire et s'y soumettait. Elle était ainsi le bouquet de fleurs où chaque individu apportait sa bonne/ mauvaise contribution. Tout comme Bergson, Cioran voyait un déterminisme fort entre la cause et l'effet des événements historiques. Voilà pourquoi l'histoire ne pouvait être pour lui une garantie de liberté.

En ce qui concerne le mouvement de l'histoire, Cioran sympathisait avec Nietzsche pour qui le temps de l'histoire évoluait en *spirale*, car il se renouvelait, alors que l'homme tournait en *cercle*, à cause de son *fond identique*. Pour Cioran, l'histoire, « ne se répétait pas », elle était faite d'illusions qui « reviennent toujours sous un autre déguisement [...] » (IE,

1356). Malgré ces illusions qui rappelaient les « multiplicités homogènes », selon l'expression de Bergson, on pouvait parler d'une existence dans la dimension historique. Bergson avait expliqué que « le temps n'était pas une ligne sur laquelle on repassait » (DI, 136). C'est ainsi l'inconstance de l'histoire qui, chez Cioran, rendait le passé nostalgique et annonçait un futur incertain. Le seul chemin sûr restait le passé, car le passé ne pouvait plus être changé, « notre passé était impuissant ». C'est par le biais de la répétition qu'on pouvait arrêter le temps. Chez Bergson, la répétition avait « pour véritable effet de décomposer d'abord, de recomposer ensuite et de parler ainsi à l'intelligence du corps. Elle développait, à chaque nouvel essai, des mouvements enveloppés ; elle appelait chaque fois l'attention du corps sur un nouveau détail qui avait passé inaperçu » (MM, 122).

Pour Cioran, la duplicité de l'humanité partagée entre être et paraître transformait l'histoire en un théâtre, un spectacle des masques baroques, où chaque individu se cachait sous un masque en vue d'épater l'autre. Comme un prophète modeste qui ne voulait pas de récompense pour son travail, Cioran prévoyait d'ailleurs la fin du monde où la disparition de l'humanité représenterait un autre spectacle ultime, digne d'être vu.

En parlant des zones de vitalité des nations, la Roumanie, le pays d'origine de Cioran, occupait une place « dans l'ombre » (HU, 1002), à la base de l'échelle vitaliste. Il aurait voulu être « d'une autre nation, seulement roumain non ». Le sommet de l'échelle était occupé, par contre, par l'Espagne, le pays des illusions quichottiennes. Envers le cours de l'histoire, Cioran restait donc réticent, il voulait l'arrêter, se tenir à l'extérieur et l'admirer. Il cherchait alors à se confondre avec l'homme archaïque d'Eliade, qui n'était prisonnier ni du temps, ni de l'histoire, un être qui vacillait dans une vie qu'il aimait, critiquait et toutefois admirait. Le conseil cioranien était alors de vivre librement, sans chaînes comme si l'histoire n'existait pas, car elle n'était que larmes, luttes pour le pouvoir, hiérarchisations, traits qu'il détestait.

L'Apocalypse, par laquelle on pouvait comprendre la fin du monde et de l'histoire, serait provoquée par la soif du pouvoir et par les actions meurtrières des contemporains. Ainsi, tout comme pour Nietzsche, l'humanité cioranienne était malade ; mais au contraire de Nietzsche qui prêchait le Surhomme, Cioran était plus tragique, car pour lui l'humanité s'anéantissait une dernière fois avec l'écroulement du monde.

L'histoire prend ainsi métaphoriquement chez Cioran la forme d'un navire qui flotte sur la mer et qui n'a plus de capitaine ; ses chambres représentent les pays, l'un plus vitaliste et puissant que l'autre. Il y a une certaine hiérarchie (« les zones de vitalité », bien sûr, représentée par les ponts du bateau, là où les pays sans histoires trouvent leur nom sur les portes des chambres, au rez-de-chaussée. C'est dans ce bateau que nous sommes nés et vivons (*avec* ou *sans* l'espérance de trouver la terre) sur le bercement de l'eau, en voulant toujours flotter dans l'inconnu sous le ciel bleu clair que d'aller dans la voie des torrents. Lors du naufrage qui bientôt arrivera (car le bateau n'a pas de direction et il touchera un iceberg), les résidents des étages supérieurs sont-ils assurés d'avoir réservés leur sauvetage ?

Dans la cinquième partie de ce travail sur le temps mythique, les trois sections s'arrêtent d'abord sur la figure du cycle : a) la nostalgie de la Création : le mythe d'Adam et Ève ou le rappel du Paradis éternel chez Nietzsche et Cioran, b) l'éternel retour du même et la Résurrection (le mythe de Jésus Christ) chez Eliade, Nietzsche et Cioran. Dans un deuxième temps, nous avons montré a) Le mythe retrouvé/ ressuscité ou Bouddha, ou la beauté morale de l'existence et b) la négation mythique de l'être et de la vie : Sisyphe et le phénix constituent les deux aspects auxquels nous nous sommes arrêtés. Dans la troisième section, on a pu voir les figures mythiques enviées ou Le Mythe personnel (mythe du Déluge, mythe d'Atlas) et ensuite l'Apocalypse ou la déconstruction du monde. Tous ces héros mythiques (Atlas, Adam et Ève, Bouddha, Jésus, Sisyphe, Phénix) sont des héros chers à Cioran. C'est grâce à elles qu'on a pu comparer le monde ancien avec le monde actuel ; ces personnages représentent la création et la résurrection, la renaissance et la ténacité. D'autres sont des modèles à suivre (Bouddha pour le renoncement et sa philosophie comme action) ou des personnages à l'aide desquels la déconstruction du monde aurait été possible (Atlas, envié pour avoir eu la chance de détruire le monde trouvé sur ses épaules et Noé pour ne pas avoir noyé le monde pour plutôt le sauver dans son arche). Tous ces personnages mythiques nous apprennent que le mythe est l'élément primordial qui occupe la pensée cioranienne et c'est aussi le recours ultime et le modèle à suivre.

Le sixième chapitre était consacré à la dimension existentielle, à ce que nous avons appelé la vie. Ici, nous avons montré dans les quatre sections les définitions de la vie et du temps, la vie comme existence, la vie, durée temporaire chez Cioran, Bergson et Nietzsche, l'instant bergsonien et l'intensité de l'aphorisme, et la fuite de temps ou les possibilités existentielles.

La vie représentait la dimension la plus critiquée, car elle était le milieu propice pour que le je-cioranien sente, voie et compte les instants. Elle était ainsi pour Cioran une « maladie durable » (LL, 141) dont le sens était dérisoire : « La vie ne paraît avoir de sens que dans le sacrifice. Mais, ironie amère, le sacrifice nous la fait perdre » (LL, 141). Si pour Nietzsche la volonté de puissance détenait le rôle primordial dans la vie, pour Cioran il s'agissait d'autres qualités qui importaient d'abord : la connaissance et le savoir. La tragédie cioranienne venait du fait qu' « il ne peut vivre qu'au-dehors du temps », dans une existence fragmentée, décomposée et donc qu'il ne vit pas en fait, car : « [...] on ne peut *vivre* que dans le temps [...] » (CP, 370). La vie interagissait ainsi d'une part avec la joie : « la joie est le réflexe psychique de l'existence pure – d'une existence qui n'est capable que d'elle-même » (CP, 416), et de l'autre avec l'éternité « négative » : « vivre chaque jour plus qu'une éternité » (CP, 443).

Le discours sur la mort la présentait comme un phénomène qui nous renforce avant de nous détruire. Cette destruction impliquait, on s'en souvient, une transformation qui menait à la décomposition de l'être. Dans *La tentation d'exister*, l'essayiste précisait que l'homme était traversé par le temps, il était l'objet du temps, tandis que celui-ci était le sujet premier de l'homme et que la destruction de l'être était directement proportionnelle avec l'âge. Dans *Histoire et utopie*, la vie apparaissait comme « rupture, hérésie, dérogation » et l'homme était « hérésie au second degré » (HU, 1039). Même si l'existence était synonyme de l'affirmation de soi, la suprématie de la mort sur la vie restait l'idée circulaire de ce volume et de l'œuvre cioranienne. Dans *La chute dans le te*mps, le je-personnage s'individualisait ainsi par sa chute *a-temporelle*, dans une dimension inconnue : « Les autres tombent dans le temps ; je suis, moi, tombé du temps. [...] et c'est de l'impossibilité d'y pénétrer qu'est faite cette éternité négative, cette *mauvaise* éternité » (CT, 1156). Le temps qui s'écoulait était vu comme une « tare de l'éternité » (IE, 1346) ou comme une « forêt » : « J'ai toujours vécu avec la vision d'une immensité d'instants en marche contre moi. Le temps aura été ma forêt de Dunsinane » (IE, 1339). C'est dans ce volume que le je cioranien atteignait l'apogée dans sa quête de l'instant. Il voyait tout à coup le temps : « Mais *je vois* les heures passer – ce qui vaut mieux qu'essayer de les remplir » (IE, 1272), « Cet instant-ci, mieux encore, le voilà qui s'écoule, qui m'échappe, le voilà englouti [...]. Du matin au soir, fabriquer du passé ! » (IE, 1374). Cioran remettait en cause l'existence (« Vivre c'est perdre du terrain » [IE, 1330], la définissait comme « un accident » [IE, 1335]) et soulignait la tragédie humaine qu'impliquait cette irréversibilité du temps. C'est dans ce volume que Cioran montrait de façon plus détaillée, par la multitude des aphorismes, l'insignifiance/la déconstruction de la vie (le but de la vie est « dérisoire » [IE, 1376]) et par la suite, la souffrance d'être homme (« Il faudrait se répéter chaque jour : Je suis l'un de ceux qui, par milliards, se traînent sur la surface du globe. L'un d'eux, et rien de plus [...] » (IE, 1344) et paradoxalement son amour pour la vie (« Nul plus que moi n'a aimé ce monde [...] » IE, 1400).

L'éternité et l'instant ont constitué enfin le dernier chapitre de mon étude. Nous avons analysé 1) les définitions de l'éternité chez Cioran, 2) la composition et la décomposition de l'éternité, 3) éternité et christianisme, 4) l'amour de l'instant. Les définitions dysphoriques de l'éternité la présentait par opposition au temps (« la défaite complète du temps » LL, 175-176) en se confondant avec la musique : « De Mozart, nous pouvons apprendre en quoi consiste la grâce de l'éternité. Un monde sans temps, sans douleur, sans péché [...] (LL, 175-176). Cioran admirait l'éternité positive (qui « s'étend plus que le temps, elle ne s'identifie pas au temps, elle est composée de temps et d'autre chose, un temps prolongé ») au détriment de l'éternité « négative, fausse », où le temps est fragmenté. Plus loin, Cioran précisait que l'éternité négative revenait à l'existence dans la durée-espace où le moi était fragmenté, « éparpillé » et vivait dans l'espace. On a remarqué le fait que l'éternité « positive » était aussi la durée-pure bergsonienne. Caractérisé comme « voix du sang » et « voix du temps », le concept d'éternité devenait un instrument personnel, créé seulement dans notre pensée et qui impliquait le mouvement du corps et son énergie mouvante. Les caractéristiques de l'éternité s'amplifiaient, car celle-ci devenait une « *anémie* de l'esprit », donc un manque d'intelligence, de pensée et une « paralysie ». Elle se plaçait ainsi en relation inversement proportionnelle avec la vie. L'éternité était finalement une illusion regrettée, car elle « ne sera jamais pour nous qu'un mot et un regret » (TE, 907). Cioran niait toutefois l'éternité chrétienne (« l'éternité positive ? »), car c'était d'après lui, « vivre signifie croire et espérer - mentir et se mentir » (PD, 657). L'homme, « poussière éprise de fantômes », ressemblait finalement à un « chevalier de la Triste figure » (PD, 621).

Dans la section suivante, une lecture du *Livres des Leurres*, Cioran soulignait l'intensité de l'instant et il nous invitait à profiter de cette éternité négative vécue dans l'instantanéité du moment. L'éternité positive était perçue comme indifférente et sans importance à cause de son absence, de son inaccessibilité et de sa nostalgie. Pour cela, l'essayiste voulait se confondre avec l'éternité négative et sentir l'existence comme « un élan mélodieux et une communion universelle chaude et sonore » (LL, 114) où « dans mon océan intérieur, coulent autant de larmes que de vibrations qui ont immatérialisé mon être » (LL, 115). L'apogée de cette communion représentait l'« instant absolu » : « *L'instant absolu de notre existence …* commence quand la lumière en nous triomphe des ombres (LL, 181). Le Nirvana était pour Cioran l'apogée de l'extase.

La construction et la déconstruction des temps historique, mythique, existentiel et éternel traversent ainsi toutes les œuvres de mon corpus. La seule dimension utilisée de manière positive et admirée par Cioran reste le mythe, dont les héros (Jésus, Bouddha, Prométhée) et les personnages mythologiques (Phénix, Sisyphe, Atlas, Ulysse) représentent des modèles à suivre dans la vie quotidienne. Le mythe sauve d'ailleurs l'humanité et rachète son histoire. Le retour aux origines, même avant la naissance, est le grand but cioranien, le trajet à rebours par le biais duquel il voudrait rejoindre l'éternité mythique.

276

De toutes les dimensions analysées, on observe que Cioran ne s'intéresse en général ni à la durée, ni au temps, ni à l'éternité, ni à la vie. La vie en soi est détruite et méprisée et sa durée est déconstruite ; l'essayiste préfère la durée pure de l'instant, qui vaut « plus qu'une éternité » ; c'est dans l'instant qu'il trouve la durée pure bergsonienne, la vie comme une mélodie.

Cioran s'intéresse alors plutôt à la mort volontaire et involontaire nietzschéenne et à l'instant bergsonien. Pour lui, la vie représente l'« Apocalypse quotidienne » (CP, 409), là où il est arrivé par accident et à laquelle il renonce après l'avoir tant aimée, avec le regret de ne pas avoir la force innée pour la combattre. Les seuls moyens de cette lutte sont le rire et l'écriture (aphoristique). La vie n'est pas en mesure de relever le je-cioranien de sa chute, elle ne lui apporte en échange que le désespoir. Les va-et-vient du quotidien ne font que renforcer ce sentiment de mépris. Dans toutes ses œuvres, Cioran semble attendre toujours autre chose de cette vie, un signe qui puisse changer son attitude critique. Il ne renonce jamais à son espérance. La chute dans l'instant, dans cette autre dimension de l'aphorisme, lui fait voir les choses clairement et le transforme en un *autre,* un maître lucide qui juge le monde d'après les règles des moralistes français comme Pascal et Montaigne ; cette existence intense avec ses oscillations dans le passé ou dans l'avenir fait vivre l'instant au maximum.

Chez Cioran, la plupart du temps, la conscience du je-personnage est repoussée (par le biais de la mémoire) dans le passé, vers l'enfance. Ce retour à l'origine suppose la décomposition de l'être : « notre moi s'éparpille ; notre passé, qui jusque-là se ramassait sur lui-même dans l'impulsion indivisible qu'il nous communiquait, se décompose en mille et mille souvenirs qui s'extériorisent les uns par rapport aux autres (EC, 202-203). Cet état d'âme caractérise la plupart de ses aphorismes. La mémoire reste donc plus forte que la volonté : si la volonté demande un accord de la part de l'être humain, la mémoire n'en demande aucun, elle est autonome, en se manifestant involontairement et en renvoyant l'être dans le passé. Même si le je-cioranien fait des efforts extraordinaires pour rester dans le présent, pour s'en tenir à l'instant, la mémoire le renvoie toujours dans le passé. Il s'agit d'une lutte entre mémoire et instant, où la mémoire détient le contrôle final. Pour Grigore-Mureșan, « la mémoire rend possible la répétition rituelle des gestes archétypaux en faisant recourt aux images et aux symboles – il se sauve mentalement du désespoir/ regagne son équilibre et retrouve le chemin de la Rédemption » (Grigore-Mureșan : 128). Elle joue un rôle instructif, comme Cioran le disait, « elle nous aide à regretter » (MD, 1237) ou elle est un juge qui fait fructifier le présent.

Ainsi, l'être cioranien vacille décomposé, malade avec de rares étincelles de lucidité, qui témoigneraient d'un être total. Il devient un « malade imaginaire » moliéresque qui rêve à un voyage à rebours, à l'origine de l'histoire et pour qui le retour au passé vaut tout tandis que la lumière du futur est éteinte. Tout comme la toile d'un peintre roumain précurseur (Ștefan Luchian 1868-1917), le paysage que Cioran exprime est peint de plusieurs nuances de gris et de noir.

Cioran représente ainsi la symbiose médiatique entre le monde ancien et le monde moderne, comme un acteur qui joue un rôle dans une pièce de théâtre (le « citoyen tourmenté » de I.L. Caragiale (1852-1912), dramaturge roumain dont la pièce porte le même titre et qui répétait sans cesse les mots : « mais moi avec qui je vote ? ») entrant sur scène et répétant sans cesse des fragments anciens de la pièce (sur son enfance et sur son passé), en se rappellent de temps en temps certains passages inédits ; il se repent d'être obligé de sortir de la scène si vite et donc de ne pas rester jusqu'à la fin de la pièce (en regrettant de ne pas pouvoir assister au spectacle apocalyptique de l'humanité). L'aphorisme, cette forme d'écriture fragmentaire, est aussi une approche formelle et philosophique par laquelle Cioran répond à l'incohérence de la vie : d'une manière facile (par la forme) mais philosophique et ironique (par son contenu).

Cioran est un joueur ironico-sceptique amoureux d'instant et de musique, les seuls qui puissent le sauver de la vie, du temps, de l'histoire, de la durée. Même si son choix était de vivre dans l'instant, il n'était toujours pas libre, tous ses actes étaient déterminés (dans son cas par la mémoire) ; même s'il arrête le cours de l'histoire en regrettant au maximum l'écoulement de chaque instant, il reprend toujours le chemin qui le fait avancer dans le temps, dans l'histoire, et il ne peut pas y échapper. La liberté est la condition de la création. Comment vivre seulement dans l'instant présent quand le passé nous attire et que le futur nous menace ? Par conséquent, il n'y a pas de création dans la pensée cioranienne, seulement une lutte contre le temps, contre la mémoire à la faveur des instants.

Cette étude montre dans ses sept chapitres l'attachement de Cioran au temps et parallèlement son drame personnel, le fait que l'essayiste se situe « en dehors du temps », bien qu'il ne puisse vivre que « *par* le temps ». Cette existence suppose un double aspect : d'abord, c'est le temps qui représente le je-narrateur et il ne peut/veut s'en débarrasser (comme la mère de ses enfants) et d'autre part ce je-narrateur ne peut vivre que dans des morceaux de temps, comme si la temporalité était un labyrinthe où le narrateur ne cessait de se cacher. Même si le je-personnage évolue parfois dans le passé ou dans le futur (par le biais de la mémoire), « tombé du temps », « à côté » du temps ou « en attente », il ne pourra jamais se débarrasser de la vie et l'obsession de l'instant caractérise son identité dans toutes ces dimensions temporelles. Cette durée pure qu'est l'instant caractérise non seulement la vie, mais aussi le mythe, l'histoire et l'éternité, car elle trouve sa place dans chacune.

279

Si, pour Cioran, au début de sa jeunesse, la souffrance a été provoquée par la perte du paradis qu'était Coasta Boacii, son village natal, et par son exil à Paris, c'est le je-cioranien qui la cherche ensuite (par son exil à Paris) toujours et qui se manifeste dans le regret, car elle lui donne la force de vivre intensément le temps et le rend heureux dans l'éclat d'un « éternel présent ». La souffrance devient la cause et la condition du sentiment temporel, comme Cioran le déclare « La souffrance vous fait vivre le temps en détail, instant après instant » (MD, 1232).

Par sa recherche assoiffée du mythe, Cioran est le double imparfait d'Ulysse ; tout comme Madalina Grigore-Murcşan l'affirme, « chaque exilé est un Ulysse en route vers Ithaque. Toute existence réelle reproduit l'Odysée » (Grigore-Mureşan : 104). Cioran est cependant un contre-Ulysse or un Ulysse à l'envers, car il n'a pas pour but de chercher quoi que ce soit dans la vie. Par contre, il démontre que, même si on est sans but, la fin est pareille : « qu'on réussisse ou qu'on ne réussisse pas, tout revient au même » (IE, 1309). Après tant d'aventures malheureuses dans la vie, toujours sauvé par l'instant, tout comme Ulysse par Circé, il trouve comme Ulysse la mort ; son sauvetage est donc de courte durée car la vie n'aura été qu'une odyssée vers/de la mort. Cette mort est donc un renouvellement, un changement de condition qui paradoxalement se réalise grâce à la répétition. C'est par le biais du mythe que la répétition constituait la condition de l'épanouissement dans la vie. Le passage du temps devient « une régression vers la renaissance, une reconquête des étapes de l'existence. Mourir, vivre, souffrir et naître seraient les moments de cette évolution renversée » (LS, 291). Cioran imagine ainsi la vie composée de trois étapes : la naissance, la souffrance et la mort. Jumeau imparfait de Jésus et de Zarathoustra, Cioran vit dans la métempsychose, dans des dimensions temporelles différentes et des temps différents, il a la volonté de puissance de connaître tout le monde et tous les temps, il est celui qui n'a pas peur de rivaliser avec Dieu.

Qu'est-ce que la vie quand on a tout perdu ? se demandait la sorcière dans le film *La trame des trônes*/*Game of thrones*[7] de David Benioff et D.B. Weiss dont la maison a été brûlée, dont l'enfant a été tué de ses mains et qui a été violée trois fois. De même, Cioran présente exactement la vie après avoir tout perdu : ce sont des milliers de fragments vécus dans leur intensité maximale ; il n'y a rien à perdre, il suffit de vivre en toute liberté. Mais, à l'opposé de la sorcière qui se vengera sur Khalissa en tuant son enfant dès sa naissance, même avant que sa mère le voie, Cioran propose dans ses écrits une attitude d'indifférence, d'humour. Son monologue intérieur serait : je n'ai rien à perdre après avoir perdu tant de choses, ou, les choses que je vais perdre n'ont pas la valeur de celles que j'ai perdues. Elles ne sont plus intéressantes, je prends tout en dérision, je réponds négativement à la vie pour démontrer mon pouvoir de liberté, je l'aime, mais je pense qu'elle ne m'aime pas, car elle n'a pas de place pour moi…, je lui offre ces aphorismes comme un cadeau de mon être fragmenté, décomposé qui rêve toujours à l'instant !

On peut dire finalement, malgré tout son effort d'exister dans l'instant, dans le présent et d'éviter le passage du temps que Cioran vit dans l'espace, car il se rattache toujours ou au passé, par le biais de sa mémoire, ou au futur, par ses prédictions. Vivre « hors de son temps, en anachorète » (David, 2006 A : 74) n'est pas un style de vie qui mène à la réussite. Si la vie et l'histoire sont des tares, le mythe ne l'est pas. Après avoir nié l'éternel retour et le progrès, l'essayiste explique qu'il nous reste la résignation (AA, 1711).

---

[7] Une adaptation de l'ouvrage *A song of ice and fire*, de George RR.Martin ; *La trame des trônes/Game of Thrones*, de David Benioff et D.B. Weiss avec Sean Bean, Lina Headey, Mark Addy, Michelle Fairley, Emilia Clarke, Peter Dinklage ; Une saison diffusée sur HBO (deuxième saison en cours d'écriture) ; www. canard-peinard.info/.../Game-of-Thrones,-de-Davi.

Bergson est fondamental pour la compréhension de l'œuvre cioranienne et plus précisément pour expliquer l'existence dans « l'immédiat », l'instant comme durée pure, situé hors du temps, le déterminisme incontournable. On trouve ainsi plus de ressemblances que d'oppositions (l'ordre de la mémoire) entre ces deux penseurs. Nietzsche, d'autre part, restera à une certaine distance, une lecture à laquelle Cioran s'oppose souvent (au surhomme, à l'identité éternité/temps), qu'il complète parfois ou avec laquelle il s'accorde rarement. Ainsi, beaucoup plus affilié à l'école bergsonienne et bouddhiste (au renoncement, à la vie comme mouvement) qu'à l'école nietzschéenne, Cioran manifeste un intérêt pour leurs idées, mais il arrive finalement à renoncer à tous ces philosophes, car aucun ne le représente vraiment : il quitte Bergson à cause de son désintérêt envers le tragique, il ne se retrouve plus dans le bouddhisme et Nietzsche ne l'attire plus. Il trouve sa consolation en soi, dans ses pensées ; comme un météore tombé d'un autre monde, l'essayiste roumain a créé un cercle mystique étroit, entouré d'instants, de souffrance et d'aphorismes, en dehors du temps. Sa tactique est de maîtriser et regarder le monde à distance, sans implication directe. Il est le spectateur d'une Joconde intouchable mais critiquable. Ses aphorismes deviennent ainsi les cris de bonheur ou de souffrance, à la vue d'une œuvre d'art (la vie) intouchable mais admirée pour laquelle il ne recommande pas la lutte, mais le renoncement.

On en conclut que ces quatre dimensions temporelles (l'histoire, le mythe, la vie, l'éternité) sont toujours mises en équilibre, avec des arguments et contre-arguments qui démontrent leur valeur et /non-valeur ; mais la balance incline vers le bas, donc vers la négative. La religion est un mensonge, la mort n'est pas exactement définie, on vit dans l'éternité négative, l'histoire est âprement critiquée, le mythe est la rédemption de l'existence.

La mémoire régressive et le désordre des souvenirs contribuent à la désagrégation de l'être cioranien. La soif de la liberté dépasse les barrières d'un scepticisme inné et trouvera son repos dans l'instant. L'originalité de Cioran réside dans l'existence libre à l'intérieur d'une vie déterminée, dans une éternité positive issue de l'éternité négative. L'essayiste fait de l'espace la dimension paradisiaque de la durée pure, de l'instant. Il ne semble plus posséder la volonté de puissance nietzschéenne (qu'il a ressentie en rentrant d'Allemagne et en voulant participer à la transfiguration de la Roumanie), mais plutôt une volonté d'im-puissance dans l'existence, qui le mène seulement à une transfiguration de soi, à un sous-homme et non au Surhomme.

On voit finalement que cette attitude envers l'histoire, le mythe, la vie et l'éternité et le voyage médiatique de cet écrivain moderno-archaïque, tantôt créateur, tantôt destructeur, tantôt libre, tantôt déterminé, situé entre deux mondes, est déterminée par son passé (soit roumain, soit fasciste, soit français), sa culture et les amis rencontrés. Le rôle négatif, malfaisant du passage du temps est une conséquence de cet amour pour le paradis d'autrefois, à jamais perdu. L'être n'est qu'un produit de son passé et de ses faits, car le passé nous accompagne toujours dans le subconscient.

Cioran vit ainsi comme un « homme arrêté, métaphysiquement, et non historiquement parlant » (*Entretiens*, 43), annihilé par la musique de l'âme dans les instants qu'il regarde et essaie de capter, ébloui par les mythes paradisiaques. Même si le je cioranien vit dans l'espace ou dans le temps, (jamais dans les deux à la fois), s'il est un être total ou décomposé, ces états d'âme vécus représentent quand même pour lui sa thérapeutique temporelle et spatiale. Cet exercice de composition et décomposition le mène finalement à la création : musicale, aphoristique, mythique.

Cette œuvre complexe doit être comprise dans le contexte historique de son siècle, et jamais au-delà : « on doit régresser dans le temps et dans l'histoire de Cioran [...] ; ce retour à l'origine est la condition nécessaire pour pouvoir encadrer l'auteur dans son espace et dans son époque et pour comprendre la personnalité et l'œuvre d'un auteur de son temps » (Ghinea-Vrancea : 99), comme l'explique Simion Ghinea-Vrancea. Tout comme le phénix, Cioran est mort, mais il est ressuscité dans l'écriture. Son message de vivre l'instant et de renoncer à tout est adressé à ses frères, les Roumains, pour lesquels il souffre. Pour lui, la création de cette grande œuvre littéraire et aphoristique n'aurait pas été possible sans avoir abandonné son pays d'origine et avoir eu le courage de recommencer la vie à partir de rien. La création n'est possible que par le sacrifice, sans renoncer à tout, selon l'enseignement du Bouddha.

BIBLIOGRAPHIE

Œuvres de Cioran

Cioran, Emil. *De l'inconvénient d'être né*. Paris : Gallimard, coll. « Folio Essais », 1983.

Cioran, Emil. *Le Crépuscule des pensées*, traduit du roumain par Mirelle Patureau-Nedelco, revue par Christiane Frémont, Paris : L'Herne, coll. « Livre de Poche », 1991.

Cioran, Emil. *Œuvres.* Traduites par André Vornic, revue par Christiane Frémont, Paris : Gallimard, coll. « Quarto », 1987.

Cioran, Emil. *Précis de décomposition*. Paris : Gallimard, coll. « Tel », 1949.

Cioran, Emil. *La conscience comme fatalité*. Commenté par Carmen-Ligia Rădulescu, Bucureşti : Récif, 1994.

Cioran, Emil. *À l'Orée de l'existence*. Paris : Marchant Ducel, 1985.

Cioran, Emil. *L'ami lointain*. Paris-Bucarest (en collab. avec Constantin Noica), Paris : Criterion, 1991.

Cioran, Emil. *Ţara mea/Mon pays*. Bucarest : Humanitas/Gallimard, 1996.

Cioran, Emil « La tragédie des petites cultures » trad. du roumain par Alain Paruit. Dans *Seine et Danube*, n° 1. Paris : L'Esprit des Péninsules, 2003, 25-59.

Œuvres de Nietzsche

Nietzsche, Friedrich. *Ainsi parlait Zarathoustra.* Traduction de l'allemand par Maurice Betz, présenté par Henri Thomas, Paris : Le livre de poche, coll. « nrf », 1963.

Nietzsche, Friedrich. *Humain trop humain*. Traduit de l'allemand par Robert Rovini, Paris : Gallimard, coll. « Folio Essais », 1988, vol.1.

Nietzsche, Friedrich. *Humain trop humain*. Traduit de l'allemand par Robert Rovini, Paris : Gallimard, coll. « Folio Essais », 1988, vol. 2.

Nietzsche, Friedrich. *Généalogie de la morale*. Paris : Mercure de France, 1913.

Œuvres de Bergson

Bergson, Henri. *Essai sur les données immédiates de la conscience*. Paris : Quadrige/Presses Universitaires de France, 1929.

Bergson, Henri. *L'évolution créatrice*. Paris : Presses Universitaires de France, 1966.

Bergson, Henri. *Les deux sources de la morale et de la religion*. Paris : Quadrige/ Presses universitaires de France, 2008.

Bergson Henri. *Durée et simultanéité*. Paris : Quadrige/ Presses universitaires de France, 2009.

Bergson, Henri. *Matière et Mémoire. Essai sur la relation du corps à l'esprit*. Paris : Félix Alcan, 1919.

Œuvres d'Eliade

Eliade, Mircea. *Aspects du mythe*. Paris : Gallimard, coll. « Nouvelle Revue Française », 1963.

Eliade, Mircea. *Le mythe de l'éternel retour. Archétypes et répétition*. Paris : Gallimard, coll. « Idées », 1969. (A)

Eliade, Mircea. *Sacré et profane*. Paris : Nouvelle Revue Française, 1969. (B)

Ouvrages et articles critiques

Anfrey, Jean-Pascal. « La théorie du temps chez Leibnitz ». *Le temps* (sous la direction d'Alexandre Schnell), Paris : Librairie philosophique J.Vrin, 1971, 92-113.

Adam, Christian. « Cioran, le fanfaron de l'incurable ». *Critiques libres* [En ligne]. 12 janvier 2008, http://www.critiqueslibres.com/i.php/vcrit/15795 (Page consultée le 20 juillet 2009).

Afrasinei, Gina. « Emil Cioran. Discursul metafizic : Prolegomene la un discurs metafizic de dezvrajire a lumii » [En ligne]. p.35. http://www. poezie.ro/index.php/essay/218102/index.html (Page consultée le 12 février 2008).

Augustin, Saint. *Confessions*. Traduction d'Arnauld d'Andilly, Paris: Gallimard, 1993.

Authier, Jacqueline. « Paroles tenues à distance ». Dans *Matérialités discursives*, Paris : Presses universitaires de Lille, 1981. 127-142.

Balan, George. *Emil Cioran. La lucidité libératrice*. Paris : Josette Lyon, coll. « Les maîtres à penser du XXᵉ siècle », 2003.

Bejenaru, Ludmila. « The Metaphysics of Music at Schopenhauer and Cioran » [En ligne]. (19 janvier 2009) p.7 http://international-journal-of-axiology.net/articole/nr5/art05.pdf (Page consultée le 20 août 2009).

Benveniste, Émile. *Problèmes de linguistique générale*. Paris : Gallimard, 1966.

Bible de Jérusalem. Québec : Iris, 1992.

Blanc, Élie. *Dictionnaire de philosophie ancienne, moderne et contemporaine*. New York : Burt Franklin, 1972.

Bobillot, Jean-Pierre. Notes du cours de stylistique. Université de Grenoble, 2002-2004.

Boillot, Hervé. *Petit Larousse de la philosophie*. Mame à Tours : Larousse, 2007.

Bollon, Patrice. *Cioran l'hérétique*. Paris : Gallimard, coll. « Nouvelle Revue Française », 1997.

Bollon, Patrice. Dossier : « Cioran, aristocrate du doute ». *Magazine Littéraire*. no. 327, Paris : décembre, 1994.

Bretonneau, Gisèle. *Création et valeurs éthiques chez Bergson*. Paris : Société d'Éditions d'Enseignement Supérieur, 1975.

Brunschvicg, Léon. *Le progrès de la conscience dans la philosophie occidentale*. Paris : Presses Universitaires de France, 1953.

Buciu, Marian-Victor. « Cioran et la fin de l'histoire » trad. du roumain par Alain Paruit. Dans *Seine et Danube*, n° 1. Paris : L'Esprit des Péninsules, 2003, 75-82.

Cahn, Zilla-Gabrielle. « Suicide in the work of Albert Camus and Emil Cioran : a question of nihilism », dans *Suicide in French thought from Montesquieu to Cioran*, coll. « *Studies in the humanities* ». Vol. IV, New York : P. Lang, 1999, chap.8.

Calinescu, George. *History of the Romanian literature*. Milan : UNESCO-Nagard Publ., 1988.

Camus. Albert. « Le mythe de Sysiphe ». paragr. 5, wxy. pagespersoorange.fr/.../le%20mythe%20de%20sisyphe.html, consulte le 20 juin 2011.

Cantemir, Dimitrie. *Metafizica*. Bucureşti, 1929.

Cattin, Yves. *Les grandes notions philosophiques*. vol 4. *Métaphysique et religion*. Paris : Éditions du Seuil, 1997.

Cavaillès, Nicolas. *Le corrupteur corrompu : Barbarie et méthode dans l'écriture de Cioran*. Paris : Éditions Le Manuscrit, 2005.

Cavaillès, Nicolas. *L'épreuve du Précis de décomposition. Émile Cioran et la langue française*. Lyon : Université Jean Moulin, 2003.

Cervantes, Saavedra Miguel de. *Don Quichotte de la Manche*. Paris : Fernand Nathan, 1981.

Chenique, François. *Eléments de logique classique*. Paris : L'Harmattan, 2006.

Chevalier, Jean et Gheerbrant Alain. *Dictionnaire des symboles*. Paris : Éd. Seghers, 1973.

Chevalier, Olivier. « Une lecture rhétorico-syntaxique des aphorismes en français de Cioran ». Thèse de littérature française, Université Paris IV, 1998.

Coja, Ion. « Emil Cioran si Holocaustul din Romania ». *Curentul International* [En ligne] (6 juillet 2009) *curentul.net/.../emil-cioran-si-holocaust... – Roumanie* (Page consultée le 10 juin 2010). (pages similaires).

Compte-Sponville, André. « Marcel Conche avec et contre Nietzsche ». Revue philosophique. 39-47.

« Correspondance de Cioran, Dieter Schlesak, et Linde Birk Schlesak ». *Observator*. [En ligne] no 22-23, Constanta (7 mars 2000). http : asalt.tripod/a_019_cioran.htm (Page consultée le 16 juillet 2010).

David, Sylvain. *Cioran. Un héroïsme à rebours*. Montréal : Presses de l'Université de Montréal, coll. « Espaces littéraires », 2006. (A)

David, Sylvain. « ''Héros négatifs'' et communauté(s) du refus dans l'œuvre de Cioran », *@nalyses* [En ligne]. Dossiers. Héroïsme et littérature. Héros sartriens et anti-sartriens. Mis à jour le : 03/04/2006. http://www.revue-analyses.org/index.php?id=83. (B).

Deleuze, Gilles. *Différence et répétition*. Paris : Presses Universitaires de France, 1968.

Deleuze, Gilles. *Nietzsche et la philosophie*. Paris : Presses Universitaires de France, 1962.

Demars, Aurélien. « Le pessimisme jubilatoire de Cioran ». Thèse de doctorat en Philosophie s.dir. de Michel Jarrety, Université Jean-Moulin Lyon 3. [En ligne]. 500 pages. theses.univ-lyon3.fr/documents/getpart.php?id=1522&action=pdf http://asalt.tripod.com/a_019_cioran.htm.

Dodille, Norbert et Gabriel Liiceanu. *Lectures de Cioran*. Paris : L'Harmattan, 1997.

Dumas, Marc. « Le rien et Dieu chez Cioran ». In *L'épreuve du rien*, coll. « *Théologiques* » [En ligne]. Vol. 4, n° 2 (octobre 1996), pp.83-98. http://id.erudit.org/iderudit/602441 (Page consultée le 10 juillet 2009).

Dumont, Jacques et Philippe Vandooren. *La philosophie. De facticité à Noumène*. Les dictionnaires Marabout, Université Savoir Moderne-Histoire, Paris : Gérard & Cie, 1972, vol. 2.

Dussiaume, Denis. *Durée et liberté* dans « L'essai sur les données immédiates de la conscience ». Thèse de maîtrise - l'Université de Montréal, 1967.

Eminescu, Mihai. *Poezii*. Bucureşti : Editura Librariei, 1884.

Eschyle. *Promethée enchaîné*. Paris : Hatier, 1965.

Euripide. *Medée*. Paris : Éditions Kimé, 2009. Fink, Eugène. *La philosophie de Nietzsche*. Traduit par A. Hildenbrand et A. Lindenberg, Paris : Minuit, 1965.

Fontanier Pierre. *Les figures du discours*. Paris : Flammarion, 1977.

Gaudin, Philippe. *La religion de Nietzsche*. Paris : Les Éditions de l'Atelier / Éditions ouvrières, 2008.

Gauvin, Mathieu. « Décadence et décomposition : Les paradoxes de Cioran ». *Phares* [En ligne] Université Laval. Vol. 3- 2005, p.7. http://www.ulaval.ca/phares/vol3-hiver03/texte08.html (Page consultée le 28 août 2009).

Ghinea-Vrancea, Simion. *Mircea Eliade şi Emil Cioran in tinereţe*. Bucureşti : Ed. Elisavaros, 1998.

Grigore-Muresan, Madalina. *E.M. Cioran : les rêveries d'un sceptique* dans « La « terreur de l'histoire » dans l'imaginaire littéraire du XXᵉ siècle. Études de quelques aspects des œuvres d' A. Camus, de E.M. Cioran, E. Ionesco et René Char à la lumière des écrits de M. Eliade », thèse de doctorat, s. dir. de Georges Cesbron, Université d'Angers, Paris : Villeneuve-d'Ascq, ARNT/ Presses Universitaires du Septentrion, coll. « Thèse à la carte », 1999.

Grigoruţ, Mihai. « L'écriture de la mort chez Émile Cioran » thèse de maîtrise, Université McMaster, 2000.

Grimal, Pierre. *Dictionnaire de mythologie grecque et romaine*. Paris : Presses Universitaires de France, 1963.

Gruzinska, Aleksandra. (Anti-) Semitism 1890/1990s : Octave Mirabeau and E.M.Cioran. *Rocky Mountain Revue of Language and Literature*. [En ligne]. Rocky Mountain Modern Language Assosciation. vol.55, Nᵒ 1 (2001). pp. 13-28. http://www.jstor.org/stable/1348152.

Guerne, Armel. *Lettres de Guerne à Cioran, 1955-1978*. Paris : Le Capucin, coll. « Lettres d'hier et d'aujourd'hui », 2001.

Guerrini Jean-Claude. « Vision du temps. Cioran analyste de la réaction, de l'utopie et du progrès » in *Mots. Les langages du politique*. [En ligne]. Lyon : Éditions ENS, Mars 2002. Nᵒ 68. pp. 20-37. http:// mots.revues.org/index6093.html (Page consultée le 12 juillet 2009).

Hamilton, Edith. *La mythologie. Ses héros, ses dieux, ses légendes*. Alleur (Belgique) : Marabout, 1997.

Herschberg Pierrot, Anne. *Stylistique de la prose*. Paris : Éditions Belin, 1993.

Homère. *Iliade*. Paris : Belles lettres, 1998.

Homère. *Odyssée*. Paris : Belles lettres, 2001.

Israël Natasha. *Les figures du déni* [En ligne]. p.10. http : www.cahiers-ed.org/ftp/cahiers2/ED_Cahiers_2_mai_2005_ (Page consultée le 9 avril 2010).

Huston, Nancy. *Professeurs de désespoir*. Arles : Actes sud, 2005.

Jaccard, Roland. *Cioran et compagnie*. Paris : Presses Universitaires de France, 2005.

Jarrety, Michel. *La morale dans l'écriture : Camus, Char, Cioran*. Paris : Presses Universitaires de France, coll. « Perspectives Littéraires », 1999.

Jaspers, Karl. *Les grands philosophes*. Paris : Plon, 2009.

Jaudeau, Sylvie. *Cioran ou le Dernier Homme*. Paris : José Corti, 1990. (A)

Jaudeau, Sylvie. *Entretiens avec Emil Cioran*. Paris : José Corti, 1990. (B)

Johnston-Zarifopol, Ilinca. *Searching for Cioran*. Bloomington : Indiana University Press, 2008.

Kant, Emmanuel. *Critique de la raison pure*. Traduction, présentation et notes par Alain Renaud, troisième édition corrigée, Paris : G-F Flammarion, 2006.

Kersaudy, Gilles. Professeur à l'Université de Nantes. Conférence sur « Littérature et philosophie » présentée à l'Université de Waterloo, octobre 2011.

Kluback William et Michael Finkenthal. *The temptation of Emil Cioran*. New York : Peter Lang, coll. American University Studies, series II, Romance Languages and Literature, vol. 221, 1997.

Kremer-Marietti, Angèle. *L'homme et ses labyrinthes*. Paris : Union Générale d'Éditions, 1972.

Laignel-Lavastine, Alexandra. *Cioran, Eliade, Ionesco - L'oubli du fascisme*. Paris : Presses Universitaires de France, 2002.

Ledure, Yves. *Nietzsche et la religion de l'incroyance*. Paris : Desclée et Cie, 1973.

Lefebvre, Michelle. « L'expérience de la liberté selon Bergson », thèse de maîtrise, Université de Montréal, 1964.

Leibniz, Gottfried, Wilhelm, Freiherr von. *Œuvres*. Paris : Charpentier, 1846.

« Lettre à Dieter Schlesak ». *Cahier Benjamin Fondane.* n° 6, Jérusalem : Les amis de Benjamin Fondane, 2003.

« Lettre de Cioran du 22 juin 1985 ». *Romania Libera.* no 406, Bucureşti : 25-26 mai, 1991.

« Lettres choisies de E. M Cioran ». *Magazine littéraire,* no 327, Paris : décembre, 1994.

Liiceanu, Gabriel. *Itinéraires d'une vie : E.M. Cioran suivi de Les continents de l'insomnie.* Paris : Michalon, 1995.

Loessin, Jon K. « Cioran and the Worship of Apocalypse » [En ligne]. Dallas: Wharton County Junior College, march 2007, pp.44-51. http://envirecon.com/ASSR%20Proceedings%202007.pdf#page=49 (Page consultée le 12 septembre 2009).

Machiavelli, Niccolo. *Le prince et autres textes* (traduit de l'italien par Ranger Philippe). Paris : Union Générale d'Éditions, 1962.

Mantoy, Jacques. *Les 50 mots-clés de la philosophie contemporaine.* Toulouse : Édouard Privat, 1971.

Marcu, Ionut. « Opera et metafizica la Emil Cioran » [En ligne]. p.7. www.Ionutmarcu.home.ro/ref2 html (Page consultée le 12 juillet 2009).

Maritain, Jacques. *La philosophie bergsonienne.* Paris : Librairie Marcel Rivière, 1930.

Mateoc, Florica. « E.M.Cioran et la France ». In Université Oradea, Roumanie, [En ligne]. p.10. http://eduep.uepb.edu.br/sociopoetica/publicacoes/v1n1pdf/10%20Florica%20Mateoc.pdf (Page consultée le 28 août 2009).

Mayer, François. *Bergson.* Paris : Bordas, 1985.

Mersch, Corina. « Cioran ou la *victoire* du métèque », *Seine et Danube,* no 1, Paris : L'esprit des Péninsules, 2003.

Miroiu, Mihaela, et Adrian-Paul Iliescu. *Manuel de philosophie.* Bucureşti : Editura didactica si pedagogica, 1994.

Mitroiu, Simona. « L'histoire comme résultat du jeu entre la mémoire et l'oubli ». *Cultura. International Journal of philosophy of culture and Axiology.* [En ligne] no 9 (2008). p.27 http://international-journal-of-axiology.net/articole/nr5/art07.pdf (Page consultée le 21 août 2009).

Modreanu, Simona. *Cioran,* Paris : Oxus, coll. « Les étrangers de Paris », 2003. (A)

Modreanu, Simona. « Cioran ou l'ironie comme stratégie du refus...de Dieu », thèse de doctorat, s. la dir. d'A. Calinescu, B. Sarrasin, Paris : Villeneuve d'Ascq, Presses Universitaires du Septentrion, coll. « Thèse à la carte », 1999.

Modreanu, Simona. *Le Dieu paradoxal de Cioran*. Paris : Éditions du Rocher, 2003. (B)

Molière, *Œuvres complètes*, Paris : Flammarion, 1965.

Moret, Philippe. « Cioran et le travail de la pointe » dans Philippe Moret, dir, *Tradition et modernité de l'aphorisme* : *Cioran, Reverdy, Scutenaire, Jourdan, Chazal*. Genève : Librairie Droz, 1997, 222-255.

Morfaux, Louis-Marie. *Vocabulaire de la philosophie et des sciences humaines*. Paris : Armand Colin, 1980.

Mutti, Claudio. *Les plumes de l'archange, Quatre intellectuels roumains face à la Garde de fer Nae Ionescu, Mircea Eliade, Emil Cioran, Constantin Noica*. Chalon -sur-Saône : Éditions Hérode : traduit de l'italien par Philippe Baillet, 1993.

Mutin, Rachel. « Cioran ou le sujet écartelé ». *Dogma* [En ligne]. p.10. http://dogma.free.fr/txt/RM-CioranSujetEcartele.htm (Page consultée le 12 février 2009).

Nepveu, Pierre. « Cioran ou la maladie de l'éternité ». *Études Françaises*. vol. XXXVII, n° 1, 2001, 11-21.

Onfray, Michel. *Cynismes, portrait du philosophe en chien*. Paris : Grasset, 1990.

Paré, François. « Temps et digression dans les Pensées de Pascal », *Études françaises*, vol. 37, n° 1, 2001, 67-81.

Parfait, Nicole. *Cioran ou le défi de l'être*. Paris : Desjonquères, coll. « La mesure des choses », 2001.

Paruit, Alain. « Cioran inédit ». *Seine et Danube*, n° 1. Paris : L'Esprit des Péninsules, 2003. pages

Petit, Jean-Claude. « Rien ». *L'épreuve du rien*. [En ligne] (Université de Montréal, Coll. « Théologiques »). vol. 4, n° 2, pp.3-10 http : //id.erudit.org/revue/theology/1996/v4/602437ar.pdf (Page consultée le 28 août 2009).

Petreu, Marta. *An infamous past: E.M. Cioran and the rise of fascism in Romania*. Traduit par Bogdan-Aldea. Chicago : Ivan R. Dee, 2005.

Petreu, Marta. *Cioran sau un trecut deocheat*. Iaşi : Polirom, 2011.

Petreu, Marta. « Spengler et Cioran : des philosophies parallèles », trad. du roumain par Alain Paruit. *Seine et Danube*, n° 1, Paris : *L'esprit des péninsules*, 2003, 61-74.

Pillet, Stéphanie. « L'Essoufflement de la rancune : Cioran, les intellectuels français et l'Amérique ». *Lingua Romana* [En ligne]. Vol. 2, n° 1, automne 2004. p.12. http://linguaromana.byu.edu/pillet.html (Page consultée le 28 février 2009).

Popescu, Nicolae. « L'écriture du crépuscule chez Emil Cioran », New Haven : Yale University Press, Thèse (PhD) d'Études françaises, 1993, http : //www.thesesbrain.univ-lyon3.fr…/notice.xsp, 16 mai 2009.

Porte, Yann. « Cioran et la filiation nietzschéenne ». *Archives des cahiers de la recherche* [En ligne], n° 2, 2004. 10 p. http://leportique.revues.org/document853.html (Page consultée le 22 août 2009).

Porte, Yann. « Dieu comme Être du néant au sein du néant de l'Être chez Cioran », *Archives des cahiers de la recherche* [En ligne], n° 2, 2006, p.9 (mis en ligne le 10 novembre 2006). http://leportique.revues.org/document853.html, (Page consultée le 22 août 2009).

Porte, Yann. La catharsis cioranienne. « Négativité et thérapeutique fragmentaire ». *Le Portique* [En ligne], Cahier 3, 2005, p.8 (mis en ligne le 15 avril 2006). http://leportique.revues.org/document853.html (Page consultée le 12 juin 2009).

Porte, Yann, « Le siège de Metz en 1870. La guerre de Nietzsche comme expérience intérieure », *Le Portique* [En ligne]. n° 5 (2007), p.22. http://leportique.revues.org/index1383.html (Page consultée le 10 juillet 2009).

Proust, Marcel. *À la recherche du temps perdu*. Paris : France Loisirs, 1999.

Prus, Elena. « L'affirmation de l'identité – palimpseste par l'écriture ». In Université Moldova, Roumanie [En ligne]. p.6. http://st.ulim.md/download/icfi/publicatii/francophonie2elena_prus194.pdf (Page consultée le 28 août 2009).

Prus, Elena. « Le doute comme critère ontologique de l'esprit de Cioran ». 4th International Conference on Human Being in Contemporary Philosophy, May 28-31 2007, Volvograd, [En ligne]. p.8. http://www.volvograd2007.goldenideashome.com/2520Papers/Prus%20Elena%20.pdf (Page consultée le 28 août 2009).

Pujeaut, Stéphanie. « Éphémère, un négatif ? ». Centre Georges Chevrier UMR 5605 [En ligne]. (23 octobre 2007) http://revueshs.u-bourgogne.fr/lisit491/document.php (Page consultée le 30 juillet 2009). No. id=75 ISSN 1961-9936.

Rahula, Walpola. *L'enseignement du Bouddha*. Paris : Éditions du Seuil, 1961.

Regier, Willis Goth. « Cioran's Insomnia », *Comparative Literature*, Vol.119, N° 5 (Dec. 2004, pp.94-101.

Regier, Willis. Goth. « Cioran's Nietzsche». *French Forum* 30.3 (2005). pp. 75-90 http://muse.jhu.edu/journals/french_forum/v030/30.3regier.html (Page consultée le 10 octobre 2009).

Ricoeur, Paul. *La mémoire, l'histoire, l'oubli*. Paris : Éditions du Seuil, 2000.

Saussure, Ferdinand de. *Cours de linguistique générale*. Paris : Payot, 1972.

Schnell, Alexandre (dir.). *Le temps*. Paris : Librairie philosophique J.Vrin, 1971.

Schopenhauer, Arthur. *Le monde comme volonté et représentation*. Traduit par A. Burdeau et Auguste Laurent, Paris : Presses Universitaires de France, 1966.

« Scrisori catre cei de-acasa ». Bucureşti : Humanitas, 1995.

Simion, Eugen. *Fragmente critice* V. *Cioran, Noica, Eliade, Mircea Vulcanescu*. Bucureşti : Univers Enciclopedic, vol.IV. 2000.

Simon, Agathe. « Les temps retrouvés ». *Revue d'histoire littéraire de la France* [En ligne]. vol. 103, n° 4 (2003), pp. 889-917 http : // cairn.info > Discipline > Revue > Sommaire (Page consultée le 12 juillet 2009).

Sophocle. *Antigone*. Paris : Hatier, 1966.

Sophocle. *Œdipe roi*. Paris : Gallimard-Éducation, 2000.

Sora, Mariana. *Cioran jadis et naguère*, suivi de *Cioran. Entretien à Tübingen*. Paris : L'Herne, coll. « Méandres », 1988.

Spengler, Oswald. *Le déclin de l'Occident*, Paris : Gallimard ,1967.

Stolojan, Sanda. *Au balcon de l'exil roumain à Paris. Avec Cioran, Éugène Ionesco, Mircea Eliade, Vintila Horia*. Paris : L'Harmattan, 1999.

Stolojan, Sanda. « Cioran ou le devoir de cruauté ». Dans Norbert Dodille et Gabriel Liiceanu (s.dir.), *Lectures de Cioran*. Paris : l'Harmattan, 1997.

St-Martin, Valérie. « La poétique de Cioran ». thèse de l'Université Laval, 2002.

Tiffreau, Philippe. *Cioran ou La dissection du gouffre*. Paris : H. Veyrier, coll. « Les plumes du temps », 1991.

Tournier, Michel. *Vendredi ou les limbes du Pacifique*. Paris : Gallimard, 1991.

Ţutea, Petre. « Lettre à Petre Ţuţea ». In *Scrieri filosofice*. Bucureşti : Romania Press, 2006.

Valadier Paul, *Jésus-Christ ou Dionysos. La fois chrétienne en confrontation avec Nietzsche*. Institut Catholique Paris, n°10. Paris : Desclée, 1979.

Valadier, Paul. *La religion de Nietzsche*. Paris : Les Éditions Ouvrières : 2008.

Vanobbergen, Bruno, et Paul Smeyers. « On Cioran's Criticism of Utopian Thinking and the History of Education », *Educational Philosophy and Theory*. Vol. 39, n° 1, 44-55.

Vetô, Miklos. « Le passé selon Bergson ». *Archives de philosophie* [En ligne]. no.1 (2005 - tome 68), p.33. http://cairn.info/article_p.php?ID_ARTICLE=APHI-_681_0005 (Page consultée le 9 mars 2009).

Vieillard-Baron, Jean-Louis. « Les paradoxes de l'éternité chez Hegel et chez Bergson ». *Les études philosophiques* [En ligne]. n° 4 (2001), pp.517-530. http://www.cairn.info/article (Page consultée le 4 juin 2009).

Virgile. *L'Énéide*. Paris : Flammarion, 2003.

Voltaire. *Épîtres* (1769). Paris : Éditions Garnier, 1877.

Vulcănescu, M. *Dimensiunea românească a existenţei*, Editura Fundaţiei Culturale Române, Bucureşti, 1991.

Wartelot, Ghislain. *Bergson et la religion. Nouvelles perspectives sur* Les deux sources de la morale et de la religion. Paris : Presses Universitaires de France, 2008.

Worms, Frédéric. *Bergson ou les deux sens de la vie*. Paris : Quadrige/Presses Universitaires de France, 2004.

Worms, Frédéric. *Introduction à* Matière et mémoire *de Bergson*. Paris : Quadrige/Presses Universitaires de France, 1997.

Worms, Frédéric, *Le vocabulaire de Bergson*, Paris : Ellipses, 2000.

Wunenburger, Jean-Jacques. « Épistémologies croisées de l'imaginaire : les traditions françaises et roumaines », *Genèse. Interactions entre différents champs : réciprocité amorcée d'une textualité. Imaginaire et transferts culturels* [En ligne]. p.13. http://revel.unice/loxias/document.html?id=889_&format=_print (Page consultée le 28 août 2009).

Entretiens

Cioran, Emil. *Entretiens : avec François Bondy, Fernando Savater, Helga Perez*. Paris : Gallimard, Coll. « Arcades », 1995.

Entretien filmé avec Gabriel Liiceanu, 19-20-21 juin, texte produit dans Gabriel Liiceanu. *Itinéraire d'une vie* : *E.M.Cioran*, suivi de *Les Continents de l'insomnie, un entretien avec E.M. Cioran*. Paris : Michalon, 1995.

Documentaires

2004 *Emil Cioran*, Un siècle d'écrivains. France 3, http : // www. Dailymotion.com, 14 février 2010.

Cioran Nihilisme. http : // www. Dailymotion.com, 14 février 2010.

Cioran Suicide. http : // www. Dailymotion.com. 14 février 2010. *Nietzsche. Un voyage philosophique*. (1/5) http : // www. Dailymotion.com, 14 février 2010.

Philippe Beck - Cioran - Nietzsche. Quelques réflexions. http:// www.video.google.com, 14 février 2010.

Qui suis-je ?

*N*ée à 28 Juillet 1978 à Roman, une ville moyenne au Nord-Est de Roumanie, je suis le deuxième enfant d`une famille catholique avec quatre enfants: ma soeur Cornelia 2 ans plus grande que moi (morte de cancer en juin 2013), et deux frères jumeaux, Florian et Stefan, deux ans moins que moi. Mes parents (Ioan si Aneta) et grands-parents ont des origines hongroises et viennent du village de ``ceangai`` Sabaoani (du mot hongrois *szabo* qui signifie *couturier*) là où ils y habitent toujours. Mes parents viennent de familles modestes, qui ont vécu des temps très difficiles, comme la deuxième guerre mondiale.   Néanmoins, mon oncle Carol Vasile et son fils Dan, eux ils ont étudié à Paris et ils ont même rencontré Emil Cioran !

Institutrice de métier, j`avais  une expérience de 2 ans à l`école Costache Negri, à Roman, Roumanie, avant d`être admise à l`université Vasile Alecsandri - Bacau. Ici, j`ai suivi la specialisation Roumain-Français (entre les années 1999-2005)  tout en continuant à enseigner comme institutrice .  Ayant 5 ans d`expérience comme institutrice et en finissant seulement 3 ans de ma Faculté es lettres, en 2002 je suis allée à Grenoble, en France, où j`ai suivi les cours de Licence de Lettres Modernes à l'université Stendhal Grenoble 3. Je suis rentrée ensuite en Roumanie (2004) pour finir mes études à Bacau où j'ai été professeur de français pour une année (2005-2006) à l'école élémentaire Slanic Moldova, Bacau. J'ai renoncé ensuite à mon poste permanent de professeur de français et en 2006 -2007 je suis partie avec une bourse pour étudier la Maîtrise en littérature française à l'université McMaster, Hamilton, Ontario. Puis, entre 2007-2011, j'ai suivi le programme de Doctorat en littérature française à l'université de Waterloo, Ontario, Canada, là où j'y habite depuis. Grande admiratrice des citations latines sur le temps (comme *Carpe diem*!) , dès mon adolescence d'ailleurs, je suis arrivée heureusement à écrire une thèse de doctorat sur Emil Cioran intitulée *La dimension temporelle chez Emil Cioran*, et cela grâce à mon professeur de thèse François Paré qui m'a aidé avec le choix et toutefois avec l'écriture du texte. Cette thèse, je l'ai transformée aujourd'hui, pour vous, mes chers lecteurs, en livre!

Born in July 28, 1978 in novel, a medium-sized town in the northeast of Romania, I am the second child of a Catholic family with four children: my sister Cornelia two years greater than me, (died of cancer in June 2013) and two twins' brothers, Florian and Stefan, two years less than me. My parents (John and Aneta) and grandparents had Hungarian origins and come from the village of "ceangai" Sabaoani (the Hungarian word *szabo* which means *tailor*), there where they live always. My parents come from modest families, which experienced very difficult times, as the Second World War. Moreover, my uncle Carol Vasile and his son Dan, them they studied in Paris and they even met Emil Cioran !

As Teacher to primary school, I had 2 years' experience at *Costache Negri* School, in Roman, Romania, before admission to the University Vasile Alecsandri – Bacau. Here, I followed the Romanian-French specialization (between the years 1999-2005) while continuing to teach as a teacher. With 5 years of experience as a teacher and finishing only 3 years of my Faculty of Arts, in 2002 I went to Grenoble, France, where I followed the Licence of Foreign Languages courses at the University Stendhal Grenoble 3. I am then returned to Romania to finish my studies in Bacau (2004) and I was Professor of French for a year (2005-2006) at the elementary school of Slanic Moldova, Bacau. I then gave up my permanent position as Professor of French and in 2006 I received a scholarship for one year to study the Master's degree in French literature at McMaster University, Hamilton, Ontario. Then (between 2007-2011), I followed the doctoral program in French literature at the University of Waterloo, Ontario, Canada, town where I live since. Great admirer of Latin citations on time (as Carpe diem!), since my teenage years also, I fortunately arrived to write a PhD thesis on Emil Cioran named **The temporal dimension at Emil Cioran**, and this thanks to my thesis Professor François Paré, who helped me with the choice and also with the writing of the text. This thesis, I've turned it today, for you, my dear readers, in book!